**MICHAEL SCHAPER,** Chefredakteur

*Liebe Leserin, lieber Leser*

Der Kalte Krieg ist ein abgeschlossenes Kapitel der Geschichte – das lehrt die einschlägige historische Fachliteratur, und so erzählen wir es auch in dieser Ausgabe von GEO*EPOCHE*. Er begann, als kurz nach dem Zweiten Weltkrieg die siegreiche Anti-Hitler-Koalition zwischen den Vereinigten Staaten, Großbritannien und Stalins Sowjetunion an ihren ideologischen Widersprüchen und außenpolitischen Gegensätzen zerbrach.

Mehr als 40 Jahre lang standen sich in der Folge die Supermächte USA und UdSSR in einem unerklärten Krieg gegenüber und errichteten Machtblöcke aus Verbündeten um sich. Immer wieder brachen an der Peripherie ihrer Einflusssphären Kämpfe aus, etwa in Korea und Vietnam, doch niemals kam es zur offenen Konfrontation der beiden Hauptkontrahenten.

Das verhinderte das Gleichgewicht des Schreckens: die offene (und glaubhafte) Drohung, dass ein Angriff der einen Macht von der anderen mit Atombomben beantwortet würde – und damit das Ende der menschlichen Zivilisation gekommen wäre.

Und, so berichten Historiker weiter, der Kalte Krieg endete, als die Sowjetunion in den 1980er Jahren durch eine tiefe ökonomische und soziale Krise derart geschwächt wurde, dass sie nicht mehr in der Lage war, das immens teure Wettrüsten mitzuhalten – und deshalb implodierte.

Doch nun scheinen sich die Anzeichen dafür zu mehren, dass der Kalte Krieg in Wirklichkeit nicht im Dezember 1991 mit der Selbstauflösung der UdSSR endete, sondern nach einer kurzen Tauwetter-Phase jetzt fortgesetzt wird; von einem *cold war flashback* schreibt die „New York Times".

Und zwar in den Mustern von damals – und sogar mit dem alten Sound: Die Hymne Russlands erklingt heute wieder in der 1944 vom Sowjetdiktator Josef Stalin eingeführten Melodie. Doch dabei bleibt es nicht. Abermals regiert im Kreml ein Alleinherrscher, ein ehemaliger KGB-Offizier mit nahezu unumschränkter Macht, gestützt auf die Dominanz einer Partei. Wiederum liquidiert der russische Geheimdienst Ex-Agenten im westlichen Ausland, woraufhin die von früher wohlbekannte Welle von Ausweisungen und Gegen-Ausweisungen von diplomatischem Personal beginnt.

Russischen militärischen Manövern an der westlichen Grenze, in der Ostsee und im Schwarzen Meer folgen Manöver der NATO – und umgekehrt. Washington hat eine gewaltige Erhöhung des amerikanischen Militärhaushalts beschlossen, US-Präsident Donald Trump kündigte die Modernisierung und Neuentwicklung von Nuklearwaffen an. Woraufhin auch Russlands Präsident Wladimir Putin den

Bau neuer Interkontinentalraketen bekannt gegeben hat, die jeweils 24 Atomsprengköpfe mit gewaltiger Vernichtungskraft an jeden Ort auf dem Globus transportieren können. Und erneut kommt es zu blutigen Stellvertreterkriegen, in Syrien und der Ukraine.

Zwar entfällt heute der ideologische Hintergrund, kann man nicht mehr von einer Konfrontation der Systeme sprechen. Dennoch bleiben es beunruhigende Indizien – und sie scheinen sich zu einem Bild zu verdichten: dass diese Ausgabe von GEO*EPOCHE* möglicherweise aktueller ist, als uns lieb sein könnte.

**DAS SONDERHEFT** ist ab dem 4. Juli 2018 erhältlich und für Abonnenten aller Reihen von GEO*EPOCHE* versandkostenfrei

*

Im Juli 2018 jährt sich zum 75. Mal der Feuersturm: die Zerstörung Hamburgs durch alliierte Luftangriffe im Sommer 1943. Aus diesem Anlass wird es eine Sonderausgabe von GEO*EPOCHE* PANORAMA geben, die in ausführlichen Bildstrecken und Texten jene Tage beschreibt, als der vom NS-Regime in die Welt getragene Krieg auf Deutschland zurückfiel.

Ein Thema, das mindestens so bedrückend ist wie der Kalte Krieg, bei dem die Aktualität aber glücklicherweise nur auf den Jahrestag bezogen ist.

Herzlich Ihr

*Michael Schaper*

**MICHAEL SCHAPER**

**TRUMAN GEGEN STALIN**
Weil die UdSSR ihrem Machtbereich immer mehr Länder einverleibt, kommt es zu offener Feindschaft mit der anderen Supermacht USA.
**SEITE 20**

**FRONTSTADT**
Kein Ort steht mehr für die Konfrontation zwischen Osten und Westen als das geteilte Berlin.
**SEITE 6 + SEITE 70**

**DIE BOMBE ALLER BOMBEN**
Auf dem Höhepunkt des Wettrüstens testet Moskau eine Waffe, die 4000-mal stärker ist als die Hiroshima-Bombe.
**SEITE 84**

**KAMPF DER SYSTEME**
Das Schachduell zwischen Boris Spasskij und Bobby Fischer ist mehr als nur ein sportlicher Wettstreit. **SEITE 130**

**ZEIT DER FURCHT**
Aus Angst vor äußeren und inneren Feinden kommt es in den USA zu einer beispiellosen Kommunistenhatz.
**SEITE 62**

**HIGHTECH-SPIONAGE**
Mit einem waghalsigen Projekt wollen die USA Geheimnisse der sowjetischen U-Boote ergründen.
**SEITE 144**

**BALANCE DES SCHRECKENS**
Nach dem Abwurf der US-Atombomben über Japan arbeiten sowjetische Forscher fieberhaft an der Entwicklung einer eigenen Kernwaffe.
SEITE 40

**KUBAKRISE**
Als die USA erfahren, dass Moskau vor ihrer Küste Atomraketen stationiert, beginnt die gefährlichste Zeit des Kalten Krieges.
SEITE 95

**ENTSPANNUNG**
Zwar einigen sich US-Präsident Reagan und KP-Chef Gorbatschow 1987 auf atomare Abrüstung. Doch das kann die krisengeschüttelte UdSSR nicht mehr retten.
SEITE 162

Sie erreichen die GEO*EPOCHE*-Redaktion online auf Facebook oder unter *www.geo-epoche.de*.

# Inhalt

Der Kalte Krieg

◆ *Die mit diesem Symbol versehenen Beiträge finden Sie auch links bebildert*

◆ **IM BANN DER BOMBE** Stationen des globalen Konflikts
Viereinhalb Jahrzehnte lang prägt der Kalte Krieg die Weltgeschichte ..... 6

◆ **EIN NEUER KRIEG** Truman gegen Stalin *1947*
Die USA wollen Stalins Machtzuwachs eindämmen – auch mit Gewalt ..... 20

**MARSHALL-PLAN** US-Wirtschaftshilfe gegen Moskaus Einfluss ..... 38

◆ **GLEICHGEWICHT DES GRAUENS** Sowjetische Nuklearbombe *1949*
Der Sowjetdiktator fordert den Bau einer Atomwaffe – um jeden Preis ..... 40

**KETTENREAKTION** Die Kernspaltung entfesselt nie gekannte Kräfte ..... 47

**MACHTPROBE IN FERNOST** Koreakrieg *1950–1953*
Ein Regionalkonflikt eskaliert zur Konfrontation der Supermächte ..... 50

◆ **DER KREUZZUG DES SENATORS** McCarthy-Ära *1947–1955*
Gezielt schürt ein dubioser US-Politiker ein Klima der Angst ..... 62

◆ **STADT DER SPIONE** Berlin *1955*
In der geteilten Stadt stehen sich Ost und West direkt gegenüber ..... 70

◆ **DAS LEUCHTEN DER APOKALYPSE** Atomares Wettrüsten *1961*
Der Test der gewaltigen „Zar"-Bombe soll Moskaus Macht beweisen ..... 84

**KAMPF IM DUNKELN** Geheimdienste in Ost und West
CIA und KGB führen einen schmutzigen Krieg gegeneinander ..... 94

◆ **DIE WELT AM ABGRUND** Kubakrise *1962*
Nie ist das Risiko eines Atomkrieges größer als im Oktober 1962 ..... 95

**WETTLAUF ZUM MOND** „Space Race" *1957–1969*
Zwei geniale Ingenieure tragen den Kalten Krieg ins All ..... 115

**DIE WELTVERNICHTUNGSMASCHINE** Dritter Weltkrieg *1964*
Wie hätte es zum Atomkrieg kommen können? Ein Szenario ..... 116

◆ **DUELL AM BRETT** Schachweltmeisterschaft *1972*
Der Zweikampf von Reykjavík wird zum Wettstreit der Systeme ..... 130

**ZEITTAFEL** Daten und Fakten ..... 131

**TRIUMPH AUF DEM EIS** Sportliche Rivalität *1980*
Als Heldentat feiern die USA einen Eishockey-Sieg über die UdSSR ..... 143

◆ **5000 METER UNTER DEM MEER** Geheimmission im Pazifik *1974*
Ein CIA-Schiff soll ein gesunkenes Sowjet-U-Boot bergen ..... 144

**BLAUPAUSEN AUS MOSKAU** Spionage *1977–1985*
Ein Ingenieur riskiert für den Geheimnisverrat sein Leben ..... 152

◆ **UNTERGANG EINES IMPERIUMS** Putsch gegen Gorbatschow *1991*
Der neue KP-Chef will die UdSSR reformieren – und scheitert ..... 162

**RINGEN AM RANDE** Die Stellvertreterkriege der Großmächte ..... 169

Vorschau **DIE GESCHICHTE BAYERNS** ..... 178

Bildnachweise und Impressum ..... 179

Nach 1945 erfasst ein
neuer Konflikt den Globus:
der Systemkampf zwischen
den USA und der Sowjet-
union. Das Ringen dieser
zwei Supermächte spaltet
die Welt in waffenstarrende
Machtblöcke, entfacht
blutige Stellvertreterkon-
flikte – und führt zu einem
Rüstungswettstreit, der
die Existenz der gesamten
Menschheit bedroht

**BILDTEXTE**: *Insa Bethke und Johannes Teschner*

# IM BANN

**DIE AUGEN** durch Spezialbrillen geschützt,
verfolgen diese Männer 1951 einen US-Atom-
test auf dem Eniwetok-Atoll

# DER **BOMBE**

IM SOMMER 1945 beraten die Siegermächte in Potsdam über ihre Nachkriegspolitik in Europa. In Wahrheit aber misstrauen Großbritanniens Premier Winston Churchill (r.) und US-Präsident Harry S. Truman (M.) bereits Josef Stalin (l.): Churchill spricht schon bald von einem »Eisernen Vorhang«, der in Europa niedergegangen sei

# ENDE
## einer
# ALLIANZ

Gemeinsam haben die
Westmächte und die UdSSR gegen
Hitler-Deutschland gekämpft.
Doch als der Sowjetdiktator Josef
Stalin beginnt, in den von seinen
Truppen befreiten Gebieten
Europas kommunistische Regimes
zu installieren, zerfällt das
Zweckbündnis

**DA WAREN SIE NOCH VERBÜNDETE:** *Bei
Torgau an der Elbe treffen Ende April 1945
US-Soldaten (l.) auf sowjetische Einheiten*

# KRÄFTEMESSEN
## in der
## PERIPHERIE

Obgleich sich die Supermächte
nie direkt angreifen, kostet
ihr Ringen Millionen Leben:
Es entfacht in Asien, Afrika und
Lateinamerika Stellvertreter-
konflikte um Rohstoffe und
Einflussgebiete – und bringt den
betroffenen Regionen
Not und Chaos

**DIE STELLVERTRETERKRIEGE**
fordern etwa 22 Millionen
Opfer (Korea, 1952)

ALS DAS KOMMUNISTISCHE NORDKOREA 1950 den Süden der Halbinsel angreift, entbrennt der erste große Waffengang des Kalten Krieges: Moskau und Beijing stehen dem Norden bei, Washington sowie Truppen aus 15 anderen Nationen helfen der Gegenseite. Die jahrelangen Gefechte verwüsten die Region – und enden ohne Sieger (UN-Soldaten in Nordkorea, 1950)

IN BUDAPEST verschanzen sich Aufständische in einem Hauseingang. Zuvor haben die Ungarn in großen Demonstrationen Demokratie und eine Loslösung von der Sowjetunion gefordert. Als ihr neuer, reformwilliger Regierungschef Imre Nagy am 31. Oktober
1956 den Austritt aus dem Warschauer Pakt erklärt, lässt Moskau seine Soldaten angreifen. Blutige Kämpfe brechen aus

# Eine STADT wird ZERTEILT

Keinen Ort der Welt formt der Kalte Krieg stärker als Berlin. Jahrelang ringen die Besatzungsmächte um den Status der Stadt – bis dort 1961 eine unheilvolle Ruhe einkehrt: Mit dem Bau einer Mauer zementiert das moskauhörige DDR-Regime die Spaltung der einstigen deutschen Kapitale

MAUERBAU 1961. 28 Jahre lang wird der Oststaat das Bollwerk brutal verteidigen

SEIT GRÜNDUNG DER DDR 1949 sind rund 2,7 Millionen Menschen in den Westen geflohen. Durch einen Grenzzaun und die Umschließung Westberlins will das Regime verhindern, dass weitere Bürger ihr Land verlassen. Am 13. August 1961 riegeln Soldaten den Ostteil mit Stacheldraht ab, bauen dann eine Mauer quer durch die Stadt.

ACHTUNG!
Sie verlassen jetzt
WEST-BERLIN

VON BEGINN des Kalten Krieges an ist die sowjetische Rüstungspolitik von dem Druck getrieben, Waffengleichheit mit den USA herzustellen. Doch die Kosten des Wettlaufs ruinieren das kommunistische Imperium – und tragen so entscheidend zu seinem Untergang bei (Militärparade am Roten Platz, 1962).

# WELT
## der
## WAFFEN

Washington und Moskau
folgen der Maxime, dass nur ein
Gleichgewicht des Schreckens
einen Dritten Weltkrieg verhindern
könne. Daher versuchen die
Supermächte in einem beispiellosen Wettrüsten, jeden
Vorteil des Gegners schnellstmöglich auszugleichen

KP-Chef Leonid Breschnew (M.) droht
ab 1968 auch abtrünnigen Ostblockstaaten
wie der Tschechoslowakei mit dem Militär

# Ein ENDE ohne SCHRECKEN

Als der neue Sowjetführer Michail Gorbatschow 1985 eine Ära der Offenheit ausruft, erstarken in Europa mächtige Freiheitsbewegungen, die in zumeist friedlichen Revolutionen die kommunistischen Regimes des Ostblocks hinweg-fegen: So hebt sich 1989 der Eiserne Vorhang

**US-PRÄSIDENT** George Bush (l.) und Gorbatschow erklären auf Malta gemein-sam den Systemkonflikt für beendet

EUROPA WÄCHST WIEDER ZUSAMMEN. In der DDR öffnen sich am 9. November 1989 die Grenz-
übergänge, hier an der Berliner Invalidenstraße. Mit der Mauer fällt das wichtigste Symbol des Kalten
Krieges, der zwei Jahre später durch die Auflösung der UdSSR sein endgültiges Ende findet ◊

# EIN NEUER

**TEXT**: *Mathias Mesenhöller*

Der Zweite Weltkrieg macht die demokratischen USA
und die kommunistische Sowjetunion zu Verbündeten gegen
Adolf Hitler. Doch danach zerfällt die Allianz, weil der
sowjetische Diktator Josef Stalin immer mehr Länder seinem
Machtbereich einverleibt. Und bald schon bricht offene
Feindschaft zwischen den beiden Supermächten aus

# KRIEG

**HARRY S. TRUMAN** (links) übernimmt im April 1945 nach dem Tod seines Vorgängers Franklin D. Roosevelt das Amt des US-Präsidenten. Er setzt zunächst auf Zusammenarbeit mit der von Josef Stalin (oben) geführten UdSSR – wählt dann aber die offene Konfrontation

D

Der Zweite Weltkrieg ist seit einem Jahr, sechs Monaten, zehn Tagen und 18 Stunden beendet. Immer noch liegen weite Teile Europas und Asiens in Trümmern. Kaum ein Wort klingt feierlicher als: Frieden. Da tritt am 12. März 1947 gegen 13.00 Uhr Harry S. Truman, der Präsident der Vereinigten Staaten von Amerika, an das Rednerpult des Repräsentantenhauses im Washingtoner Kapitol.

Er trägt einen dunklen Anzug, eine kleine Metallrandbrille, das weißgraue Haar sauber gescheitelt. Er öffnet den Ringhefter, der das Manuskript seiner Rede enthält. Er wird sie Wort für Wort ablesen, nicht etwa frei halten. Denn jeder einzelne Satz ist mit Bedacht gewählt, von Beratern hin und her gewendet.

Im Saal herrscht Enge: Außer den Mitgliedern des Repräsentantenhauses sind die Senatoren geladen, die Vertreter der zweiten Kammer im Kongress der USA. Dabei ist der Anlass auf den ersten Blick geringfügig. Der Präsident wirbt um Hilfe für einen winzigen Zipfel der kriegszerstörten Welt, für Griechenland.

Mit leicht monotoner Stimme spricht Truman von zerstörten Eisenbahnen, Straßen, Häfen. Mehr als 1000 Dörfer seien niedergebrannt, die Viehbestände ausgelöscht. Kinder litten an Tuberkulose. Vor allem aber erschüttere ein kommunistischer Aufstand das Land.

Skeptisch hören die Parlamentarier zu. Sie vertreten hart schuftende Bauern im Mittleren Westen, Industriearbeiter an den Großen Seen, hungrige Baumwollpflücker im tiefen Süden und erschöpfte, heimwehkranke Soldaten. Alles Wähler, die nach einem opferreichen Krieg den Frieden genießen wollen.

Was schert sie Griechenland?

Aus dem Publikum ist Räuspern zu hören, Husten. Truman arbeitet sich durch die Seiten in seinem Ringhefter. Zaghafter Applaus, als er eine strikte Kontrolle über die Hilfsgelder zusagt.

Dann, nach etwas mehr als zehn Minuten, nimmt die Rede eine Wende. Als ziehe er einen Schleier fort, weitet der Präsident den Blick vom kleinen Griechenland ins Globale.

Truman erklärt, wofür die USA seiner Ansicht nach den Zweiten Weltkrieg ausgefochten hätten: für das Recht eines jeden Volkes, frei über das eigene Geschick zu bestimmen. Gegen ebendieses Recht aber richte sich die Revolte einer kleinen kommunistischen Minderheit in Griechenland – so wie nach ähnlichen Umstürzen bereits die Polen, Bulgaren und Rumänen „totalitären Regimes" unterworfen worden seien.

Truman erklärt: „Ich glaube, dass es Politik der USA sein muss, freien Völkern beizustehen, die sich gegen ihre Unterwerfung durch bewaffnete Minderheiten oder äußeren Druck wehren."

Griechenland, heißt das im Klartext, ist nur ein Anfang – ein Anlass für die US-Regierung, um eine neue Staatsräson zu formulieren. Eine Politik, die Demokratie und Freiheit *überall* verteidigt, jederzeit. Mit aller Macht.

Stille im Raum. Ein Senator nimmt die Brille ab, reibt sich das Gesicht.

Er wisse um die Tragweite seiner Worte, fährt Truman fort. Doch wenn Washington Griechenland fallen lasse, könne die ähnlich bedrängte Türkei verloren gehen. Dann der gesamte Nahe Osten – mit unabsehbaren Konsequenzen bis nach Westeuropa. Letztlich stehe daher an der Ägäis auch die Sicherheit und Wohlfahrt der USA auf dem Spiel.

Als der Präsident seinen Ringhefter zuklappt, erheben sich die Abgeordneten nach kurzem Zögern zu lang anhaltendem Beifall – sei es aus Überzeugung oder Instinkt: Soeben hat ihr Führer die Nation auf eine neue Rolle eingeschworen, auf ein gewaltiges Ringen.

Denn obwohl Truman Namen gemieden hat, weiß jeder, wer mit „Totalitarismus" gemeint ist. Für alle, die es nicht verstanden haben, wird es ein Nachrichtensprecher übersetzen: In der folgenschwersten Rede seit dem Tod seines Amtsvorgängers Franklin D. Roosevelt habe der US-Präsident „Sowjetrussland den politischen Krieg erklärt".

18 Monate nach dem Ende des Zweiten Weltkriegs ist die alliierte Siegerkoalition in zwei Lager zerfallen.

**GIPFEL** der Hitler-Gegner: Lange kämpfen Stalin, Roosevelt und der britische Premier Churchill (v. r.) Seite an Seite

**STALIN** sichert seinen Verbündeten 1945 zwar freie Wahlen in Europa zu – doch er wird sein Wort nicht halten

Mit dem Beistandsversprechen gegen die Sowjetunion, bald bekannt als „Truman-Doktrin", akzeptieren die USA einen Konflikt, der mehr als vier Jahrzehnte dauern, Millionen Menschenleben kosten, ganze Länder verheeren wird.

Eine Konfrontation, bei der erstmals nicht nur das Überleben von Dörfern, Städten, Reichen oder Völkern auf dem Spiel steht – sondern die Existenz der gesamten Menschheit.

Und die nur deshalb, weil die letzte, die nukleare Katastrophe ausbleibt (und das Sterben meist fern von Europa und Nordamerika geschieht), unter einem verharmlosenden Namen in die Geschichte eingeht: „Kalter Krieg".

○

WIE JEDER KRIEG wird auch dieser um Macht und Reichtum geführt, aus Gier

und Angst. Mehr als viele andere Konflikte aber ist er auch ein ideologisches Ringen, ein Kampf zweier Prinzipien.

Denn die kapitalistische Demokratie der USA und die kommunistische Sowjetunion haben eines gemein: Sie richten sich an die ganze Menschheit. Beide trauen sich zu, eine neue Welt zu erschaffen, besser, gerechter, freier.

Das macht sie zu erbitterten ideologischen Konkurrenten.

## 1945
# ALBANIEN

Machtübernahme, Terror, Diktatur: Nach dem immer gleichen Schema errichtet Josef Stalin ab 1945 in Osteuropa systematisch kommunistische Regimes und vertieft so die Spaltung Europas. Auch in Albanien entsteht eine Diktatur nach Sowjetvorbild

Kommunistisch dominierte Partisanen bekämpfen in Albanien die Wehrmacht, bis die sich 1944 zurückzieht. Der Widerstandskämpfer Enver Hoxha gewinnt im Jahr darauf die manipulierten Wahlen. Hier spricht der Bewunderer und enge Verbündete Stalins auf einem »Volkskongress«

# BULGARIEN

Im Weltkrieg stand Bulgarien auf der Seite NS-Deutschlands, nach der Besetzung durch die Rote Armee wird 1946 die Monarchie abgeschafft – und eine kommunistische »Volksrepublik« von Stalins Gnaden ausgerufen. Georgi Dimitroff, den hier das linke Porträt zeigt, regiert sie als Ministerpräsident

Bereits knapp acht Jahre zuvor, im August 1939, schien die Auseinandersetzung zwischen dem demokratischen Prinzip und der Diktatur in das finale Stadium einzutreten: Damals verbündete sich der sowjetische Alleinherrscher Josef Stalin mit dem nationalsozialistischen Deutschland unter Adolf Hitler.

Die Regierenden der westlichen Demokratien waren von dem Pakt der Tyrannen erschüttert; bis zuletzt hatten sie gehofft, den Kremlherrn als Partner zu gewinnen, um den aggressiv nach Expansion strebenden NS-Staat einzuhegen. Doch nun teilten sich Berlin und Moskau das zwischen ihnen liegende Polen auf. Anschließend sah Stalin zu,

wie die Wehrmacht Europa unterjochte. Allein Großbritannien konnte sich halten, gestützt auf sein Empire und Waffenlieferungen aus den USA.

Doch der Hitler-Stalin-Pakt zerbrach bald: Im Morgengrauen des 22. Juni 1941 überfiel Deutschland völlig überraschend die Sowjetunion.

Am Tag darauf schlug ein US-Senator vor, Moskau zu helfen, um einen deutschen Sieg zu verhindern – oder Berlin zu unterstützen, sollten die Kommunisten die Oberhand gewinnen. In jedem Fall aber sollten die Diktatoren gegenseitig „so viele umbringen wie möglich". Das erklärte Harry Truman aus Missouri. Und sprach damit für viele Amerikaner.

Für Franklin Delano Roosevelt hingegen, den damaligen US-Präsidenten, gab es keine Zweifel, dass gegen Hitler die ganze Welt zusammenstehen musste.

Er setzte durch, dass die Sowjetunion aus den USA zu den gleichen günstigen Konditionen Hilfe erhielt wie Großbritannien: Panzer, Lkw, Flugzeuge, Stahl, Eisenbahnschienen, Motoren, Chemikalien, Nahrungsmittel.

Ein direktes Eingreifen indes wagte Roosevelt seiner Nation nicht abzuverlangen: Zu sicher fühlten die US-Bürger sich hinter ihren Ozeanen, zu fern waren ihnen die Querelen der Alten Welt – und zu nah noch die Erinnerungen an den Einsatz im Ersten Weltkrieg, der mehr als 100 000 US-Soldaten das Leben gekostet hatte. Zudem war ihnen die diktatorische UdSSR höchst suspekt.

Da griff Japan am 7. Dezember 1941 die US-Marinebasis Pearl Harbor auf Hawaii an; vier Tage später erklärte auch das mit Japan verbündete Deutsche Reich den USA den Krieg. Nun erst bildeten die konservative britische Monarchie und die liberal-kapitalistischen USA mit der kommunistischen Sowjetunion eine „Anti-Hitler-Koalition". Ein Bündnis ideologischer Gegner, dessen einzige Klammer der gemeinsame Feind war.

Bis Anfang 1943 brachten die Alliierten den deutschen Vormarsch zum Stehen. Die Hauptlast des Ringens trug die Rote Armee in dem überaus blutigen Landkrieg im Osten. Derweil hielten Amerikaner und Briten die lebenswichtigen Nachschubwege über See offen – und trugen mit ihren Bomberflotten den Krieg zunehmend nach Deutschland.

Nach erfolgreichen Panzerschlachten und Landeoperationen in Nordafrika hatten sie bald auch ein Sprungbrett, um Europa von Süden her anzugreifen.

Dennoch war Stalin misstrauisch, fürchtete, dass Briten und Amerikaner ihn mit dem Aufbau einer zweiten Front in Frankreich hinhielten. Immer wieder wurde die Landung verschoben. Wollten die Verbündeten die eigenen Kräfte schonen, die Rote Armee allein bluten lassen?

Tatsächlich trieb der britische Premier Winston Churchill doppeltes Spiel. Indem er erste Landeunternehmen nach Nordafrika und gegen Süditalien lenkte, versuchte er, auch den Hauptstoß in diesen Raum zu ziehen – offiziell, weil er die Invasion über den stark gesicherten Ärmelkanal noch besser vorbereiten wollte. Tatsächlich aber, weil die Westmächte bei einem Vormarsch über die Adria, den Balkan, Wien und Prag vor der Roten Armee in Mitteleuropa sein könnten.

Denn seit sich die deutsche Niederlage andeutete, galt Churchills größte Sorge einer künftigen sowjetischen Hegemonie über Europa. Um sie zu verhindern, müssten die westlichen Heere den Wettlauf nach Berlin, besser noch War-

schau gewinnen. Und dafür war der Weg durch Frankreich und Deutschland zu lang, zu stark verteidigt.

Doch darüber konnte er nicht mit Roosevelt reden, der nach zwei Weltkriegen eine neue, auf wechselseitige Garantien und Vertrauensbildung gegründete Friedensordnung anstrebte. Eine Ordnung, an die der eher in Interessensphären denkende Machtpolitiker Churchill nicht zu glauben vermochte.

Um sich abzustimmen, vereinbarten die drei Staatsführer ein Treffen. Als Ort der Konferenz setzte Stalin das nahe an der Sowjetunion gelegene Teheran durch.

∘

**TEHERAN, 28. NOVEMBER 1943.** Da die US-Botschaft etwas abseits liegt, hat Stalin der amerikanischen Delegation ein Gebäude auf dem sowjetischen Areal angeboten – und tatsächlich ist Roosevelt mit seinen Leuten dort eingezogen.

Um 15.15 Uhr empfängt er Stalin. Es ist die erste Begegnung der zwei Männer, und sie ist dem US-Präsidenten so wichtig, dass er dafür Churchill warten lässt. Denn Roosevelts politische Erfolge beruhen zu einem erheblichen Teil auf persönlicher Überredungsgabe und Charme. Nun hofft er, auch den Sowjetführer für sich einzunehmen.

Wie meist sitzt er im Rollstuhl; seit einer Polio-Erkrankung kann er sich nur mühsam aufrecht halten. Mit im Raum sind nur die Dolmetscher, darunter Charles Bohlen, einer der wenigen erfahrenen Russland-Experten in Washington. In den 1930er Jahren hat er in der Moskauer US-Botschaft gearbeitet.

Die Chefs tauschen Höflichkeiten aus, einige Sachinformationen. Einmütigkeit in der Abneigung gegen Frankreich und dessen Kolonialregime in Indochina. Roosevelt verachtet den Kolonialismus, kann darüber bitter mit Churchill streiten. Doch es bleibt beim Abtasten.

**DIESE ATOMBOMBENEXPLOSION** zerstört am 9. August 1945 die Stadt Nagasaki, sechs Tage später kapituliert die Regierung in Tokyo: Mit dem Angriff beenden die USA den Zweiten Weltkrieg, noch ehe sowjetische Truppen Teile Japans besetzen können

In der folgenden Sitzung der drei Politiker kommen Churchills Vorschläge für Großoperationen im Mittelmeer und gegen den Balkan zur Sprache.

Stalin winkt ab: Nur eine Invasion in Frankreich ergebe Sinn. Nach dem Abendessen zieht Roosevelt sich erschöpft zurück. Stalin erklärt Churchill, er beabsichtige die 1939 in Polen annektierten Gebiete zu behalten und Polen dafür auf Kosten Deutschlands in einer Art „Westverschiebung" zu entschädigen. Churchill erhebt keine Einwände.

Am nächsten Tag unterbreitet Roosevelt Stalin unter vier Augen sein Hauptanliegen: eine Art Weltparlament, die Vereinten Nationen, unter Führung der vier „Weltpolizisten" Washington, Moskau, London und Beijing. Stalin zeigt sich grundsätzlich offen. Er nimmt zur Kenntnis, dass für Europa Briten und Sowjettruppen als „Polizisten" zuständig wären, da die USA sich baldmöglichst wieder zurückziehen würden.

Beim anschließenden Gespräch im größeren Kreis versucht der zunehmend frustrierte Churchill, zumindest keinen festen Termin für eine Landung in Frankreich zu vereinbaren. Er habe eine indiskrete Frage, sagt Stalin, und beugt sich vor: Ob es den Briten ernst sei mit der zweiten Front – oder versuchten sie bloß, ihn zu beruhigen? Churchill blickt finster, kaut auf seiner Zigarre, weicht aus.

Das Dinner ist opulent, kalte Vorspeisen und russischer Borschtsch, Fisch und Fleisch, Salate, Kompotts, Obst, Wodka, Wein. Stalin erklärt mit gemütlicher Bosheit, nach dem Krieg seien 100 000 oder wenigstens 50 000 deutsche Offiziere und Fachleute zu liquidieren.

Churchill platzt der Kragen: Lieber lasse er sich selbst hier und jetzt in den Garten führen und erschießen, „als meine und meines Volkes Ehre durch eine solche Niedertracht zu beschmutzen!".

Roosevelt witzelt, vielleicht würden 49 000 reichen. Churchill stürmt aus dem Raum. Stalin und sein Außenminister eilen hinterher, das sei doch nur Spaß.

Am dritten Tag gibt Churchill die Mittelmeerstrategie verloren. Die Invasion in Frankreich soll im Mai 1944 erfolgen. Anschließend raunt der Premier vor Vertrauten von einem künftigen Krieg, der „noch schrecklicher als dieser" sein werde. Gegen Sowjetrussland.

Stalins Gegenleistung besteht in der Zusage, nach einem Sieg in Europa in den Krieg gegen Japan einzutreten. Außerdem bekennt er sich im Lauf des letzten Tages zur Idee der Vereinten Nationen.

Auch legen die drei Politiker die Westverschiebung Polens fest; Roosevelt ergänzt lächelnd, wegen der baltischen Länder werde er keinen Krieg mit der Sowjetunion anfangen – da er die bereits vor dem Ersten Weltkrieg russische Region ohnehin für verloren hält. Deutschland soll zerteilt werden.

Als die Delegationen am 2. Dezember abreisen, hat Charles Bohlen das Gefühl, dass sie Polen und alle weiteren Länder in Reichweite der Roten Armee Stalins Zugriff ausgeliefert haben.

Roosevelts Rechnung geht anders: Stalins Armeen sind Londons und Washingtons Truppen auf absehbare Zeit überlegen. Also überlässt er der UdSSR die Gebiete in ihrem unmittelbaren Vorfeld, um Stalin Sicherheit vor künftigen Angriffen zu verschaffen – und ihn für eine Friedensordnung im Rest der Welt zu gewinnen. Eine riskante Strategie.

Averell Harriman, US-Botschafter in Moskau, meint später, Stalin sei besser informiert gewesen als Roosevelt und realistischer als Churchill: scharfsinnig, von enormem Sinn für Details und einer erstaunlichen Einfühlungsgabe.

Am 6. Juni 1944 landet eine gewaltige alliierte Flotte in der Normandie. Die zweite Front ist eröffnet.

○

**WASHINGTON, JULI 1944.** Nachdem sich Roosevelt bereits 1940 über die Gepflo-

## DIE FRONT DES KALTEN KRIEGES 1947

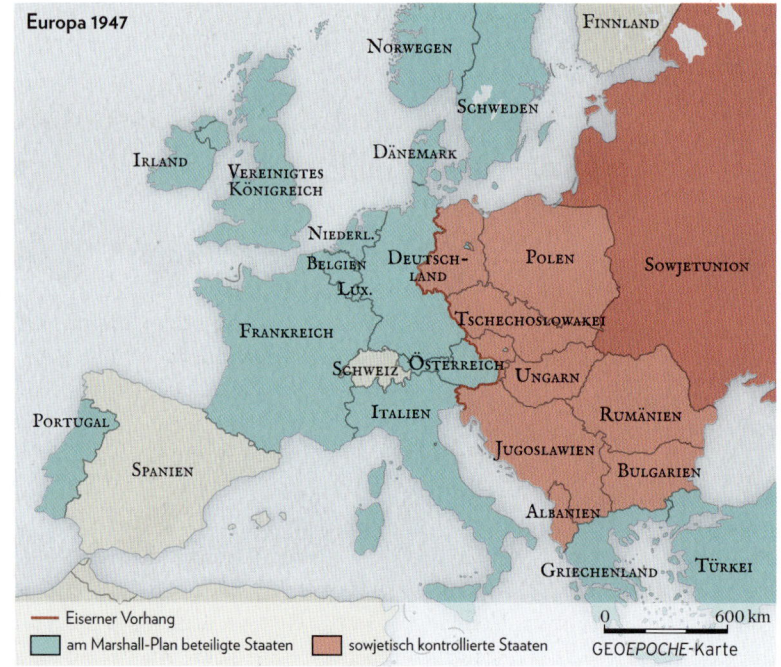

**DIE FRONT** des Kalten Krieges spaltet Europa – und Deutschland – in zwei Hälften: Im Osten liegen die kommunistischen Satellitenstaaten der UdSSR, während der zumeist demokratische Westen mit den USA verbündet ist

# POLEN

**P**olnische Partisanen haben gegen Ende des Zweiten Weltkriegs einen Aufstand gegen die deutsche Besatzung gewagt. Statt ihnen zu Hilfe zu eilen, ließ die Rote Armee die Erhebung scheitern, um das Land sodann selbst zu unterwerfen. 1947 wird der Kommunist Józef Cyrankiewicz (2. v. l.) Premierminister

genheit hinweggesetzt hat, dass US-Präsidenten nach zwei Amtszeiten das Weiße Haus verlassen (erst 1951 wird diese Begrenzung Gesetz), verkündet er nun, noch ein viertes Mal zu kandidieren.

Die Granden der Demokratischen Partei akzeptieren es. Indes wenden sie sich gegen Roosevelts Vizepräsidenten Henry Wallace, einen weit links stehenden Intellektuellen, der angeblich bei spiritistischen Séancen den Rat eines toten Sioux-Häuptlings sucht. Während Wallace von vielen einfachen Parteimitgliedern verehrt wird, empfinden die Funktionäre ihn als Sicherheitsrisiko.

Denn sosehr das Weiße Haus es zu vertuschen sucht, setzt Roosevelt längst die Last des Amtes zu. Anspannung, Unruhe, Zigaretten haben ihn zerrüttet. Fällt er aus, muss der Vizepräsident die Amtszeit zu Ende führen.

Also suchen die Verantwortlichen nach einem zweiten Mann, der reell ist, ohne linke Wähler zu verprellen. Schnell kursiert der Name von Harry S. Truman.

Der Senator ist ein Reformer mit konservativem Einschlag. Fleißig, geachtet, ja beliebt bei seinen Kollegen im Senat. Und so drücken ihn die Parteibosse durch. Seine Antrittsrede ist eine der kürzesten aller Zeiten. Ihr Schlüsselsatz: „Gebt mir eine Chance."

Harry Truman ist leicht zu unterschätzen. Er stammt aus einer Familie von Farmern und Krämern. Nüchterne, hart arbeitende Leute, denen einiges im Leben gelingt, anderes nicht. Rechtschaffen, störrisch.

Lehrjahre als Buchhalter und Bankangestellter, dann kehrt er auf die elterliche Farm zurück, steht früh um 5.00 Uhr auf, pflügt und sät, melkt Kühe und setzt den Schweinen Nasenringe. Im Ersten Weltkrieg ist er ein Offizier, dem seine Männer vertrauen. Danach scheitert er mit mehreren Geschäftsideen. Ein lokaler Funktionär holt ihn in die Politik.

Truman ist ein etwas hölzerner Redner. Dafür hat er ein phänomenales Gedächtnis für Namen und Gesichter. Geradeaus, einnehmend, ein Pragmatiker, der

Gegner zusammenbringt, Lösungen findet. 1934 wird er in den Senat gewählt.

Als er zehn Jahre später zum Mann an der Seite des Präsidenten aufsteigt, ist angesichts von Roosevelts Zustand der nächste Schritt bereits absehbar.

Etwa um die gleiche Zeit findet eine weitere Personalentscheidung statt, die für Trumans spätere Präsidentschaft gravierende Folgen haben wird: Auf Empfehlung Bohlens heuert US-Botschafter Averell Harriman in Moskau einen neuen Berater an: George Frost Kennan.

Kennan – 40 Jahre alt, große, aufmerksame Augen, schütteres Haar – ist

ein grüblerischer, schnell gekränkter, etwas hypochondrischer Analytiker, zuweilen melancholisch und stets bereit, mit dem Schlimmsten zu rechnen. Je schlechter es ihm geht, desto brillanter (und länger) werden seine Memoranden.

Wie Charles Bohlen zählt er zu der kleinen Schar gründlich ausgebildeter Russland-Kenner im US-Außenministerium; beide haben in den 1930er Jahren an der Moskauer Botschaft gearbeitet und aus der Nähe die Schauprozesse Stalins verfolgt, der damals Hunderttausende erschießen oder in Arbeitslager deportieren ließ. Seither teilen beide einen entschiedenen Widerwillen gegen das Sowjetsystem.

∘

**WARSCHAU, 1. AUGUST 1944.** Seit fast fünf Jahren erträgt Polen das NS-Besatzungsregime, das Millionen Menschen ermordet hat. Gleichwohl ist es dem Widerstand gelungen, einen Untergrundstaat mit Schulen und Universitäten aufzubauen, mit illegalen Druckereien – und einer Armee. Nun, da Stalins Truppen durch Polen vorstoßen, geben dessen Führer den Befehl zum Aufstand.

## 1948
# TSCHECHOSLOWAKEI

**A**nfangs muss die tschechoslowakische KP die Macht mit bürgerlichen Parteien teilen. Doch mit einem Generalstreik und Großdemonstrationen – hier marschiert eine bewaffnete Arbeitermiliz durch Prag – nötigt sie den Staatspräsidenten, 1948 eine fast ausschließlich kommunistische Regierung einzusetzen

An diesem Tag attackieren 40 000 Männer und Frauen strategische Positionen in Warschau. Obwohl sie nur notdürftig bewaffnet sind, mit Brandsätzen und Granaten und nur einem Gewehr auf zwölf Kämpfer, erobern sie binnen weniger Tage zentrale Viertel.

Dann aber führen die Deutschen SS-Einheiten heran, Panzer, Artillerie, Flugzeuge. Ein Häuserkampf entbrennt. Zu Tausenden erschießt die SS polnische Zivilisten. Die Rote Armee jedoch kommt den Verzweifelten nicht zu Hilfe und bleibt kurz vor Warschau stehen.

Stalin erklärt dies mit unerwartetem deutschen Widerstand. Und verbietet zugleich alliierten Flugzeugen, die Waffen und Lebensmittel über Warschau abwerfen, auf sowjetischen Rollfeldern zwischenzulanden. Offenbar will er den nationalpolnischen Widerstand verbluten lassen – denn er hat gerade eine ihm hörige provisorische Regierung für die befreiten polnischen Gebiete installiert.

Als der verzweifelt drängende Averell Harriman doch noch Landerechte erwirkt und Rotarmisten die Vorstädte stürmen, ist es zu spät.

Am 2. Oktober kapitulieren die überlebenden Aufständischen. Mehr als 15 000 Kämpfer sind gefallen, wohl 200 000 Zivilisten umgekommen. Hunderttausende weitere deportieren die Deutschen, viele zur Zwangsarbeit oder in Konzentrationslager.

Wie vor ihm Kennan gewinnt nun Harriman den Eindruck, dass Stalin kein freies Polen will, sondern einen Vasallenstaat. Und dass es ihm gleich ist, was seine Verbündeten dazu sagen. Selbst Roosevelt äußert sich betroffen.

Der Sowjetführer versteht die Enttäuschung nicht. Für ihn ist klar, dass jede Siegermacht ihr politisches System so weit ausbreiten wird, wie ihre Armeen vordringen. Konzepte wie nationale Selbstbestimmung, bürgerliche Freiheit, Menschenrechte sind dem Schüler Lenins nichts als Phrasen, hinter denen die Kapitalisten ihr Klasseninteresse verbergen.

Daher hat er keine Skrupel, Anfang 1945 bei einer zweiten Konferenz der Großen Drei in Jalta eine „Erklärung über das befreite Europa" zu unterzeichnen, die für alle Länder repräsentative Institutionen und freie Wahlen festschreibt.

Einer von Roosevelts Militärs warnt zwar, die Abmachungen seien „so dehnbar, dass die Russen sie von Jalta bis nach Washington strecken können, ohne sie technisch zu brechen". Das wisse er selbst, antwortet der Präsident. Aber es sei alles, was er im Moment erreichen könne.

Denn Roosevelt braucht Stalin, um den Krieg gegen Japan zu gewinnen. Um die Vereinten Nationen zu gründen. Zudem steht die Rote Armee ja bereits in Osteuropa, während die Westalliierten noch nicht einmal den Rhein überschritten haben. Gleichwohl reist Roosevelt am 11. Februar 1945 alles in allem zuversichtlich aus Jalta ab. Möglicherweise ist es bereits eine Art Zweckoptimismus.

Kennan aber nennt die Jalta-Dokumente eine „Mehrdeutigkeit von der schäbigsten Sorte". Besser wäre es gewesen, reinen Tisch zu machen, Europa in Interessensphären zu teilen und Stalin so zumindest eine klare Grenze zu setzen.

Anfang April 1945 kann der schwer kranke US-Präsident kaum mehr als ein paar Stunden am Tag arbeiten. Aus Polen kommen Nachrichten von willkürlichen Verhaftungen, Deportationen, Hinrichtungen durch die Sowjettruppen.

Auch im früh befreiten Rumänien deutet nichts auf freie Wahlen hin. Roosevelt hat das Vertrauen zu Stalin inzwischen fast vollständig verloren. Zudem liegt eine neue Einschätzung des Geheimdienstes OSS auf seinem Schreibtisch: Die UdSSR drohe nach dem Krieg eine größere Gefahr für die Sicherheit der USA zu werden, als es Deutschland und Japan je waren. Träfe das zu, könnte sich der unter solch großen Opfern errungene Frieden abermals als bloße Zwischenkriegszeit erweisen.

In dieser ungewissen Düsternis stirbt Franklin Delano Roosevelt am 12. April 1945, verbraucht und müde, an einer Hirnblutung.

Kurz darauf erreicht Truman bei einem Drink mit Kollegen im Kapitol die Bitte, sofort ins Weiße Haus zu kommen. Dort empfängt ihn Roosevelts Frau Eleanor. Sie legt ihm die Hand auf die Schulter: „Harry, der Präsident ist tot."

Truman braucht eine Weile, dann fragt er die Witwe, ob er irgendetwas für sie tun könne. „Gibt es etwas, das wir für Sie tun können?", antwortet Eleanor. „Denn Sie sind derjenige, der jetzt in Schwierigkeiten steckt."

Wenig später drängen sich Minister und hohe Beamte in einem Konferenzraum des Weißen Hauses, auch Trumans Frau und seine Tochter. Er selbst sitzt etwas fahl in einem Ledersessel. Aufgeregte Stabsmitarbeiter suchen das Gebäu-

**RUSSLAND-KENNER** George Kennan rät früh, Stalin zu misstrauen und die Ausbreitung des Kommunismus zu verhindern

**AVERELL HARRIMAN,** ab 1943 US-Botschafter in Moskau, warnt vor einer sowjetischen »Barbareninvasion Europas«

de nach einer Bibel ab. Endlich findet sich bei einem Hausdiener eine billige Volksausgabe mit grellrotem Schnitt.

Um 19.09 Uhr nimmt Harry S. Truman sie in die linke Hand, erhebt die rechte und spricht den Amtseid eines Präsidenten der Vereinigten Staaten. Am folgenden Morgen beginnt er sich einzuarbeiten.

Zu den befremdlichsten Versäumnissen Franklin Roosevelts zählt, dass er seinen absehbaren Nachfolger nicht in die Regierungsgeschäfte eingeweiht hat. Truman war nie im Kartenzimmer des Weißen Hauses, hat nie mit dem Außenminister gesprochen. Als Roosevelt im Februar nach Jalta aufbrach, ließ er seinen Stellvertreter über Ziel und Zweck der Reise im Dunkeln. Vermutlich wissen sowjetische Agenten mehr über die Staatsgeheimnisse der USA als Roosevelts Vizepräsident.

Nun befiehlt Stalin seinem Außenminister Wjatscheslaw Molotow, eine Reise zur Gründungskonferenz der Vereinten Nationen mit einem Besuch bei dem neuen Präsidenten zu verbinden.

Während Molotow sich auf die Reise vorbereitet, verlässt Botschafter Harriman Moskau in seinem eigenen, umgebauten B-24-Bomber und erreicht nach Tankstopps bei Casablanca, auf den Azoren und vor der amerikanischen Küste in der Rekordzeit von gut 49 Stunden Washington National Airport. Rechtzeitig, um Truman vorzubereiten.

Der hat inzwischen den düsteren OSS-Bericht gelesen. Harriman, unterstützt von Bohlen, ergänzt: Sowjetische Kontrolle über Polen und Rumänien bedeute Geheimpolizei und Unfreiheit – eine „Barbareninvasion Europas". Noch sei es nicht zu spät, zu einem ordentlichen Arbeitsverhältnis mit Stalin zu gelangen. Aber dazu bedürfe es deutlicher Worte und einer klaren Haltung.

Drei Tage später betritt Molotow das Oval Office. Truman kommt schnell zur Sache: Die USA seien es leid, dass sich die Sowjetunion nicht an Verträge halte. Molotow wirft etwas ein. Er erwarte, fährt Truman darüber hinweg, dass alle demokratischen Kräfte an der polnischen Regierung beteiligt würden, freie Wahlen stattfänden, und bürstet einen weiteren Einwand Molotows ab.

Der sonst unerschütterliche Diplomat mit dem eleganten Schnauzbärtchen und kleinen Kneifer wird aschfahl. Er versucht, auf den Krieg in Asien abzulenken. „Das wäre alles, Mr. Molotow", beendet Truman die Unterredung.

Bohlen ist beeindruckt: die ersten scharfen Worte eines US-Präsidenten zu einem hohen Sowjetfunktionär.

Am nächsten Tag sucht Kriegsminister Henry Stimson den US-Präsidenten auf. Stimson öffnet eine Mappe und entnimmt ihr ein wenige Seiten starkes Memorandum. Der erste Satz lautet: „In vier Monaten werden wir aller Wahrscheinlichkeit nach die schrecklichste Waffe der Menschheitsgeschichte fertiggestellt haben, eine Bombe, von der eine einzige eine Stadt auslöschen kann."

Stimson fühlt sich erkennbar unwohl. Die Atombombe kann den Krieg zugunsten der USA entscheiden. Sie kann aber auch alle Zivilisation einäschern. Denn früher oder später werden andere Staaten sie nachbauen.

Für Truman löst sich ein Rätsel, auf das er noch als Senator bei den Militärausgaben gestoßen war: gigantische, teils verschleierte Kosten in Verbindung mit einem geheimnisumwitterten „Manhattan-Projekt". Das Oberkommando der im Pazifik kämpfenden Truppen weiß von nichts – anders als Stalin, der durch Verrat und Spionage informiert ist. Und den Amerikanern umso mehr misstraut.

Truman ordnet an, die Sache zu Ende zu führen.

**DEUTSCHLANDS SPALTUNG** festigt sich, als Truman Ende 1946 die amerikanische und die britische Besatzungszone einer gemeinsamen Wirtschaftsverwaltung unterstellt: Das Land ist zunehmend geteilt in West und Ost (US-Soldat mit Kindern in Bremen)

**POTSDAM, 21. JULI 1945.** Der US-Präsident hält nichts von der Konferenz, zu der er angereist ist, um über die alliierte Politik in Deutschland und Europa zu verhandeln sowie über den Kriegseintritt der Roten Armee gegen Japan: das zähe, unproduktive Gezerre der Diplomaten; seine Ohnmacht gegenüber der Sowjet-

# RUMÄNIEN

Hütet euch vor dem US-Imperialismus«, warnt dieses Plakat in der Hauptstadt Bukarest: Bis 1948 entsteht auch in Rumänien eine kommunistische Einparteienherrschaft

benabwurf möglich. Bei einer Besprechung mit Churchill und den Stabschefs fällt Truman die Entscheidung, die neue Waffe im Krieg gegen Japan einzusetzen – auch wenn es Hinweise gibt, dass Tokyo vor der Kapitulation steht.

Doch noch immer sterben GIs, und bei einer Landung auf den japanischen Hauptinseln müsste man mit Zehntausenden toten Amerikanern rechnen. Und ja: Es geht auch um Rache für japanische Kriegsverbrechen.

Vor allem aber würde eine schnelle Kapitulation Tokyos das Eingreifen der Roten Armee überflüssig machen. So ließe sich die UdSSR aus Japan heraushalten. Und vielleicht sogar von der neuen amerikanischen Stärke beeindrucken.

Denn Stalin zeigt sich seiner militärischen Überlegenheit nur zu bewusst. Auf Forderungen, Osteuropa wie vereinbart zu demokratisieren, antwortet er kühl: „Solange eine Regierung nicht faschistisch ist, ist sie demokratisch."

Nun schlendert Truman nach einer Sitzung zu Stalin und dessen Dolmetscher. Die USA, teilt er dem Sowjetführer mit, hätten eine neuartige Waffe von ungewöhnlicher Zerstörungskraft entwickelt. Stalin zeigt sich unbeeindruckt, nicht einmal überrascht.

Charles Bohlen, der die Szene beobachtet, fragt sich, ob sein Präsident sich klar ausgedrückt hat.

Doch Stalin blufft. Er versteht ja genau, worum es geht. Längst arbeiten sowjetische Wissenschaftler an einer eigenen Atombombe – mithilfe von Informationen, die ein Spion aus dem Manhattan-Projekt durchsticht. Noch am Abend mahnt der Diktator seine Forscher telegraphisch zu mehr Eile.

Die Konferenz geht mit mehreren Beschlüssen zu Ende. Das deutsche Staatsgebiet östlich von Oder und Neiße wird unter sowjetische oder polnische Verwaltung gestellt, seine Einwohner werden nach Westen vertrieben. Der Rest des Landes soll entmilitarisiert und demokratisiert werden. Die meisten der 5,5 Millionen verschleppten Sowjetbürger kehren heim – ob sie wollen oder

führung und ihrer Armee, während daheim der Druck wächst, die GIs nach Hause zu holen; Stalins schwer zu deutendes Verhalten zwischen Offenheit und Unnachgiebigkeit; Churchills ehrenwerte, aber hoffnungslose Prinzipienreiterei.

Gegen 15.30 Uhr betritt Kriegsminister Stimson Trumans Arbeitszimmer und verliest einen Bericht von der Explosion der ersten getesteten Atombombe bei Alamogordo, New Mexico.

Der Lichtblitz über dem Testgelände sei noch in 300 Kilometer Entfernung zu sehen gewesen. Dann habe die Feuersäule eine pilzförmige Gestalt angenommen, schließlich eine gewaltige Rauchwolke gebildet, die mehr als 10 000

Meter hoch aufgestiegen sei – doppelt so hoch wie berechnet. Auch zwei Folgeexplosionen in der Wolke seien überraschend gewesen. Ebenso habe niemand erwartet, dass ein rund 800 Meter entfernter Stahlturm von der Höhe mehrerer Stockwerke aus seinem Betonfundament gewirbelt, verdreht und zerrissen niedergeschmettert würde.

Die Vernichtungskraft der Atombombe übertreffe alle Erwartungen.

Harry Truman ist erleichtert, freudig erregt. Mit spürbar gestärktem Selbstbewusstsein geht er zurück in die Verhandlungen.

Drei Tage später meldet Washington, bereits im August sei ein Atombom-

Zwar erringen Ungarns Kommunisten 1945 bei einer freien Wahl nur etwa 17 Prozent. Doch ihnen untersteht die Geheimpolizei des Landes – und mithilfe ihrer Terrormethoden herrscht Mátyás Rákosi (auf dem Banner), der sich »Stalins bester Schüler« nennt, ab 1949 über die »Ungarische Volksrepublik«

nicht (vier Fünftel lässt Stalin als angebliche Kollaborateure erschießen oder in die Lager deportieren).

Moskaus Forderung nach einer eigenen Besatzungszone in Japan schlägt Truman ab. Es bleibt bei dem von der Roten Armee freizukämpfenden Norden des japanisch besetzten China und Korea.

Am 2. August hebt seine Maschine vom Flugplatz Gatow ab; am Nachmittag tritt er an Bord des Schweren Kreuzers „Augusta" von Plymouth aus die Überfahrt nach Hause an.

Der Präsident isst am Mittag des 6. August mit ausgewählten Mannschaftsdienstgraden in der Achtermesse, als ihm eine dechiffrierte Funknachricht

gereicht wird. „Voller Erfolg", steht darin. Eine Boeing B-29 hat über Hiroshima die erste Atombombe abgeworfen. Jubel auf allen Decks. Am 9. August zerstört eine zweite Atombombe Nagasaki.

Truman trägt einen blauen Zweireiher, eine silber-blau gestreifte Krawatte, als er am 14. August 1945 um 19.00 Uhr Ortszeit Washington seinem Volk Japans Kapitulation verkündet.

Der Zweite Weltkrieg ist beendet. Und die Konkurrenz der beiden großen Mächte USA und UdSSR hat begonnen.

Schon seit dem 8. August rücken im japanisch besetzten Nordchina und in Korea Rotarmisten vor. Zwölf Tage später setzt Josef Stalin eine Kommission

ein, um das Atomprogramm der UdSSR drastisch zu beschleunigen. Auch deshalb hat im besiegten Deutschland längst ein heimliches Rennen um eine ganz besondere Kriegsbeute eingesetzt: Wissen.

Bereits Ende April 1945 haben Fahnder der US-Armee einen nahezu funktionsfähigen nuklearen Versuchsreaktor sichergestellt und einige der besten deutschen Physiker und Chemiker festgesetzt. Kurz darauf konnten sie Werner Heisenberg festnehmen, den Kopf der deutschen Atomforschung.

Ein US-General maß dieser Gefangennahme größere Bedeutung bei als der Überwindung von zehn gegnerischen Divisionen – ging es doch darum, zu verhindern, dass Heisenberg in die Hände der UdSSR fällt.

Von mindestens ebenso großem Wert ist ein selbstbewusster 33-Jähriger, der sich einer US-Einheit gestellt hat: Wernher von Braun, einer der Köpfe hinter Hitlers gefürchteten „V"-Raketen. Auf diesem Gebiet sind die Deutschen allen anderen Nationen weit voraus.

Im Herbst 1945 reisen von Braun und 120 seiner Leute in die USA. Dort werden sie jene Waffe mitentwickeln, die den Kalten Krieg prägt: die mit Atomsprengköpfen bestückte Interkontinentalrakete (und später die Mondrakete).

Ebenfalls freiwillig meldet sich ein schmächtiger Generalstabsoffizier. Reinhard Gehlen hat die deutsche Aufklärung an der Ostfront geleitet, also die Rote Armee ausspioniert – und bietet nun Mikrofilme seiner Dienstunterlagen an, die er in Kisten vergraben hat.

Für die US-Militärs, die über Organisation und tatsächliche Stärke ihres fragwürdigen Verbündeten praktisch nichts wissen, ist es ein Goldschatz. Und für Gehlen die Garantie, dass die Folter von Kriegsgefangenen durch seine Abteilung nicht weiter untersucht, er nicht an die Sowjetunion ausgeliefert wird (später ist er Gründungschef des westdeutschen Bundesnachrichtendienstes).

Gehlen ist kein Einzelfall. Unter den Tausenden Fachleuten, die von den USA rekrutiert werden, sind viele Nationalsozialisten und Kriegsverbrecher.

In der Sowjetischen Besatzungszone geht die Rote Armee ähnlich vor. Auch ihr Interesse gilt Waffenspezialisten, Flugzeug- und Raketentechnikern sowie Kernforschern. Und auch Moskau zeigt Nachsicht, wo es der Nutzen gebietet. Allerdings findet es weniger Freiwillige, deportiert schließlich einige Tausend Fachkräfte zwangsweise nach Osten.

Trotz der zunehmenden Rivalität zögert Truman, sich auf einen Kurs gegenüber der UdSSR festzulegen. Ostexperten wie Harriman und Bohlen raten zu Härte – doch die US-Generäle in Europa wünschen sich eine fortgesetzte Zusammenarbeit mit der anderen Seite.

**WJATSCHESLAW MOLOTOW,** Stalins Außenminister, schloss 1939 den Pakt mit Hitler – nun verhandelt er mit den USA

**STALINS VERTRAUTER** Andrej Schdanow wirft den USA vor, sie hätten schon im Weltkrieg der UdSSR zu schaden versucht

Truman bittet dennoch um Szenarien für den Fall eines Überraschungsangriffs. Die Militärs schlagen den Abwurf von bis zu 30 Atombomben über sowjetischen Großstädten vor, um Zeit für die Mobilisierung einer eigenen Streitmacht zu gewinnen. Ein Schlachtplan, der Millionen Zivilisten auslöscht: Das übersteigt jedes Vorstellungsvermögen. Derart monströs ist die neue Waffe, dass selbst Truman mulmig wird.

Um die Jahreswende 1945/46 werden jene Stimmen lauter, die vor der sowjetischen Aggressivität warnen. Eine besonders einflussreiche, besonders verzweifelte ist die des Washingtoner Kolumnisten Joseph Alsop. Er macht seiner Wut auf einen vermeintlich schwachen

Präsidenten Luft in ätzenden Polemiken gegen den „Durchschnittsmenschen in einem hübschen grauen Anzug", dessen Kumpel im Weißen Haus den „Geruch von Zehn-Cent-Zigarren" verbreiten würden.

Alsop hat gute Argumente. Mehr als 700 000 Quadratkilometer zwischen Elbe und der Mandschurei sind seit dem Krieg unter Stalins Kontrolle gefallen.

Die Sowjetunion übt Druck auf die Türkei aus, auf Griechenland, auf den teilweise von der Roten Armee besetzten Iran, auf Korea. In Frankreich und Italien sind die Kommunisten so stark, dass Bürgerkriege als wahrscheinlich gelten.

Es geht längst nicht mehr um die Zukunft Polens, Rumäniens oder Bulgariens. Sondern um Europa als Ganzes.

Vermutlich wird Stalins Kalkül nicht zuletzt von Roosevelts Ankündigung geprägt, die US-Truppen würden sich nach dem Krieg rasch zurückziehen.

Deutschland gebrochen, Frankreich zerrissen, Großbritannien geschwächt – und die USA wieder auf der anderen Seite des Atlantiks: Damit stünde der Kontinent für die UdSSR weit offen.

○

**MOSKAU, 9. FEBRUAR 1946,** Bolschoi-Theater. Vor den dicht besetzten Rängen des Prachtbaus aus der Zarenzeit hält Stalin eine Rede. Die sowjetische Gesellschaftsordnung, erklärt er, sei jeder anderen überlegen, der errungene Sieg gewaltig, aber kein Anlass auszuruhen – denn schließlich sei die UdSSR ja eingekreist von kapitalistischen Mächten. Aus deren inneren Widersprüchen sei der gerade beendete Kampf einst erwachsen und habe die marxistische Einsicht bestätigt: Kapitalismus bedeute unweigerlich Krieg.

Stalins Worte finden ein weltweites Echo. Manche Beobachter meinen, er habe damit faktisch den Dritten Weltkrieg ausgerufen. Andere wiegeln ab: So rede ein Politiker, der sein Volk auf die Härten des nächsten Fünfjahresplans einschwöre. Das US-Außenministerium

# Nie war Geschichte lebendiger.

Spannende Reisen durch die Vergangenheit: jetzt GEO EPOCHE lesen oder verschenken!

„ GEO EPOCHE lädt Sie alle zwei Monate auf eine Zeitreise in die Geschichte ein: mit gründlich recherchierten Texten und grandiosen Bildern.

Herzlichst

*Michael Schaper* (Unterschrift)

"

Michael Schaper,
Chefredakteur GEO EPOCHE

**+ WUNSCH-PRÄMIE ZUR WAHL**
Zur Begrüßung als Dankeschön.

**+ JEDERZEIT KÜNDBAR**
Nach Ablauf des 1. Jahres.

**+ KOSTENLOSE LIEFERUNG**
Wir übernehmen die Versandkosten für Sie.

**+ NEU: INKLUSIVE DIGITALER AUSGABEN**
Alle Inhalte der gedruckten Ausgaben auf Ihrem Tablet, Smartphone oder Desktop-PC.

**+ WAHLWEISE MIT DVD**
Auf Wunsch mit passender DVD zum Heftthema.

Anbieter des Abonnements ist Gruner + Jahr GmbH & Co KG.
Belieferung, Betreuung und Abrechnung erfolgen durch DPV
Deutscher Pressevertrieb GmbH als leistenden Unternehmer.

bittet die Botschaft in Moskau um eine telegraphische Einordnung.

Dort führt inzwischen George Kennan für den in die USA heimgekehrten Averell Harriman die Geschäfte. Allerdings liegt er mit Fieber, einem Stirnhöhlenkatarrh und Zahnweh zu Bett. Und denkt an Rücktritt. Immer wieder hat er eine härtere Haltung gegenüber Moskau gefordert, aber nie Gehör gefunden.

Und nun will Washington Auskunft zur aggressiven Politik der UdSSR? Kennan holt eine Sekretärin an sein Bett und beginnt zu diktieren. Lange. 8000 Wörter sind es am Ende – unerhört für eine telegraphische Botschaft. Damit es etwas weniger exzentrisch aussieht, lässt er die fünf Unterabschnitte des Textes (der als das „Lange Telegramm" in die Geschichte eingehen wird) einzeln senden.

Der Marxismus, schreibt Kennan, diene den Sowjetkommunisten vor allem als ideologisches Feigenblatt, um Polizeistaat, Abschottung und Expansionsstreben zu rechtfertigen. Dahinter stehe eine bei den russischen Eliten seit Jahrhunderten verbreitete, neurotische Furcht vor dem Ausland – und vor dem eigenen, unfreien Volk. Die Machthaber fühlten sich deshalb stets eingekreist, bedroht. Und wüssten sich nicht anders zu helfen, als jede konkurrierende Lebensweise zu bekämpfen, wenn möglich zu zerstören. So auch die amerikanische.

Eine auf Kooperation gegründete Weltordnung sei mit Sowjetrussland folglich nicht zu haben.

Indes seien dessen Führer keine Abenteurer wie etwa Adolf Hitler – sondern „hochempfindlich für die Logik der Macht". Träfen sie auf entschlossenen Widerstand, würden sie in der Regel den Kampf meiden. Aufgabe der USA sei es daher, diesen Widerstand zu organisieren und glaubwürdig zu vermitteln. Dann werde die Demokratie sich letztlich als stärker, als attraktiver erweisen.

Kennan schreibt eingängig, kenntnisreich. Dennoch riskiert er, sich mit seiner Grundsätzlichkeit und der schieren Länge des Telegramms in Washington unmöglich zu machen.

**KOMMUNISTISCHE REBELLEN** führen einen Guerillakrieg gegen die griechische Regierung. Die traditionelle Schutzmacht Großbritannien ist 1947 zu schwach, um ihr beizustehen – also helfen die USA mit Waffen und Geld (Soldat in Athen)

Das Gegenteil tritt ein.

Der Außenminister telegraphiert zurück: „Glänzende Analyse!" Charles Bohlen macht sich Kennans Sicht sofort zu eigen. Averell Harriman reicht das Papier weiter an den Marineminister – der stapelweise Kopien anfertigen lässt, sie Stabsoffizieren als Pflichtlektüre auferlegt und an hohe Beamte verschickt, an das Kabinett. Den Präsidenten.

Kennans Ausführungen bieten denjenigen, die Stalin misstrauen, aber ratlos sind, eine Entschlüsselung ihres Gegenübers. Und eine Strategie, der Kennan später auch einen Namen gibt: *containment*. „Eindämmung".

Der wichtigste seiner Leser jedoch ist nicht überzeugt: Harry S. Truman. Zwar glaubt auch er an klare Worte und Stärke. Doch will er die Weltkriegsallianz noch nicht vollends aufgeben.

Anders Winston Churchill. Am 5. März 1946 hält der (inzwischen abgewählte) Brite eine Rede in Missouri. Hinter ihm auf der Tribüne sitzt Truman.

Churchill sagt: „Von Stettin an der Ostsee bis hinunter nach Triest an der Adria hat sich über dem Kontinent ein Eiserner Vorhang gesenkt. Hinter jener Linie liegen alle Hauptstädte der alten Staaten Mittel- und Osteuropas. Warschau, Berlin, Prag, Wien, Budapest, Belgrad, Bukarest und Sofia." Überall versuchten kommunistische Minderheiten, totalitäre Polizeistaaten zu errichten.

Diesem Expansionsdrang müssten London und Washington geschlossen entgegentreten. Eine Politik des Appeasement hingegen werde in Krieg und Katastrophe enden. Freundlicher Applaus, auch von Truman.

Das Echo in den Zeitungen aber ist entsetzt. Churchill vergifte das ohnehin schwierige Verhältnis zwischen USA und UdSSR; Trumans Anwesenheit bei dem Auftritt erweise ihn als „bemerkenswert unfähig". In Moskau spricht Stalin von einem „Aufruf zum Krieg".

Wer genau hinhört, kann indes aus Churchills Worten die gleiche nüchterne

Botschaft heraushören, die bereits bei Kennan mitschwang: Beide geben Europas Osten verloren; die Erklärung von Jalta spielt keine Rolle mehr. Beide Männer fordern aber, die Sowjetmacht dürfe sich nicht über den „Eisernen Vorhang" hinaus ausdehnen.

Zugleich lassen sie durchblicken, dass sie nicht bereit sind, die entstehenden Sowjetdiktaturen in Polen, Ungarn, Ostdeutschland, der Tschechoslowakei, Bulgarien und Rumänien zu verdrängen.

Doch die meisten Amerikaner haben genug von den internationalen Verwicklungen und wollen, so formuliert es

Harriman, alle „Schwierigkeiten mit den Russen ausräumen und dann ins Kino gehen und eine Cola trinken".

Die beschleunigte Demobilisierung der US-Armeen grenzt an Auflösung; Einheiten, denen es zu langsam geht, drohen mit Meuterei. Unternehmer wollen mit den konsumhungrigen Veteranen Geschäfte machen und stellen zügig auf Friedensproduktion um. Der US-Kongress streicht den Wehretat dramatisch zusammen, um Staatsausgaben, Schulden und Inflationsgefahr zu senken.

Praktisch niemandem steht der Sinn nach einem neuen Konflikt.

Auch deshalb kommt Truman auf eine Überlegung aus der Frühphase des Manhattan-Projekts zurück: die Atomtechnik mit anderen Mächten zu teilen, auch der Sowjetunion, und so internationaler Kontrolle zu unterwerfen.

Die Logik dahinter hat Minister Stimson auf den Punkt gebracht: „Der einzige Weg, einen Mann vertrauenswürdig zu machen, ist, ihm zu vertrauen."

Solange die USA aber „demonstrativ mit der Bombe im Holster" herumliefen, sei keine Verständigung möglich. Vielmehr beschwöre Washington so einen Rüstungswettlauf herauf – und da-

**1949**

# OSTDEUTSCHLAND

Aus dem Exil zurückgekehrte deutsche Kommunisten helfen ab 1945 beim Aufbau eines neuen Regimes. Bald schon werden KPD und SPD zur »Sozialistischen Einheitspartei Deutschlands« zwangsvereinigt, angebliche Konterrevolutionäre brutal verfolgt. Und 1949 entsteht ein ostdeutscher, kommunistischer Staat – die DDR

# MILLIARDEN FÜR EUROPA

Kredite, Maschinen, Lebensmittel: Mit dem »Marshall-Plan« versuchen die USA Europa beim Wiederaufbau zu helfen – und den Kommunismus zurückzudrängen

**17 LÄNDER** Europas werden von den USA unterstützt. Westdeutschland erhält 1,4 Milliarden Dollar – und tatsächlich beginnt die Wirtschaft sich langsam zu erholen

Im Juni 1947 kündigt US-Außenminister George C. Marshall ein Wiederaufbauprogramm für das kriegsverheerte Europa an: Ohne Beistand von außen drohe es zu verelenden. Das Angebot richtet sich auch an die Länder Osteuropas. Doch Stalin lehnt ab und zwingt alle Staaten in seiner Machtsphäre, auf die Hilfe durch den „Marshall-Plan" zu verzichten.

Der Diktator hält das – offiziell „European Recovery Program" genannte – Hilfspaket für eine Waffe Washingtons im Kalten Krieg. Und tatsächlich soll es Länder wie die Tschechoslowakei dem kommunistischen Einfluss entziehen und zudem verhindern, dass die UdSSR ihren Machtbereich in Europa ausweitet. Denn jedes Land, dass die Hilfe erhalten will, muss sich zu einer freiheitlichen Wirtschaftsordnung und zur ökonomischen Zusammenarbeit bekennen.

Aufgrund von Stalins Veto erhalten nur insgesamt 17 europäische Staaten bis 1952 Hilfen im Gesamtwert von mehr als zwölf Milliarden Dollar (nach heutiger Kaufkraft etwa 118 Milliarden) – darunter Kredite, aber auch Maschinen, Rohstoffe und Lebensmittel. Nach Westdeutschland fließen rund 1,4 Milliarden Dollar.

Damit leisten die USA einen wesentlichen Beitrag zum Wiederaufbau Europas. Zugleich aber treibt der Marshall-Plan die Teilung des Kontinents in Blöcke voran: einen mit der Schutzmacht USA – und einen zweiten, den die UdSSR dominiert. *Olaf Mischer*

mit gehe jede Chance, die neue Technik einzuhegen, ein für alle Mal verloren.

Auf Trumans Geheiß arbeitet eine Gruppe von Wissenschaftlern und Diplomaten einen Plan aus, der die militärische Nutzung der Atomkraft verbietet und die friedliche einer UN-Kommission zuweist. Stellt die fest, dass eine Nation versucht, sich Kernwaffen zu verschaffen, kann sie Sanktionen verlangen.

Stalin lässt sich auf Verhandlungen ein, hat aber eine Bedingung: Die Atomkommission müsse dem UN-Sicherheitsrat unterstellt werden (in dem die Sowjetunion ein Vetorecht besitzt).

Dagegen beharren die USA auf automatischen Sanktionen, bis hin zur gewaltsamen Entwaffnung. Und sie wollen ihre bereits produzierten rund ein halbes Dutzend Bomben behalten: Sosehr ihn der Albtraum eines nuklearen Wettrüstens plagt, zögert Truman doch, den eigenen Vorsprung wegzuschenken.

Umgekehrt vermutet Stalin hinter dieser Idee einer Weltordnung eine Falle der Imperialisten. Der geschulte Revolutionär kann sich Politik nur als Machtkampf um jeden Preis vorstellen.

Im Sommer 1946 wird klar, dass beide Seiten ihr Misstrauen nicht überwinden können.

Fast zwei Jahre Zeit hat sich Truman genommen, um eine Linie gegenüber der UdSSR zu finden. Nun, Ende 1946, kristallisiert sich die Antwort heraus. Er glaubt an den Rechtsstaat, die Demokratie und daran, dass jeder seine Chance verdient – und dass es die historische Mission der USA ist, für diese Freiheiten in der Welt einzustehen. Zugleich teilt er Franklin Roosevelts Vision von einer friedlicheren, vernünftigeren, auf Kooperation gegründeten internationalen Ordnung. Aber schärfer als sein Vorgänger sieht er, dass der Großimperialist Stalin so weit vordringen wird, wie es ihm möglich ist.

Deshalb ist Truman nun bereit, eine ebenso riskante wie kaltschnäuzige Entscheidung zu treffen: Osteuropa zu verraten, um Westeuropa zu retten.

Denn nichts anderes bedeutet der Beschluss, im Dezember 1946 die Wirtschaftsverwaltung der amerikanischen und britischen Besatzungszone in Deutschland zusammenzulegen. Diese „Bizone" nimmt die Teilung des Landes vorweg – als Auftakt zur Teilung Europas in eine freie und eine sowjetisierte Sphäre. Und sie deutet auf ein dauerhaftes Engagement der USA in der Alten Welt hin.

Kurz darauf meldet der britische Botschafter, dass sein Land die Unterstützung für die Regierungen in Griechenland und der Türkei einstelle. Das vom Krieg erschöpfte Königreich kann sich seine traditionelle Einflusssphäre im östlichen Mittelmeerraum nicht mehr leisten. Allein in Griechenland unterhält London 40 000 Soldaten, zahlt Hunderte Millionen Dollar Wirtschaftshilfe im Jahr, um kommunistische Partisanen niederzuhalten – während die Lebensmittelrationen der Briten karger sind als zu Kriegszeiten.

Dies ist die Abdankung einer Weltmacht: Das bankrotte Empire bittet die USA, sein Erbe als Ordnungsmacht anzutreten.

Truman und seine Berater machen sich keine Illusionen über die korrupte griechische Monarchie. Doch auch den letzten Balkanstaat an die Kommunisten zu verlieren, das kommt nicht infrage. Washington muss das Erbe annehmen.

Dafür aber braucht die Regierung eine Zustimmung im Kongress – wo die Isolationisten stark sind: Politiker, für die Amerika zuerst kommt, dann lange nichts. Die weiter abrüsten wollen, die

**IN KÜRZE**

Ein kommunistischer Aufstand in Griechenland dient 1947 als Anlass für eine neue Staatsräson der USA: Präsident Harry S. Truman will fortan allen Ländern beistehen, deren Eigenständigkeit von der Sowjetunion bedroht wird. Diese »Truman-Doktrin« markiert den endgültigen Bruch zwischen den Alliierten, die 1945 gemeinsam Hitler-Deutschland besiegt haben. Und den Beginn der offenen Feindschaft zwischen den beiden Supermächten des Kalten Krieges.

Steuern senken und Ruhe vor der Welt haben.

Am 27. Februar 1947 versammelt Truman die Führer von Senat und Repräsentantenhaus im Weißen Haus. In nüchternen Worten legt sein Außenminister den Sinn einer Griechenland-Hilfe dar.

Die Abgeordneten reagieren missmutig. Was hätten die USA davon? Was müssten sie zahlen? Die Volksvertreter sorgen sich um die Kosten – und um ihre Wähler.

Da erbittet der Vizeaußenminister Dean Acheson das Wort. Es sei wie mit einer Tonne Obst, die von einem faulen Apfel verdorben werde, erklärt er. Falle Griechenland, dann würde es die Türkei mitreißen, den Iran anstecken, Ägypten – den ganzen Nahen und Mittleren Osten. Anschließend seien weder Italien noch Frankreich zu halten, würden mit weiten Teilen Asiens zwei Drittel der Weltbevölkerung, drei Viertel der Erdoberfläche „rot".

Kurz, Moskau sei dabei, mit geringem Einsatz das größte Spiel der Geschichte zu gewinnen: den Kampf zwischen Demokratie und Freiheit auf der einen, Tyrannei auf der anderen Seite. Und die einzige Macht, die es verhindern könne, seien die USA.

Stille. Dann wendet sich der republikanische Senator Arthur Vandenberg im Namen der Opposition an Truman: „Mr. President, wenn Sie das so vor dem Kongress und dem Land sagen, werde ich Sie unterstützen."

Bereits am nächsten Tag werden Texte entworfen. Allen Beteiligten ist klar, dass sie eine der wich-

tigsten Ansprachen in der Präsidentschaft Harry S. Trumans vorbereiten.

Als George Kennan den ersten Entwurf gezeigt bekommt, erschrickt selbst er über die Schärfe. Doch Acheson beharrt: Ohne drastische Rhetorik werde der Kongress keinen Cent bewilligen.

Truman verlangt sogar weitere Zuspitzung. Der Präsident will bewusst keine Absicherungen. Dies ist die Antwort der USA auf den Vormarsch kommunistischer Tyrannei, so sieht er es, und entsprechend soll die Rede ausfallen.

Mit dem Text in einem Ringhefter tritt Präsident Truman am 12. März 1947 gegen 13.00 Uhr an das Rednerpult im Kapitol. Er spricht genau 19 Minuten.

Als er kurz darauf unter Applaus den Sitzungssaal verlässt, strecken sich ihm von allen Seiten Hände entgegen. Das Hilfspaket für Griechenland und die Türkei wird von beiden Kammern bewilligt. Es umfasst 400 Millionen Dollar, Militärberater und Waffen.

Im Sommer belegt ein Hilfsprogramm für Europa die Entschlossenheit der USA, um den freien Teil des Kontinents zu kämpfen. Daraufhin lässt Stalin im Herbst seinen Chefideologen Andrej Schdanow auf Trumans „Kriegserklärung" antworten: Der US-Präsident habe die Welt in Lager gespalten, ein kriegslüsternes, „imperialistisch-antidemokratisches" im Westen und ein friedliches, „antiimperialistisch-demokratisches" unter Führung der Sowjetunion.

Etwa zur gleichen Zeit veröffentlicht der Washingtoner Journalist Walter Lippmann eine Broschüre, in der er sich vehement gegen die neue Politik wendet. Die Theorie der Eindämmung stelle eine „strategische Monstrosität" dar. Ihr Preis an Mitteln, Menschenleben und Ansehen sei unberechenbar. Sie zwinge die USA, korrupte und autoritäre Regime in aller Welt zu unterstützen, solange sie sich nur für antikommunistisch erklärten.

Der Titel der Schrift macht ein Schlagwort populär, das während der gescheiterten Atomkontrollverhandlungen geprägt worden ist.

„Der Kalte Krieg". ◊

# GLEICHGEWICHT
# DES GRAUENS

Seit die USA im August 1945 mit dem Abwurf von zwei Atombomben über Japan gezeigt haben, dass sie im Besitz der tödlichsten Waffe der Menschheitsgeschichte sind, fehlt der UdSSR das wichtigste Machtmittel in der Konfrontation des beginnenden Kalten Krieges. Und so setzt der Sowjetführer Josef Stalin alles daran, eine eigene Nuklearwaffe zu entwickeln

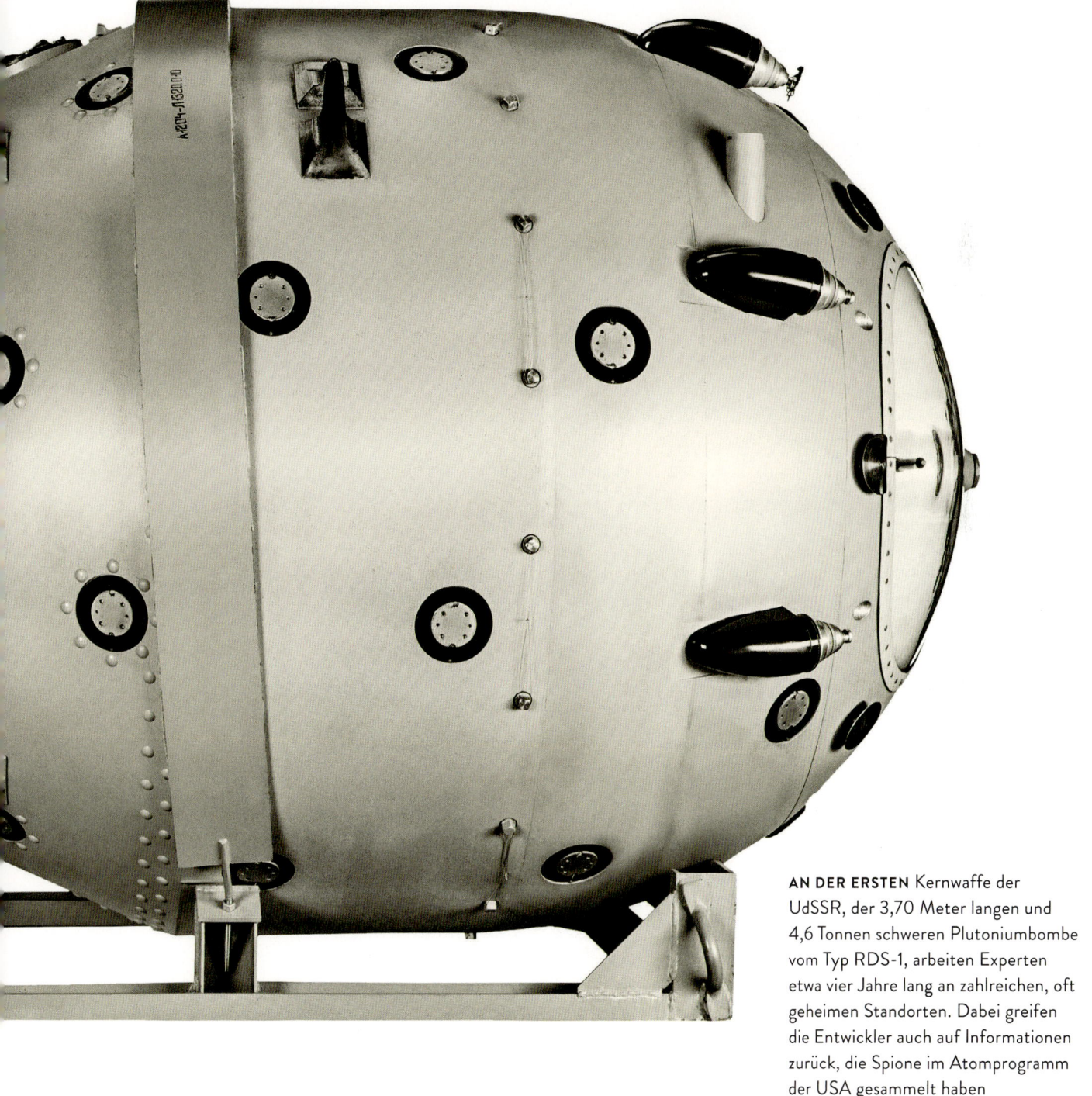

**AN DER ERSTEN** Kernwaffe der UdSSR, der 3,70 Meter langen und 4,6 Tonnen schweren Plutoniumbombe vom Typ RDS-1, arbeiten Experten etwa vier Jahre lang an zahlreichen, oft geheimen Standorten. Dabei greifen die Entwickler auch auf Informationen zurück, die Spione im Atomprogramm der USA gesammelt haben

**TEXT**: *Reymer Klüver*

D Sowjetunion hoch, 80 Kilometer entfernt von der Industriestadt Tscheljabinsk.

„Installation A" heißt die Anlage offiziell. Seine Leute aber nennen sie „Annuschka". Je fremder eine Sache, desto mehr hilft es, dafür vertraute Namen zu suchen.

Es ist der Abend des 7. Juni 1948.

Die Temperatur im Reaktor steigt sofort an. 9,40 Meter misst der Kern des Reaktors im Durchmesser, ein strahlendes Ungetüm, tief abgesenkt in einen Betonschacht. Er ist bestückt mit schweren Grafitblöcken und uranhaltigen Brennelementen, umgeben von drei Meter dicken Mauern sowie Wassertanks.

Konzentriert beobachtet der 45-jährige Kernphysiker die Messinstrumente im Zentrum: Jetzt beginnt eine nukleare Kettenreaktion, vorsichtig, kontrolliert. Dies ist nur ein Test, aber er ist erfolgreich.

Innerhalb weniger Stunden erreicht der Reaktor zehn Kilowatt Leistung. Kurtschatow fährt die Kontrollstäbe wieder in den Reaktorkern ein und erhebt sich schließlich vom Schaltpult. Der Reaktor, bestätigt er, funktioniert.

Dies ist der Tag. Der Moment, der seine weitere Karriere bestimmen wird. An dem sich die Zukunft des gigantischen Projektes entscheidet, das ihm der Genosse Stalin übertragen hat, im Namen der Partei und aller Sowjetvölker.

Der Augenblick aber auch, an dem womöglich ein Urteil fällt über sein Leben. Oder seinen Tod.

Vorsichtig drosselt Igor Kurtschatow, Leiter des sowjetischen Atomprogramms, den Zulauf des Kühlwassers. Vom Kontrollzentrum seiner Arbeitsstätte aus, versteckt gelegen in den weiten Gebirgszügen des Urals, wird er nun infernalische Kräfte freisetzen, die zu erzeugen und zu zügeln bisher nur Wissenschaftlern in den USA gelungen ist.

Langsam zieht Kurtschatow die Kontrollstäbe aus dem Reaktorkern und fährt so den ersten Plutoniumreaktor der

**AM 29. AUGUST 1949** erhebt sich ein gewaltiger Atompilz über der kasachischen Steppe: der erste Test einer sowjetischen Bombe. Der Sprengkörper verwüstet alles in einem Radius von zwei Kilometern. Josef Stalin ist zufrieden

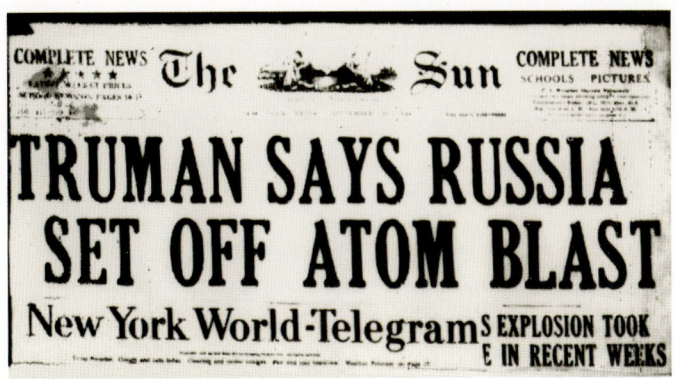

**FÜR DIE USA** und ihren Präsidenten Truman ist die Nachricht vom erfolgreichen Test der sowjetischen Atombombe ein Schock. Damit ist der militärische Vorsprung Washingtons dahin

Ein Raunen geht durch den Raum. Seine Mitarbeiter springen von ihren Stühlen auf, laufen zu ihrem Chef, gratulieren dem Mann, den sie, wenn er nicht dabei ist, nur „Boroda" nennen, Bart. Kurtschatow hat ihn sich 1942 wuchern lassen, als die Deutschen auf dem Vormarsch in Richtung Stalingrad waren, und damals geschworen, er werde sich den Bart erst wieder abrasieren, wenn der „Fritz" besiegt sei.

Inzwischen liegt Berlin, die Hauptstadt des untergegangenen NS-Regimes, in Schutt und Asche. Doch der Wissenschaftler lässt den Bart weiterwachsen. Denn sein Land hat längst einen neuen, mächtigen Gegner – die USA.

Energie zu erzeugen ist nicht die eigentliche Bestimmung der Anlage. Vor allem eines soll der Reaktor liefern: Plutonium. Kiloweise braucht Kurtschatow das Element, metallisches, möglichst reines Pu-239. Es ist der Grundstoff für die Atombombe.

Knapp drei Jahre zuvor haben die USA über den japanischen Städten Hiroshima und Nagasaki je einen nuklearen Sprengkopf gezündet. Der Angriff hat beide Städte völlig zerstört, allein im Jahr 1945 mehr als 200 000 Todesopfer gefordert und Japan zur Kapitulation im Zweiten Weltkrieg gezwungen – und zu-

dem gezeigt, dass die Amerikaner im Besitz der tödlichsten Waffe der Menschheitsgeschichte sind.

Seither treibt Kurtschatow ein Versprechen an, das er Stalin damals geben musste: Moskau schnellstmöglich ebenfalls eine Atombombe zu verschaffen.

An diesem Frühsommerabend nun hat der Physiker endlich Gewissheit, dass er seine Zusage wird halten können. Der Reaktor läuft in industriellem Maßstab: 14 Tage nach dem ersten Test erreicht Annuschka bereits 100 000 Kilowatt Leistung und liefert Tag für Tag ein bisschen Plutonium. Die Sowjetunion ist auf dem Weg zur eigenen Bombe.

°

**ENDE 1938** ist es den deutschen Wissenschaftlern Otto Hahn und Fritz Straßmann erstmals gelungen, Uran durch den Beschuss mit Neutronen zu spalten. Noch weiß niemand so recht, was man damit anfangen kann. Manche Forscher ahnen, dass sich die Entdeckung eines Tages nicht nur zur Energiegewinnung wird einsetzen lassen, sondern in ganz anderer, schrecklicher Weise. In Moskau setzt die staatliche Akademie der Wissenschaften eine Kommission ein, die die Suche nach Uranerz organisieren soll.

Als ab Sommer 1940 in britischen Fachblättern keine Artikel mehr über die Kernspaltung erscheinen, vermuten die sowjetischen Physiker, dass die Atomforschung in Großbritannien der Geheimhaltung unterworfen worden ist – und das bedeutet: dass sie nun möglicherweise militärischen Zwecken dient.

Bald darauf bestätigen sowjetische Agenten in London: Britische Forscher arbeiten an der Entwicklung einer Kernwaffe, getrieben von der Angst, die Deutschen könnten ähnliche Pläne haben. Doch die Führung im Kreml reagiert nicht auf die Informationen.

Mehr noch, in der UdSSR müssen die Kernphysiker ihre Forschungen abbrechen: Nach dem Überfall der Wehrmacht im Juni 1941 haben sie sich fortan mit der Entwicklung von Sprengstoffen und Raketen zu beschäftigen.

Erst als der Vormarsch der Deutschen 1942 gestoppt scheint, befiehlt Geheimdienstchef Lawrentij Berija, die Vorgänge in Großbritannien zu prüfen.

Nun werden Kernphysiker nach Moskau beordert, um die politische Führung über die Möglichkeiten des Bombenbaus zu unterrichten. Nach längeren Beratungen ordnet Stalin schließlich ein Programm an, das den zivilen und militärischen Nutzen der Atomenergie erkunden soll. Wissenschaftlicher Direktor wird der junge Forscher Igor Kurtschatow.

Es ist ein steiler Aufstieg. Physik und Schiffbau hat der Russe zunächst studiert, aber schon bald überwiegt seine Leidenschaft für die Physik: Seine erste wissen-

**DIE ERSTE MILITÄRISCH** eingesetzte Atombombe ist dieser Spreng-körper mit dem verharmlosenden Namen »Little Boy«. In Hiroshima tötet der »kleine Junge« mehr als 100 000 Menschen

schaftliche Publikation beschäftigte sich mit der Radioaktivität von Schnee.

Vor den Toren Moskaus bekommt Kurtschatow nun ein Forschungszentrum gestellt, das Laboratorium Nr. 2; im Frühjahr 1944 arbeiten dort 74 Menschen. Doch im Land findet sich kaum Uran, und auch an anderen chemischen Substanzen, die er für seine Experimente braucht, mangelt es.

Um an die benötigten Rohstoffe zu gelangen, bittet Moskau schließlich die mit ihnen in der Anti-Hitler-Koalition verbündeten Amerikaner um kleine Lieferungen – und bringt die in eine Zwangslage: Die USA arbeiten in einem streng geheimen Forschungslabor in Los Alamos, in der Wüste von New Mexico,

längst selbst am Bau einer Bombe und brauchen dafür jedes Kilo Uran.

Das „Manhattan Project" umfasst mehr als 100 000 Mitarbeiter in diversen Produktionsstätten. Geben sie die gewünschten Materialien nicht heraus, so fürchten die USA, könnte genau das Moskau erst auf ihr Atomprogramm aufmerksam machen.

Allerdings weiß Washington nicht, dass dies längst geschehen ist. Denn Spione liefern der Sowjetführung regelmäßig Informationen aus Los Alamos – darunter der Deutsche Klaus Fuchs, ein

vor den Nationalsozialisten nach Großbritannien geflohener Kommunist, der als Mitglied eines britischen Physiker-Teams in das US-Labor gelangt ist.

Vor allem seine Berichte an den Militärgeheimdienst GRU lassen bald keinen Zweifel mehr zu: Der Bau einer Atombombe ist machbar. Und: Es gibt zwei Möglichkeiten, sie zu konstruieren – aus Uran oder aus Plutonium.

Für die erste Methode werden große Mengen des radioaktiven Schwermetalls Uran benötigt.

Der zweite Weg ist zwar komplizierter, weil Plutonium in der Natur praktisch nicht vorkommt und daher zunächst in einem Reaktor wie Annuschka aus Uran gewonnen werden muss. Dafür aber benötigt die Plutoniumbombe deutlich weniger spaltbares Material.

○

**ALS SICH IM FRÜHJAHR 1945** der Sieg über Deutschland abzeichnet, drängt Kurtschatow die Staatsführung, nun ebenfalls mehr Ressourcen in die Nuklearforschung zu investieren.

Doch Stalin und Berija halten ihn hin. Weshalb, ist nicht klar. Vielleicht verbirgt sich dahinter die Paranoia, die den Diktator und seinen Gehilfen ein Leben lang begleitet. Niemandem können sie trauen. Womöglich versuchen die

**DIE »FAT MAN«** genannte Plutoniumbombe, die die USA über Nagasaki gezündet haben, war das Vorbild für die sowjetische Kernwaffe. Deren Kraft entspricht 20 000 Tonnen normalen Sprengstoffs

# Das URAN kommt aus Sachsen

Amerikaner, sie in die Irre zu leiten? Könnte das Manhattan-Projekt nicht ein Trick sein, um die Sowjetregierung zu unsinnigen Ausgaben zu verleiten?

Aber die Realität widerlegt ihre Zweifel. Am 17. Juli 1945, zehn Wochen nach der deutschen Kapitulation, treffen in Potsdam die Führer der Siegermächte zusammen, um eine globale Nachkriegsordnung zu entwerfen, obwohl der Krieg in Japan noch tobt. Auf der Konferenz berichtet der neue US-Präsident Harry Truman Stalin vom Besitz einer neuen, mächtigen Bombe. Der Diktator lässt sich nicht anmerken, dass er längst bestens informiert ist.

Bis dahin hat Josef Stalin die strategische Bedeutung der Atombombe unterschätzt. Doch als US-Piloten Anfang August 1945 den Massentod nach Hiroshima und Nagasaki bringen, ändert er seine Haltung – und er erkennt, dass die USA im Fernen Osten Tatsachen schaffen wollen, ehe Moskau dort in das Kriegsgeschehen eingreifen und Ansprüche wie in Europa stellen kann.

Der Sowjetdiktator fürchtet, erpressbar geworden zu sein: Schließlich hat die US-Regierung gezeigt, dass sie bereit ist, die verheerende Waffe tatsächlich einzusetzen. Und sie könnte künftig versuchen, in Europa und anderswo ihre Interessen mit dem Hinweis auf die Bombe durchzusetzen.

Zwei Wochen nach Hiroshima ordnet Stalin den Bau einer eigenen Atombombe an. Der Sowjetherrscher gibt eine äußerst knappe Frist vor: Am 1. Januar

1948 soll die Bombe einsatzbereit sein. Chef-Wissenschaftler des Projekts wird Igor Kurtschatow, zum Leiter bestellt Stalin jenen Mann, vor dem die ganze Sowjetunion zittert: Lawrenti Berija.

Mit der Macht des Geheimdienstchefs im Rücken, der über einen gigantischen Terrorapparat gebietet, baut Kurtschatow innerhalb kürzester Zeit eine Atomindustrie auf. Hunderttausende werden in das Programm beordert, die meisten von ihnen Lagerinsassen. Im Bergbau, in den Uranminen schuften die Männer oft unter schlimmsten Bedingungen.

In einem Geheimabkommen mit der tschechoslowakischen Exilregierung hat sich Stalin die Uranerze aus dem Erzgebirge gesichert. Die Züge rollen nun. Bald erhält Kurtschatow auch Uran aus Gruben im sowjetisch besetzten Sachsen und Thüringen; zudem sind Mitte 1946 zwischen Polarkreis und Kaukasus 320 Suchtrupps unterwegs, um Vorkommen im eigenen Land zu erkunden.

Überall in der Sowjetunion wachsen nun gewaltige Industrieanlagen empor: in Elektrostal bei Moskau eine Fabrik für die Uranverarbeitung, in Swerdlowsk im Ural eine Fabrik für die Aufbereitung des Erzes. Und bei Tscheljabinsk entsteht

mit Annuschka ein Reaktorkomplex, der Plutonium produzieren soll.

Allein hier werden 70 000 Zwangsarbeiter eingesetzt.

Die Mitarbeiter des Atomprojekts sind in zehn von der Außenwelt abgeriegelten Städten untergebracht. Die wichtigste ist Arsamas-16 knapp 400 Kilometer östlich von Moskau, ein 250 Quadratkilometer großes Gelände, mit Stacheldraht abgezäunt und von der Armee streng bewacht. Es ist auf keiner sowjetischen Landkarte zu finden: Hier konstruieren Physiker und Waffenexperten die eigentliche Bombe.

Niemand kann Arsamas-16 ohne Genehmigung betreten, es herrscht höchste Geheimhaltung. Klarnamen sind verboten, für die wichtigsten Fachausdrücke gibt es Codewörter. Neutronen etwa gelten als „Nullpunkte", die Bombe heißt schlicht der „Artikel".

Insgesamt arbeiten wohl 10 000 Physiker, Chemiker, Geologen, Ingenieure an dem Nuklearprojekt. Sie wissen inzwischen genau, wie die Amerikaner beim Bau der Bombe vorgegangen sind.

# Eine
# BLAMAGE
# darf
# es nicht
# geben

Die wichtigste Quelle für Kurtscha-tow ist ein Report über das Manhattan-Projekt, den die US-Regierung im August 1945 herausgegeben hat, um die Öffent-lichkeit des Landes über die bislang voll-ständig im Geheimen entwickelte neue Waffentechnik zu informieren.

Eine Blaupause für den Bombenbau ist der Bericht jedoch nicht: Entschei-dendes haben die Verfasser ausgespart.

Wichtige Details wie Maßangaben liefert Kurtschatow eine eigens geschaf-fene Geheimdienst-Abteilung. Sie wertet alle Informationen über die Atombombe aus, die Moskaus Spione aus Los Alamos

**IGOR KURTSCHATOW** ist der Forschungsleiter von Stalins Atom-programm. Sollte das Projekt scheitern, schwebt der Physiker in Lebensgefahr

liefern. Neben Klaus Fuchs verrät auch David Greenglass Geheimnisse aus dem Nuklearprojekt: Der amerikanische In-genieur ist 1944 von seinem Schwager Julius Rosenberg angeworben worden, einem Kommunisten, der während des Kriegsdienstes in der US-Armee zu spio-nieren begonnen hat und die Berichte der Atomspione an den KGB weiterleitet. (Als das FBI die Spionage im Manhattan-Projekt um 1950 aufdeckt, wird das Ehe-paar Rosenberg zum Tode verurteilt. Während Julius Rosenberg wohl tatsäch-lich im Dienst des KGB stand, sind die Anschuldigungen gegen seine Frau Ethel vermutlich haltlos.)

Kurtschatow entscheidet, als Erstes eine Plutoniumbombe zu entwickeln. Dafür muss er allerdings erst einen Re-aktor konstruieren, der das Plutonium produziert – ein gewaltiger Aufwand.

Noch 1945 beginnt er mit den Pla-nungen. Die Hiroshima-Bombe wäre leichter nachzubauen, doch er verfügt trotz der Lieferungen aus dem Erzgebirge noch immer nicht über ausreichend Uran in der nötigen Qualität.

Am Weihnachtstag 1946 gelingt ihm im Wissenschaftlichen Laborato-rium Nr. 2 bei Moskau die erste kontrol-lierte nukleare Kettenreaktion auf sowje-tischem Boden. In einem Versuchsreaktor

erzeugt er 100 Watt Leistung, gerade genug, um eine Glühbirne zum Leuchten zu bringen.

Wenige Tage später führt er Ge-heimdienstchef Berija die Kernspaltung vor. Das Knistern der Kontrollgeräte schwillt zu einem Brummen an, der Zei-ger des Galvanometers, das die Strom-stärke anzeigt, schnellt zum Anschlag, doch sonst geschieht nichts im Schalt-raum des Reaktors.

„Ist das alles?", fragt Berija misstrau-isch. Nur mit Mühe kann Kurtschatow ihn davon abhalten, selbst nachzuschau-en, was im Reaktor geschieht.

**Z**u diesem Zeitpunkt ist klar, dass der ursprünglich festgesetzte Termin für den ersten Test der Bombe nicht zu halten ist. Doch der Druck wächst, mit den USA endlich gleichzuziehen.

Im März 1947 sichert US-Präsident Truman allen Völkern zu, ihnen im Kampf gegen die Unterwerfung durch bewaffnete Minderheiten beizustehen – de facto eine offene Herausforde-rung der Sowjetunion, die dabei ist, in Mittel- und Osteuropa kommunistische

# KETTENREAKTION

Die Kernspaltung entfesselt nie gekannte Kräfte.
Wissenschaftler nutzen sie zur Gewinnung von Energie. Aber
auch mit dem Ziel, möglichst viele Menschen zu töten

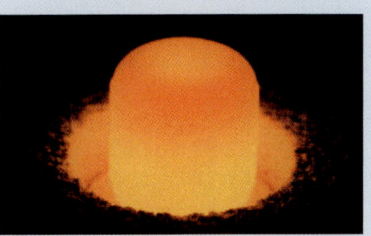

**PLUTONIUM** (l.) ist, in einer speziellen Variante, eines jener Elemente, deren Atome in Reaktoren kontrolliert gespalten werden können – oder unkontrolliert in Bomben

Marionettenregimes zu installieren (siehe Seite 20).

Wenige Monate später stellt Washington ein milliardenschweres Wiederaufbauprogramm für Europa vor; es soll die Bindung an die USA stärken. Damit ist klar: Washington will den Einfluss der Sowjetunion eindämmen, weltweit.

Stalin hält dagegen. Im Herbst 1947 lässt er in Polen eine Konferenz einberufen. Sie soll, von Moskau gesteuert, die Aktivitäten aller kommunistischen Parteien in Europa koordinieren. Eine Kampfansage an den Westen: Überall, wo in Europa die Sowjetarmee steht (außer in Österreich), schalten die Kommunisten alle anderen Parteien aus, sind bald Regierungen von Moskaus Gnaden an der Macht.

Und im Juni 1948 fährt Igor Kurtschatow endlich den Reaktor bei Tscheljabinsk hoch: Annuschka produziert nun Plutonium, grammweise Tag für Tag.

Exakt ein Jahr später hat Kurtschatow genügend Schwermetall für den Bau der ersten Bombe beisammen. Nun geht alles schnell: Im August 1949 ist der „Artikel" einsatzbereit.

○

**FÜNFEINHALB TAGE** braucht die Transsibirische Eisenbahn von Moskau nach Nowosibirsk, danach geht es weiter im Zug nach Süden und schließlich noch einmal 140 Kilometer mit dem Auto: Dann ist das Testgelände Semipalatinsk erreicht. Hier, in der unwirtlichen kasa-

Die gewaltigste Waffe der Menschheitsgeschichte beruht auf der Kraft der kleinsten Teilchen. Bereits 1938 haben Physiker entdeckt, dass sich Atomkerne des Schwermetalls Uran zersprengen lassen, wenn man sie mit Neutronen – atomaren Teilbausteinen – beschießt. Die bei der Spaltung entstehenden Einzelteile besitzen dabei zusammen weniger *Masse* als der Ausgangskern; die geschwundene Masse verwandelt sich in *Energie* – und die ist zwei Millionen Mal größer als etwa die Verbrennungsenergie einer vergleichbaren Menge Steinkohle.

Die Spaltung eines Uran-Atoms kann zudem eine nukleare Kettenreaktion auslösen. Denn sie setzt weitere Neutronen frei, die wiederum weitere Atomkerne in der Umgebung aufsprengen, die weitere Neutronen aussenden – und so weiter. Eine Voraussetzung dafür ist allerdings eine Mindestmenge an spaltbarem Material, die sogenannte kritische Masse.

In Kernreaktoren wird der sich selbst fortpflanzende Spaltprozess akribisch gesteuert, etwa durch Kontrollstäbe, die Neutronen absorbieren können und auf diese Weise bremsend wirken.

Bei der Atombombe dagegen setzen die Konstrukteure bewusst auf eine *unkontrollierte* Kettenreaktion. Im Bombeninneren werden zwei Uranblöcke aufeinandergeschossen, die gemeinsam die kritische Masse überschreiten. Der einsetzende Spaltprozess verselbstständigt sich rasend schnell. In Sekundenbruchteilen wird eine gewaltige Energiemenge frei, als Hitze, radioaktive Strahlung und als Druckwelle: die Explosion der Atombombe.

Die ersten nuklearen Sprengkörper bauen US-Entwickler mit der Uranform U-235 und Plutonium Pu-239. U-235 kommt nur selten in der Natur vor und muss daher erst aus sehr großen Mengen einer verbreiteteren Variante des Schwermetalls gewonnen werden. Plutonium gibt es in der Natur fast gar nicht, es muss künstlich hergestellt werden – aber man braucht davon nur etwa ein Viertel der Masse des Urans für eine Bombe. Daher verwenden es auch die sowjetischen Konstrukteure. *Jens-Rainer Berg*

**IN DEN JAHREN** nach dem Zweiten Weltkrieg richtet Stalin die Kernforschung vor allem auf das Militär aus. Erst später entstehen auch große Reaktoren zur Stromerzeugung, die wie hier mit aufwendigen Kühlsystemen ausgestattet sind

chischen Steppe, weit entfernt von den Ballungszentren des Riesenreiches, will Stalin die erste Atombombe der Sowjetunion testen. „Erster Blitz" lautet der Codename des Vorhabens.

Gut zwei Jahre lang haben Zwangsarbeiter das Areal vorbereitet, in dem nun per Lastwagen die Komponenten der Waffe angeliefert werden. In seinem Zentrum erhebt sich ein Turm aus Beton und Stahl, mehr als 30 Meter hoch – dort soll die Bombe detonieren.

Um eine Vorstellung von der Zerstörungskraft der neuen Waffe zu bekommen, haben Forscher und Angehörige des Militärs gut 800 Meter vom Epizentrum entfernt Häuser nachbauen lassen. Etwas weiter entfernt steht eine Eisenbahnbrücke mit zwei Waggons.

Messinstrumente werden installiert: Druckmesser, die die Wucht der Explosion erfassen; Dosimeter, die das Ausmaß der radioaktiven Strahlung feststellen, und Kameras, die den Atompilz dokumentieren sollen.

Vor dem Test trägt Kurtschatow Stalin am Telefon noch einmal Details des Verfahrens vor. Doch der Diktator

interessiert sich nicht dafür; er will nur, dass die Bombe funktioniert.

Die Wissenschaftler wissen längst, dass das Unternehmen auch für sie persönlich ein Wagnis ist. Sollte es fehlschlagen, wird Kurtschatow dafür verantwortlich gemacht. Es wäre eine Blamage nicht nur für ihn, sondern für die gesamte sowjetische Wissenschaft. Höher kann der Einsatz nicht sein. Denn Stalins Terrorregime droht bei Versagen mit der schlimmsten Strafe: dem Tod. „Wir alle wussten, dass wir dem Volk im Falle eines Scheiterns eine ernsthafte Antwort schuldig wären", wird einer der Beteiligten später verklausuliert schreiben.

Wie real diese Gefahr ist, zeigt auch die Anwesenheit des Geheimdienstchefs in Semipalatinsk: Persönlich überwacht Berija die Beladung der Bombe mit dem Plutonium. Als einer der Letzten verlässt er das geräumte Testgelände nur Stunden vor der geplanten Explosion.

Dann setzt ein Ingenieur die mit Sprengstoff gefüllten Detonatoren ein, die in der Bombe explodieren und so die nukleare Kettenreaktion auslösen werden: Der „Artikel" ist scharf gemacht.

Berija, die führenden Physiker des Atomprogramms sowie mehrere Generäle versammeln sich in der Leitzentrale, die in zehn Kilometer Entfernung hinter einem Erdwall liegt. Hier laufen die Kabel zusammen, über die die Bombe gezündet wird. Es gibt eine direkte Telefonleitung nach Moskau. Kurtschatow übernimmt das Kommando.

Der Countdown läuft. Es ist der 29. August 1949, sieben Uhr morgens. Nur Momente nach dem Ende des Runterzählens bebt der Betonunterstand kurz. Durch einen Spalt in der geöffneten Tür dringt grelles Licht herein. Sie wird schnell geschlossen. Dann herrscht Stille. Erst nach 30 Sekunden erreichen die Schockwelle der Explosion und ein tiefes Grollen die Leitstelle. Kurtschatow sagt drei Wörter: „Es hat funktioniert." Der Geheimdienstchef küsst ihm die Stirn.

Alle stürzen nach draußen, ohne Rücksicht auf die radioaktive Strahlung, beobachten den enormen Atompilz, der zu diesem Zeitpunkt bereits auf eine Höhe von sechs bis acht Kilometern gewachsen ist. Berija ruft Stalin an, um ihm

## LITERATURTIPPS

**DAVID HOLLOWAY**
»Stalin and the Bomb«
Akribisch recherchiertes
Standardwerk (Yale).

**C. CRAIG / S. RADCHENKO**
»The Atomic Bomb
and the Origins of the
Cold War«
Beleuchtet die Rolle
der Atombombe im Kalten
Krieg (Yale).

Meldung zu erstatten, dass der Test gelungen ist. Der Diktator sagt nur: „Ich weiß." Und legt auf.

Zwei Panzer verlassen ihren Unterstand und fahren zum Explosionsort. Zehn Minuten nach der Detonation sind sie am Ground Zero. Von dem Turm fehlt jede Spur, selbst Metall und Beton hat die Wucht der Explosion weggefegt. An seiner Stelle befindet sich ein tiefer Krater, der Sand an dessen Rändern ist zu Glas geschmolzen. Die Eisenbahnbrücke ist wie von Gigantenhand verbogen, die Häuser sind völlig zerstört. Verkohlte schwarze Klumpen regnen noch Minuten nach der Zündung vom Himmel.

Die Wucht der Explosion lag wie bei der Nagasaki-Bombe bei rund 20 000 Tonnen herkömmlichen Sprengstoffs und hat alles im Umkreis von fast zwei Kilometern vernichtet.

An die Spätfolgen des Tests aber denkt niemand: Zwar ist die Steppe nur dünn besiedelt und die Umgebung des Testgeländes rechtzeitig geräumt worden. Dennoch wird der nukleare *fallout* des „Ersten Blitzes" und der folgenden Atomtests eine halbe Million Menschen in Kasachstan verstrahlen, von denen Abertausende ernsthaft erkranken.

Kurtschatow und die anderen Spitzenwissenschaftler des Atomprojekts werden wenig später zu „Helden der Arbeit" ernannt. Weitere Forscher erhalten den Lenin-Orden – beides verbunden mit großen Privilegien in dem vom Mangel regierten Sowjetreich: Datschen, Privatautos, Gehaltszulagen.

Doch gegenüber dem Westen triumphiert die UdSSR nicht. Kein Ton dringt zunächst nach außen – vor allem aus Angst vor einem atomaren Präventivschlag der Amerikaner.

Allerdings weiß die Staatsführung nicht, dass die US-Luftwaffe bereits seit Monaten Flugzeuge aufsteigen lässt, um die Radioaktivität in der Luft zu messen und so einen möglichen sowjetischen Atomtest nachweisen zu können.

Anfang September 1949 registrieren Messflugzeuge im Nordpazifik Spuren von Barium, Cer und Molybdän: Nebenprodukte einer Plutoniumexplosion. Die US-Führung ist schockiert. Kaum zwei Monate zuvor hatten die Geheimdienste ihrem Präsidenten versichert, dass die Sowjetführung noch Jahre brauche, um eine Atombombe zu zünden.

Und so gibt nicht Stalin, sondern Harry Truman am 23. September 1949 bekannt, dass nun auch Moskau im Besitz der Bombe sei.

In den Monaten nach dem Test verschärft sich die Konfrontation der Supermächte. Stalin lässt zu, dass in Asien die nordkoreanischen Kommunisten das von den USA gestützte Südkorea angreifen. Er verstärkt die Sowjetarmee, ordnet den Aufbau nationaler Streitkräfte in den von Moskau gelenkten Staaten Osteuropas an: Das Prinzip der Abschreckung wird für die nächsten 40 Jahre die politische Strategie in Ost und West dominieren.

Daran ist Igor Kurtschatow weiter maßgeblich beteiligt. 1951 leitet er den zweiten Atomtest seines Landes, bringt eine Bombe mit noch größerer Zerstörungskraft zur Explosion. Wenig später beweist er durch den Abwurf einer dritten Bombe aus einem Flugzeug über dem Versuchsgelände, dass die UdSSR die Waffe tatsächlich einsetzen kann.

25 nukleare Sprengsätze verbergen sich nun in den Tiefen des Landes, weit weniger zwar, als die USA inzwischen produziert haben – aber genügend, um als Drohmittel im Ringen um die globale Vorherrschaft zu dienen.

Die fürchterlichen Folgen der atomaren Aufholjagd bezahlen unzählige Sowjetbürger mit dem Leben. Unter ihnen wohl auch Igor Kurtschatow: Nach einem Strahlenunfall 1949 wird er zusehends kränklich. Der Vater der Bombe stirbt 1960 im Alter von 57 Jahren. ◊

## IN KÜRZE

Zu Beginn des Kalten Krieges besteht eine eklatante Ungleichheit der Waffen zwischen den Supermächten: Die USA können ihren exklusiven Besitz der Atombombe – und das damit verbundene Drohpotenzial – nutzen, um etwa in Europa Einfluss geltend zu machen. Nach der Entwicklung einer eigenen Bombe agiert Stalin jedoch deutlich selbstbewusster. Das Prinzip der gegenseitigen atomaren Abschreckung prägt fortan die Welt.

# KRÄFTEMESSEN
# in Fernost

Als der kommunistische Norden Koreas im Juni 1950
den Süden der Halbinsel überfällt, glaubt Washington an den
Beginn einer globalen Offensive. Denn Moskau unterstützt die Aggression. Und so eskaliert der lokale Krieg zum
ersten großen Waffengang des Kalten Krieges

**TEXT:** *Ralf Berhorst* **MITARBEIT:** *Lenka Brandt und Alice Passfeld*

Eisiger Wind streicht am 27. November 1950 über den Changjin-Stausee in Nordkorea. Als die Sonne hinter den umliegenden Bergen versinkt, zeigt das Thermometer minus 29 Grad Celsius an. Mit Feldspaten schlagen Männer der 1. US-Marine-Division Kuhlen in den Boden, um etwas Schutz für die Nacht zu finden. Die meisten der rund 14 000 Soldaten, die am Westufer des Sees kampieren, müssen im Freien ausharren.

Über eine schmale Bergpiste sind sie mit Panzern, Trucks, Jeeps und Artilleriegeschützen zu dieser Hochebene vorgedrungen: als Teil einer internationalen UN-Streitmacht, die das kommunistische Nordkorea besiegen will.

Vom Stausee aus wollen die UN-Soldaten bis zur 120 Kilometer entfernten Grenze Nordkoreas mit China vorstoßen und sich dort mit der 8. US-Armee vereinen, die gemeinsam mit südkoreanischen Truppen bereits Wochen zuvor Nordkoreas Hauptstadt Pjöngjang er-

obert hat. So soll nun auch der Rest des Landes eingenommen werden.

An Weihnachten wird der Krieg auf der koreanischen Halbinsel beendet sein, hat Oberkommandeur Douglas MacArthur den Männern versprochen. Doch da irrt der Fünf-Sterne-General.

Als die Nacht hereinbricht, trägt der Nordwind fremdartige Klänge in das Camp auf der Westseite des Sees: Signalhörner und Pfeifentöne, dazu Kriegsgesänge. Und schließlich das Geräusch von Stiefeltritten im Schnee: Im fahlen Licht des Mondes stürmen Tausende chinesische Soldaten in weißen Tarnumhängen von den Berghängen herab.

Mit Maschinengewehren, Granaten und Mörsern feuern die Marines auf die Schatten. Immer wieder formieren sich die Chinesen zu Angriffswellen. Trotz schwerster Verluste. Erst im Morgengrauen ziehen sie sich zurück. Und lassen Hunderte Verwundete und gefrorene Leichen auf den kahlen Hügeln liegen.

Einer Schätzung zufolge sind mehr als 600 Marines gefallen oder verletzt

**NACH DEM ZWEITEN WELTKRIEG** haben Moskau und Washington Korea unter sich aufgeteilt: Der Norden wurde zur sowjetischen, der Süden zur amerikanischen Einflusszone. Deshalb berührt der Angriff Nordkoreas US-Interessen – und so kämpfen bald auch Marines in Ostasien (nordkoreanische Gefangene)

worden. Andere haben so schwere Erfrierungen erlitten, dass sie nicht mehr einsatzfähig sind. Manche Männer hingegen, denen in der Nacht eine Granate einen Arm oder ein Bein abgerissen hat, überleben nur wegen der Kälte – weil das Blut bei den Minusgraden in ihren Wunden erstarrt ist.

Im ersten Tageslicht wird klar: Auch die UN-Stellungen im Osten des Stausees sind attackiert worden. Etwa 60 000 chinesische Soldaten sind rund um das Wasserreservoir aufmarschiert. Die Kämpfer der Vereinten Nationen sitzen in der Falle. Zwar sind sie bereits am Vortag bei einer Offensive gegen die Chinesen auf überraschend starke Gegenwehr gestoßen, sind andere Einheiten in Nordkorea in den vergangenen Tagen massiv attackiert worden. Doch erst jetzt wird das Ausmaß der Bedrohung offenbar.

Noch am Abend lässt General Douglas MacArthur, der die UN-Truppen in Korea vom rund 1000 Kilometer entfernten Hauptquartier in Tokio aus führt, seine Kommandeure zu einer Besprechung nach Japan einfliegen. MacArthur, ein hochdekorierter Held des Zweiten Weltkriegs, hatte es für ausgeschlossen gehalten, dass Chinas kommunistischer Führer Mao Zedong mit größeren Truppenkontingenten in den Krieg auf der koreanischen Halbinsel eingreifen werde.

Eine fatale Fehleinschätzung, wie sich nun zeigt. MacArthur sendet ein Telegramm nach Washington: „Wir sehen uns einem völlig neuen Krieg gegenüber", lässt er die US-Stabschefs wissen. Chinas Ziel sei „die völlige Vernichtung der UN-Truppen in Korea".

In Washington lösen die Nachrichten Entsetzen aus. Denn die US-Regierung um Präsident Truman ist davon überzeugt, dass Mao im Bunde mit einem viel mächtigeren und gefährlicheren Gegner agiert: dem Sowjetdiktator Stalin.

Drei Tage nach Ausbruch der Gefechte am Changjin-Stausee tritt Truman vor die Presse und erklärt, er sei bereit, alle verfügbaren Mittel einzusetzen, um die Lage in Korea zu stabilisieren. Auf die Frage eines Reporters, ob dies die

Atombombe einschließe, entgegnet der Präsident: „Jede Waffe, die wir haben."

Auf der koreanischen Halbinsel tobt seit einem halben Jahr der erste große Kampf des Kalten Krieges. Falsche Annahmen, Missverständnisse, mangelnde Kommunikation sowie gegenseitiges Misstrauen haben den Konflikt immer weiter eskalieren lassen. Und so schickten schließlich fast 20 Nationen Soldaten in einen Krieg, den die Staatschefs in Washington und Moskau eigentlich hatten vermeiden wollen.

°

FÜNF JAHRE ZUVOR, im Sommer 1945, kämpfen USA und UdSSR in Fernost noch als Alliierte gemeinsam gegen Japan. Am 8. August marschiert die Rote Armee in den Norden der koreanischen Halbinsel ein, die zu jener Zeit noch Teil des japanischen Kolonialreichs ist. Als Tokio knapp einen Monat später kapituliert, besetzen US-Truppen den Süden Koreas.

Moskau und Washington haben sich bereits im Februar darauf geeinigt, das Land in zwei Interessengebiete zu teilen. Die Grenze zwischen den beiden Besatzungszonen ziehen sie nun entlang des 38. Breitengrades.

Die Amerikaner messen Korea mit seinen 30 Millionen Einwohnern keinen hohen strategischen Wert zu; wichtiger

ist für sie das fast doppelt so große Japan. Die US-Regierung will daher in ganz Korea Wahlen unter UN-Aufsicht abhalten lassen und sich dann zurückziehen.

Doch dazu kommt es nicht.

Denn Stalin will die Chance nutzen, in Korea, das an den Südosten der UdSSR grenzt, einen sowjetfreundlichen Staat zu etablieren. Im Oktober 1945 verhilft er im Norden der Halbinsel einem 33-jährigen Exilanten an die Macht: dem Kommunisten Kim Il-sung.

Kim, 1912 in Korea geboren, ist als Kind mit seiner Familie aus dem von Japan besetzten Land in die Mandschurei geflüchtet. Im Untergrund gründete er eine kommunistische Jugendorganisation mit, führte Guerillaoperationen gegen die Japaner an, zog sich später in den Südosten der UdSSR zurück.

1945 kehrt Kim als Major der Roten Armee nach Korea zurück. Er ist pragmatisch, skrupellos – und Stalin treu ergeben. Mit Moskaus Unterstützung entledigt er sich nach und nach seiner Rivalen, leitet 1946 eine Bodenreform ein, verstaatlicht Banken, Industrie und Eisenbahnen und errichtet einen sozialistischen Einparteienstaat.

Am 9. September 1948 ruft Kim Il-sung in Pjöngjang die „Volksrepublik Korea" aus und wird ihr Staatschef.

Im Süden ist kurz zuvor der ebenfalls aus dem Exil heimgekehrte 73-jäh-

DER VON MOSKAU protegierte nordkoreanische Diktator Kim Il-sung greift an, weil er ganz Korea beherrschen will

STALIN ERLAUBT Kim Anfang 1950 die Invasion – eine direkte Konfrontation mit dem Westen will er aber vermeiden

**MOSKAU LIEFERT NORDKOREA** Hunderte Panzer, Artilleriegeschütze und Jagdflugzeuge. Am 25. Juni 1950 marschieren die Truppen an der Grenze auf und eröffnen das Feuer. Vorgeblich als Reaktion auf eine Attacke des Südens

rige Syngman Rhee mit Unterstützung der USA an die Macht gelangt, ein eiserner Antikommunist. Bei Wahlen erringt Rhees rechtsgerichtete Partei zwar keine Mehrheit, aber die meisten Stimmen – sämtliche linke Gruppierungen sind zuvor verboten, Tausende Demonstranten verhaftet worden. Eine Nationalversammlung wählt Rhee zum Präsidenten, und am 15. August 1948 proklamiert er offiziell die „Republik Korea".

Die zwei Staatsführer trennen ideologisch Welten, doch beide träumen von der Wiedervereinigung ihrer Länder – notfalls mit Gewalt. Syngman Rhee fehlen dazu allerdings die militärischen Mittel. Zwar haben die USA mit der Staatsgründung im Süden sämtliche Macht an die Regierung in Seoul abgetreten, ihre Truppen abgezogen und sich auf die Rolle des einflussreichsten politischen und wirtschaftlichen Partners beschränkt.

Doch zugleich sorgt Washington dafür, dass Rhee, der einen korrupten und autoritären Polizeistaat errichtet und sich auf Kollaborateure aus der japanischen Besatzungszeit stützt, nur ein Heer von 100 000 Mann und eine veraltete Luftwaffe zur Verfügung stehen – aus Furcht, der Südkoreaner könne sonst einen Krieg anzetteln.

Die US-Führung will unbedingt vermeiden, durch ihren Verbündeten in eine Auseinandersetzung gezogen zu werden, die sich rasch zum Waffengang mit der Sowjetunion ausweiten könnte.

Im Norden dagegen nimmt Kim an, dass der Süden, je länger er selbst mit einem Militärschlag wartet, nur stärker wird. Doch für den Angriff braucht er die Zustimmung seines Patrons Stalin.

Als Anführer eines Satellitenstaats am Rande des sowjetischen Imperiums darf er nicht auf eigene Faust handeln.

Im März 1949 reist der nordkoreanische KP-Chef nach Moskau und bittet den sowjetischen Diktator, ihm einen Vorstoß nach Süden zu genehmigen.

Kim ist militärisch überlegen und von einem schnellen Sieg überzeugt (wie das heute zugängliche Protokoll der Unterredung zeigt). „Darüber hinaus werden wir sicherlich auch von Südkoreanern unterstützt, die das Regime Syngman Rhees hassen", erklärt er.

Doch Stalin zögert. Er fühlt sich noch an die Absprachen mit den USA gebunden. Zudem fürchtet er, dass Washington bei einem Angriff Kims militärisch intervenieren könnte.

Anfang 1950 aber ändert er seine Meinung. Grund ist die gewandelte internationale Lage. Zum einen haben Chinas Kommunisten unter Mao Zedong ihren jahrelangen Bürgerkrieg gegen die Truppen der nationalistischen, von den USA unterstützten Guomindang gewonnen und am 1. Oktober 1949 in Beijing eine Volksrepublik ausgerufen.

Das kommunistische Lager ist damit mächtiger als je zuvor.

Zum anderen haben sowjetische Wissenschaftler erst wenige Monate zu-

**GEGEN DIE SCHLECHT AUSGERÜSTETE** Armee des Südens kommen die Invasoren rasch voran. Binnen weniger Wochen überrennen sie fast das ganze Land. Mit sich tragen sie Todeslisten, auf denen die Namen einflussreicher Südkoreaner stehen

**WASHINGTON FORDERT** die Vereinten Nationen auf, Kims Truppen gemeinsam zurückzuschlagen. Und tatsächlich beteiligen sich 16 Staaten mit Soldaten an einem UN-Einsatz unter US-Führung. Im Sommer 1950 beginnt die alliierte Invasion

vor eine Atombombe gezündet. Zwar verfügt Moskau – anders als die USA – nur über wenige weitere Nuklearsprengköpfe, aber das wird sich bald ändern.

Und schließlich beruht Stalins Zustimmung zu Kims Angriffsplan auf einer Fehleinschätzung: Er glaubt zu wissen, dass die USA auf der koreanischen Halbinsel nicht militärisch eingreifen werden.

Die Vereinigten Staaten haben dieses Missverständnis selbst befördert: Am 12. Januar 1950 zählt US-Außenminister Dean Acheson in einer Rede jene Gebiete in Fernost auf, die für die Sicherheit der Vereinigten Staaten von strategischer Bedeutung seien. Der Chefdiplomat nennt Japan und die Philippinen, lässt Korea aber unerwähnt. Stalin deutet das als einen Hinweis – auch wenn Achesons Auslassung sicher nicht so gemeint war.

○

**DENN IN WIRKLICHKEIT** ändert sich Washingtons Lageeinschätzung gerade. Eine Analyse des Nationalen Sicherheitsrates entwirft ein bedrohliches Bild der internationalen Situation: Das Ziel der Sowjetführer sei „die völlige Unterwerfung oder gewaltsame Zerstörung des Regierungsapparates und der Gesellschaftsstruktur in den Ländern der nichtsowjetischen Welt und ihre Ersetzung durch ein dem Kreml ergebenes System".

Das Papier verschärft in Washington das Gefühl einer allgegenwärtigen Bedrohung durch den Kommunismus.

Zwar existieren diplomatische Beziehungen zwischen den Supermächten, doch es herrscht tiefes Misstrauen. Daher gibt es weder direkte Gespräche auf Regierungsebene noch einen regelmäßigen Austausch zwischen den Botschaftern. Häufig kommt es zu Missverständnis-

sen: eine verhängnisvolle Konstellation. Denn eigentlich müssen sich beide Seiten darauf verlassen können, die Signale des Gegners richtig zu deuten.

Stalin etwa geht es vermutlich darum, in Korea zu testen, wie weit er den Westen herausfordern kann – um die USA von Europa, das für den Kreml strategisch weitaus wichtiger ist, abzulenken und seine Machtposition zu stärken.

Am 9. Februar 1950 erlaubt der Kremlchef Kim Il-sung den Angriff. Seine einzige Bedingung: Er werde Kim nicht beistehen, sollten die USA in Südkorea *doch* eingreifen. „Falls euch die Amerikaner niedermachen, rühre ich keinen Finger", erklärt er brüsk.

Einen Krieg mit den USA will er nicht – dafür sieht er sein Land noch nicht gut genug gerüstet. Aber er hat eine Idee: Notfalls solle ein anderer Verbündeter aus dem kommunistischen Lager den Nordkoreanern helfen. „Ihr müsst Mao um Hilfe bitten", sagt er zu Kim.

Damit verfolgt Stalin gleich zwei Ziele: Zum einen vermeidet er einen Krieg mit den USA, zum anderen isoliert er den chinesischen KP-Chef, macht

**RUND 400 000 UN-SOLDATEN** landen insgesamt in Korea, darunter Verbände aus Großbritannien, Frankreich, Äthiopien und Kolumbien. Etwa 90 Prozent dieser Truppen aber stellen die USA

ihm eine Annäherung an den Westen unmöglich – und bindet ihn fester an sich.

Mitte Mai 1950 reist Kim Il-sung zu einem Geheimtreffen nach Beijing und berichtet Mao von Moskaus Weisung. Zu jener Zeit akzeptiert der Chinese noch uneingeschränkt Stalins Autorität und betrachtet ihn als „ältesten Bruder".

Kim gibt sich bei dem Gespräch siegesgewiss: Er werde keine Unterstützung benötigen, versichert er Mao. Den Feldzug könne er binnen Wochen abschließen. So bliebe den Amerikanern gar nicht erst Zeit, Truppen zu entsenden, falls sie doch eingreifen wollten.

Mao teilt die Zuversicht zwar nicht, sagt den geforderten Waffengang für den Notfall aber zu. Eigentlich will auch er keinen Krieg auf der Halbinsel führen. Aber Kim hat ihn im chinesischen Bürgerkrieg mit 14 000 Mann unterstützt.

Und Mao hält eine militärische Auseinandersetzung mit dem imperialistischen Westen ohnehin für unausweichlich. Zudem verspricht er sich von dem Pakt einen Prestigegewinn für China und die kommunistische Sache.

Nach der Übereinkunft in Beijing erklärt Stalin am 10. Juni 1950 seine endgültige Zustimmung zum Angriffsplan. Auch schickt er Kim Hunderte Panzer, Artilleriegeschütze sowie moderne Kriegsflugzeuge und sogar einige Düsenjäger: sein Beitrag, um Korea unter kommunistischer Herrschaft zu vereinen.

R und 100 000 nordkoreanische Infanteristen marschieren in der Nacht zum 25. Juni 1950 am 38. Breitengrad auf. Um vier Uhr früh eröffnen sie mit Haubitzen und Mörsern das Feuer auf die an der Grenze stationierten südkoreanischen Truppen. Zwei Stunden später überqueren 150 von der UdSSR zur Verfügung gestellte T-34-Panzer die Grenze. Unterstützt werden die Bodentruppen durch Jagdflugzeuge.

Angeblich handelt es sich bei dem Angriff, so verkündet es der nordkoreanische Rundfunk, um eine Verteidigungsaktion, mit der Kim eine südkoreanische Attacke zurückschlägt. Doch wahrscheinlich dient ihm nur eines der üblichen Grenzscharmützel als Vorwand, nun loszuschlagen.

Die schlecht ausgerüsteten Kämpfer des Südens haben dem Ansturm wenig entgegenzusetzen. Schon am ersten Tag stoßen Kims Soldaten bis in die Vororte der südkoreanischen Hauptstadt Seoul vor, die nur 40 Kilometer hinter der Demarkationslinie liegt.

John Muccio, der US-Botschafter in Südkorea, informiert um zehn Uhr morgens das Außenministerium in Washington. Dort ist es aufgrund der Zeitverschiebung erst später Samstagabend.

Kims Attacke trifft die US-Regierung völlig unvorbereitet. Präsident Truman befindet sich gerade auf Wochenendurlaub in seinem Heimatort Independence, Missouri. Es ist kurz nach 22 Uhr, als ihn Außenminister Acheson am Telefon erreicht: „Herr Präsident, ich habe sehr ernste Nachrichten. Die Nordkoreaner sind in Südkorea eingefallen."

Truman steht seit Monaten unter Druck. Führende Republikaner wie der US-Senator und Kommunistenjäger Joseph McCarthy beschuldigen ihn, zu nachgiebig gegenüber dem Osten zu sein.

So habe er Maos nationalistische Gegner im chinesischen Bürgerkrieg zu wenig unterstützt und damit ein großes und wichtiges Land dem feindlichen Lager preisgegeben. Außenminister Acheson wird von McCarthy öffentlich verdächtigt, in seinem Ministerium Kommunisten zu beschäftigen.

Nun sehen sich beide Männer gezwungen, Entschlossenheit zu demonstrieren – zumal Truman bereits im März 1947 vor dem US-Kongress erklärt hat, jedes Land zu unterstützen, dass sich von einer kommunistischen Machtübernahme bedroht fühle (siehe Seite 20).

Der Präsident fliegt nach Washington und trifft sich mit Ministern und Generälen. Inzwischen hat eine Analyse des Außenministeriums ergeben, dass nur Stalin als eigentlicher Urheber des Angriffs infrage komme, da Nordkorea politisch völlig von der Sowjetunion abhängig sei. Dies ist offenbar der Beginn

**US-PRÄSIDENT TRUMAN** gibt General Douglas MacArthur, bereits 1945 in Asien siegreich, den Befehl über die UN-Truppen

der seit dem Frühjahr befürchteten kommunistischen Offensive.

Im gleichen Bericht fragen sich die Verfasser, ob die Invasion in Korea womöglich nur der Prolog zu ähnlichen Szenarien an der deutsch-deutschen Grenze, in Jugoslawien oder Persien sei.

Truman und seine Berater sind sich einig: Stalin muss Einhalt geboten werden. „Wir müssen irgendwo eine Linie ziehen", erklärt Omar Bradley, Vorsitzender der US-Stabschefs. Doch der US-Präsident will nicht allein handeln. Sondern im Auftrag der Vereinten Nationen.

Bei der UNO verfügen westliche Staaten über eine sichere Mehrheit. Zudem boykottiert die UdSSR gerade den Sicherheitsrat, um die Aufnahme des kommunistischen China zu erzwingen.

Und so kann Moskau die Resolution nicht verhindern, die das Gremium noch am 25. Juni 1950 verabschiedet: Der Beschluss verlangt von Nordkorea, seine Truppen hinter den 38. Breitengrad zurückzuziehen, und fordert alle UN-Mitglieder auf, bei der Durchsetzung dieser Resolution „in jeder Weise zu helfen".

Zwei Tage später bittet Truman den Kreml, seinen Einfluss geltend zu machen, um Kim zum Rückzug zu bewegen. Ministerpräsident Boris Tschernoussow weist die Aufforderung zurück – Südkorea habe den Krieg durch seinen Angriff ausgelöst. Im Übrigen handele es sich um

**DER FEUERKRAFT** der Alliierten sind die Nordkoreaner nicht gewachsen. Nach wenigen Wochen ist der Süden befreit und der UN-Auftrag erfüllt. Doch berauscht vom Erfolg, will Washington jetzt ganz Korea erobern – und lässt die Truppen weitermarschieren

eine innere Angelegenheit Koreas, die die Beteiligten selbst lösen müssten. So verpufft Trumans diplomatischer Vorstoß.

Als eine weitere UN-Resolution militärische Hilfe für Südkorea absegnet, befiehlt der US-Präsident am 30. Juni, zwei in Japan stationierte Divisionen auf der Halbinsel einzusetzen. Kurz zuvor sind bereits ein Flugzeugträger, ein schwerer Kreuzer sowie acht Zerstörer der 7. US-Flotte unter UN-Flagge vor der südkoreanischen Küste eingetroffen.

Doch die Streitmacht scheint zu spät zu kommen. Schon drei Tage nach dem Angriff ist Seoul gefallen. Präsident Syngman Rhee und seine Regierung mussten in die 140 Kilometer entfernte Stadt Daejeon fliehen. Viele Zivilisten verlassen in Panik die Kapitale. Denn Kims vorrückende Truppen haben Todeslisten dabei, mit denen Spezialkommandos die Stadt nach Unterstützern Syngman Rhees durchstreifen.

Erst ab Anfang Juli treffen allmählich fast 100 000 GIs aus Japan in Südkorea ein. Doch für einen Kriegseinsatz sind sie nur ungenügend vorbereitet.

Bis zum 4. August überrennen die Nordkoreaner fast ganz Südkorea. Die Amerikaner erleiden hohe Verluste und müssen sich gemeinsam mit den demoralisierten südkoreanischen Truppen in den Südosten der Halbinsel zurückziehen. 92 000 Mann drängen sich auf einem Landzipfel, der von 70 000 nordkoreanischen Kämpfern abgeriegelt wird.

Es ist der letzte Brückenkopf der Allianz, den sie nun aber gegen die vom langen Vormarsch erschöpften Nordkoreaner verteidigt: Die Amerikaner und Südkoreaner werden nach und nach mit gut ausgebildeten Truppen und schweren Waffen aus den USA verstärkt.

Auch Großbritannien und Frankreich entsenden erste Einheiten zur Unterstützung des Einsatzes (insgesamt werden 16 UN-Mitgliedsstaaten Soldaten auf die koreanische Halbinsel schicken, darunter Äthiopien, Kolumbien und die Türkei).

Das Oberkommando übernimmt US-General Douglas MacArthur, Sieger des Pazifikkrieges, der 1945 die Kapitulation Japans entgegengenommen hat.

Je länger die Belagerung dauert, desto schwächer werden die Nordkoreaner: Kim Il-sung hat mit einem Sieg nach wenigen Wochen gerechnet, und er ist nicht in der Lage, seiner durch hohe Verluste auf dem Vormarsch stark dezimierten Armee im Süden Verstärkung und Nachschub zukommen zu lassen.

Für den Gegenangriff wählt MacArthur ein hoch riskantes Vorgehen. Im Rücken der nordkoreanischen Verbände will er eine zweite Front im Westen eröffnen. Am 15. September sollen 70 000 Soldaten bei der Hafenstadt Incheon landen, 30 Kilometer entfernt von Seoul.

Das Unternehmen ist sehr gewagt, weil Ebbe und Flut an der nahezu strandlosen Felsküste nur wenige Stunden Zeit für die Operation lassen.

Doch sie gelingt, unter geringen Verlusten. Rasch rückt die Landungsarmee nun Richtung Seoul vor und droht so Kim Il-sungs Truppen von ihrer Versorgungsbasis im Norden abzuschneiden.

Einen Tag später können die im Südosten eingeschlossenen Verbände, die inzwischen auf mehr als 180 000 Mann verstärkt worden sind, die Belagerung durchbrechen. Sie werden an der Küste durch Feuer von den Kriegsschiffen der US-Flotte sowie durch Bombardements aus der Luft unterstützt.

Die Nordkoreaner haben derweil fast alle ihre Flugzeuge verloren. Unter dem Beschuss der US-Luftwaffe bleibt ihnen nun nur der Rückzug nach Norden. Etwa 40 000 Soldaten gelingt es, den 38. Breitengrad zu passieren.

Binnen weniger Wochen hat sich die Lage in Korea komplett gewandelt.

General MacArthur wird für seine Landung in Incheon in den USA als Genie gefeiert – und fühlt sich fortan unfehlbar in seinen Entscheidungen.

Am 28. September erobern seine Soldaten Seoul zurück. Zwei Tage später erreichen alliierte Truppen den 38. Breitengrad – damit ist der Auftrag erfüllt, den ihnen die UN in weiteren Resolutionen im Juli erteilt hatte.

Doch berauscht von den Siegen, setzen sich MacArthur und die Verantwortlichen in Washington nun ein weiteres Ziel: Sie wollen Nordkorea ganz besiegen und beide Landesteile vereinen.

Schon am 11. September hat Truman ein Memorandum abgezeichnet, das den US-Truppen grundsätzlich erlauben würde, die Demarkationslinie zu überschreiten – sofern Soldaten Moskaus oder Beijings bis dahin nicht in die Kämpfe eingegriffen haben. Denn einen Dritten Weltkrieg will der US-Präsident wegen Korea nicht riskieren.

Daher verschafft er sich nun erneut eine internationale Legitimation für sein Vorgehen. Weil der Vertreter Moskaus jedoch inzwischen in den Sicherheitsrat zurückgekehrt ist und eine Abstimmung dort durch sein Veto blockieren kann, lassen die USA diesmal den von ihnen formulierten (aber offiziell von ihrem Verbündeten Großbritannien eingebrachten) Entwurf für einen Beschluss der Vollversammlung vorlegen, dort genügt eine einfache Mehrheit.

Mit 47 Ja- gegen fünf Nein-Stimmen verabschiedet die Versammlung am 7. Oktober in New York eine Resolution, die den UN-Mitgliedern empfiehlt, „alle angemessenen Schritte" zu unternehmen, „um in ganz Korea stabile Verhältnisse zu schaffen und eine demokratische Regierung in einem souveränen Staat Korea, einschließlich der Abhaltung von Wahlen" zu etablieren. Eigentlich ist der Sicherheitsrat für eine solche Entscheidung zuständig – doch darüber setzt sich die von den USA angeführte Koalition in ihrer Siegesstimmung einfach hinweg.

Die zunehmenden Drohungen aus China überhört Washington. Mehrfach hat Mao öffentlich erklärt, sein Land werde es nicht dulden, dass „Imperialisten" in Nordkorea einmarschierten. Über Indiens Botschafter in Beijing lässt seine Regierung die USA warnen. „Ein amerikanischer Einmarsch wird auf den Widerstand Chinas stoßen", erklärt Maos Außenminister dem Diplomaten, der die Information an Washington weiterleitet.

Doch die US-Politiker halten dies für einen Bluff Maos (sie tun den indischen Diplomaten als wenig verlässliche Quelle ab). Ohnehin achten sie viel mehr auf die Reaktionen Stalins. Und Moskau scheint stillzuhalten – denn es bereitet offenbar keine Intervention vor.

Kaum ist die UN-Resolution verabschiedet, überqueren US-Truppen als Teil der UN-Streitmacht den 38. Breitengrad, südkoreanische Soldaten sind ihnen bereits vorausgeeilt. Die Verbündeten kommen rasch voran.

Einige Tage später, am 15. Oktober, trifft Truman auf der über 7500 Kilometer entfernten Pazifikinsel Wake Island ein, um sich mit MacArthur zu besprechen. Der Präsident hofft auf publikumswirksame Bilder kurz vor den Kongresswahlen im November. Bei dem Treffen erklärt MacArthur, der Krieg sei so gut wie gewonnen. Mao habe den richtigen Zeitpunkt zum Eingreifen verpasst.

Zwar weiß der General, dass Beijing 300 000 Soldaten in der zu China gehörenden Mandschurei zusammengezogen hat. Höchstens 60 000 davon aber hätten bislang den Fluss Yalu überschreiten können, der China und Nordkorea trennt.

Für MacArthur sind diese Truppen, die Beijing offiziell als „Freiwillige" bezeichnet, keine Bedrohung. Der Oberkommandierende schätzt ihre Kampfkraft aufgrund der fehlenden Luftwaffe als äußerst gering ein: „Wenn die Chinesen versuchen, bis nach Pjöngjang vorzustoßen, wird es das größte Gemetzel in der Geschichte der Menschheit geben", prahlt er vor seinem Präsidenten.

∘

**DER WEITERE VERLAUF** des Feldzugs gibt ihm zunächst recht: Am 19. Oktober erobern die UN-Truppen Pjöngjang. Kim Il-sung zieht sich ins Grenzgebiet zu China zurück. Auch seine Armee flüchtet und leistet keinen Widerstand.

Nun aber greift der von Stalin entwickelte Notfallplan: Mao leistet Kim die erbetene Waffenhilfe. Nicht einmal den möglichen Einsatz amerikanischer Nuklearwaffen fürchtet der chinesische Staatschef und erklärt angeblich: Auch wenn die Atombomben unzählige Untertanen das Leben kosteten, habe China immer noch genügend Menschen, um die Weltrevolution zu vollenden.

Bereits am 19. Oktober überqueren die ersten von wohl 250 000 chinesischen Soldaten den Yalu. Sechs Tage später attackieren sie südkoreanische Einheiten im Nordwesten und drängen sie zurück. Auch an anderen Frontabschnitten verwickeln sie UN-Truppen in Kämpfe.

MacArthur lässt mittlerweile an Nordkoreas Ostküste Zehntausende amerikanische Marines und UN-Soldaten landen sowie die 8. Armee im Westen des Landes vorrücken. Damit hat er bald mehr als 200 000 Mann jenseits des 38. Breitengrads unter seinem Kommando.

Die Gefechte mit den Chinesen schätzt er als kleine Scharmützel ein – kein Grund, eine ernsthafte Invasion zu fürchten. In einem Telegramm vom 3. November an die Stabschefs in Washington spielt er die Zahl der in Nordkorea eingedrungenen Chinesen auf höchstens 34 500 herunter (tatsächlich sind es inzwischen wohl fast siebenmal so viele).

Zudem scheinen die chinesischen Einheiten nach dem 7. November plötzlich verschwunden; die UN-Soldaten haben keine Feindberührung mehr. Um die Amerikaner in Sicherheit zu wiegen, marschieren Maos Truppen nachts und abseits der Wege, sodass die US-Aufklärungsflugzeuge sie nicht entdecken.

MacArthur lässt seine Einheiten an der Ostküste nun in Richtung Grenzfluss vorrücken, einen Teil davon zum Changjin-Stausee. Am 24. November soll darüber hinaus im Westen die 8. Armee mit einer letzten Offensive beginnen.

Zunächst kommt die rasch voran, doch am Abend des 25. und 26. November attackieren Chinesen sie an mehreren

**CHINAS DIKTATOR** Mao Zedong (o. l.) hat Kim schon vor Beginn der Invasion seine Unterstützung zugesagt – nun schickt er Hunderttausende Soldaten, um die Alliierten zurückzuschlagen

**DIE CHINESEN** nehmen bei ihren Sturmangriffen keine Rücksicht auf eigene Verluste und drängen die UN-Truppen zurück. Mao bedeutet das Leben seiner Soldaten nichts – er habe genug Untertanen, sagt er, um große Verluste auszugleichen

Positionen, löschen einige Einheiten nahezu aus und können andere abtrennen. Davon erhalten die US-Kommandeure am Stausee zwar Nachricht, aber erst als sie selbst massiv attackiert werden, erkennen sie das Ausmaß des Desasters.

o

**30. NOVEMBER 1950**, südliches Ufer des Changjin-Stausees. In eisiger Kälte harren die dort eingekesselten US-Truppen aus. Hinter Sandsäcken und in Schützenlöchern haben sich die Soldaten verschanzt und warten auf den Angriff.

Wieder nutzen die Chinesen die Dunkelheit: Kurz vor Mitternacht eröffnen sie das Sperrfeuer aus Mörsern und stürmen dann in kleinen Kampfeinheiten gegen die von Panzern und Artillerie unterstützten US-Verteidiger.

Erst als es hell wird, ziehen sich Maos Kämpfer zurück. Der Tag gehört weitgehend den Amerikanern.

Die US-Soldaten am Changjin-Stausee sind von den Gefechten erschöpft, von der Kälte demoralisiert. Viele haben seit mehr als 72 Stunden kaum geschlafen und nur wenig gegessen. Die meisten leiden an Verwundungen, an schwarz gefrorenen Fingern oder Zehen.

Der Boden in den Camps ist so hart, dass sie nicht einmal ihre toten Kameraden bestatten können. Die GIs stapeln die Gefallenen in vier Lagen übereinander. Vorher durchsuchen sie die Uniformen der Toten nach Munition, ziehen ihnen noch brauchbare Kleidungsstücke vom Körper, um sich selbst zu wärmen.

Mit jedem Tag werden die Vorräte knapper. Zwar werfen US-Transportflugzeuge an Fallschirmen Container mit Proviant, Munition, Medikamenten und Verbandszeug ab, doch bis zu 80 Prozent des Nachschubs gehen verloren, weil die Behälter beim Aufprall auf dem eisigen Boden zerbersten oder in feindlichem Gebiet niedergehen.

Nun rächt sich, dass die zwei Truppenkontingente der UN-Streitmacht im Westen und Osten durch einen Gebirgszug im Zentrum Nordkoreas getrennt und im Osten gar über eine fast 650 Kilometer lange Front verstreut sind.

MacArthur und seine Generäle haben die Zahl und die Kampfkraft der Chinesen unterschätzt. Außerdem waren die extrem kalten Temperaturen und das unwegsame, bergige Gelände für den geplanten Durchmarsch weitaus hinderlicher als erwartet. Die 8. Armee muss überstürzt ihren Rückzug antreten und wird auf dem Weg nach Süden am 5. Dezember auch Pjöngjang evakuieren.

Am Changjin-See geht es jetzt allein darum, die eigenen Truppen zu retten. Nur dank ihrer technischen Überlegenheit können die Amerikaner die meisten

Stellungen halten. Bei klarem Himmel steigen von Basen weiter südlich und von Flugzeugträgern im Japanischen Meer Piloten auf und bombardieren die feindlichen Truppen mit Napalm.

Für die GIs gibt es nur eine Hoffnung auf Rettung: den Rückzug nach Süden, über jene schmale Bergpiste, über die sie gekommen sind. Doch auch diesen Weg blockieren die Chinesen inzwischen.

General Oliver P. Smith, der amerikanische Kommandeur vor Ort, soll nun seine verstreuten Truppen an der Südspitze des Stausees sammeln, dort dann ausbrechen und sich zu einem 100 Kilometer entfernten Hafen an der Ostküste Nordkoreas durchkämpfen.

Dazu muss Smith zunächst Tausende Verwundete evakuieren, die eine zu große Bürde auf dem Rückmarsch wären. Der General gibt am 1. Dezember eine von Bulldozern in den gefrorenen Boden geschlagene Landebahn frei, obwohl sie erst halbfertig ist. So können Lastmaschinen beginnen, pro Tag 1000 Verwundete aus- sowie Munition, Proviant und anderen Nachschub einzufliegen.

Drei Tage später haben sich auch die Einheiten aus dem Westen und Osten des Stausees zu ihnen durchgekämpft. Rund 10 000 Soldaten sind nun versammelt.

Am 6. Dezember wagen die Eingeschlossenen mit letzter Kraft den Ausbruch. 2200 Mann stehen für den Kampf bereit. Gegen 7.00 Uhr morgens eröffnen die Marines das Feuer auf die Belagerer, während Einheiten die Anhöhen rechts und links der Straße sichern.

Maos Soldaten verfügen weder über Panzer noch über eine schwere Artillerie, und so können sich die ersten GIs nach einigen Stunden Kampf auf den Weg nach Süden machen. Hinter ihnen setzt sich eine lang gezogene Kolonne mit 1200 Fahrzeugen in Bewegung. Nur wer schwer verwundet ist, darf mitfahren. Alle anderen müssen zu Fuß gehen und den Konvoi abschirmen.

Denn noch ist der Kampf nicht vorbei: Die Chinesen halten entlang der Bergstraße viele Hügel und Anhöhen besetzt. Allein für die 18 Kilometer

bis zur Etappe Koto-ri, wo weitere 4200 Soldaten ausharren, benötigt der Zug 38 Stunden. Und danach liegen noch mal 13 schwierige Kilometer vor den Männern. In engen Serpentinen windet sich die glatt gefrorene Piste über 1000 Höhenmeter zu Tal. Zur einen Seite erhebt sich schroffer Fels, zur anderen öffnet sich ein Abgrund.

Die Chinesen haben Löcher in den Weg gesprengt und mit Dynamit Erdrutsche ausgelöst, um den Konvoi zu stoppen. Sie haben Bunker gebaut, aus denen Scharfschützen den Tross unter Feuer nehmen. Immer wieder müssen Straßensperren überwunden werden, sinken Soldaten tödlich getroffen zu Boden.

Bei einem Passweg haben Maos Kämpfer eine Brücke zerstört, die einen fünf Meter weiten Abgrund überspannte. An Fallschirmen werfen US-Piloten Brückenelemente und Sperrholzplatten ab, aus denen Ingenieure der Marines eine Behelfskonstruktion errichten.

Schließlich können die Soldaten die Berge hinter sich lassen. Die letzten Kilometer bis zur Küste legen sie in Trucks und beschlagnahmten Eisenbahnwaggons zurück. Am 11. Dezember erreichen sie den Hafen von Hungnam an Nordkoreas Ostküste. Dort sammeln sich weitere Divisionen der UN-Invasionsstreitmacht.

Zwei Wochen dauert es, 105 000 Soldaten und 17 500 Fahrzeuge auf Schiffe zu laden. Am 24. Dezember 1950 legen die letzten Truppentransporter in Hungnam ab. Danach sprengen Pioniere die Dockanlagen.

Die Schiffe bringen die Soldaten zu Stellungen südlich des 38. Breitengrades. Dorthin hat sich inzwischen auch die geschlagene und demoralisierte 8. Armee zurückgezogen.

**NEBEN DEN CHINESISCHEN ATTACKEN** setzt auch die Kälte des nordkoreanischen Winters den amerikanischen Soldaten zu. Ende November treten erste Einheiten den Rückzug nach Südkorea an. Es ist eine der bis dahin größten Niederlagen einer US-Streitmacht

Insgesamt 859 Mann haben die UN-Truppen bei den Kämpfen am Stausee und auf dem Rückzug verloren, 4881 gelten offiziell als vermisst, darunter fast 2000 Südkoreaner, wobei die meisten von ihnen die Gefechte sicher nicht überlebt haben. Knapp 4000 Soldaten sind verwundet, Tausende leiden an Erfrierungen.

Noch höher sind die Verluste der Gegenseite, wahrscheinlich sind Zehntausende Chinesen gefallen. Doch Mao kümmern die Toten nicht: Er hat die hochgerüstete UN-Streitmacht aus Nordkorea vertrieben und damit einen großen Triumph errungen.

Für Douglas MacArthur bedeutet der längste Rückzug der US-Militärgeschichte eine schwere Demütigung. Statt den Sieg zu feiern, stehen seine Truppen wieder in Südkorea.

Der UN-Oberkommandeur weigert sich, die Niederlage zu akzeptieren. Er träumt weiter von einer Befreiung Nordkoreas. An Heiligabend fordert er in Washington 24 Atombom-

ben an. Mac Arthur beabsichtigt, die Nuklearwaffen über dem Grenzgebiet zwischen Nordkorea und China abwerfen zu lassen, um einen radioaktiv verseuchten Schutzstreifen zu schaffen. Damit sollen Beijing und Moskau auf Jahrzehnte daran gehindert werden, Truppen zu schicken.

Die US-Regierung aber will jede weitere Eskalation vermeiden. Der Einsatz von Atombomben ist politisch nicht durchsetzbar. Trumans Drohung knapp einen Monat zuvor, „jede Waffe" in Korea einsetzen zu können, hatte weltweit Entsetzen, ja Panik ausgelöst – sogar unter den engsten Verbündeten der USA.

Zu groß ist die Sorge, dass ein Einsatz der Atombombe die Sowjetunion in den Koreakrieg ziehen und womöglich sogar dazu bringen könnte, die westliche Welt in Europa anzugreifen.

Paris zeigte sich besorgt. Im Londoner Unterhaus forderten Abgeordnete der regierenden Labour-Partei den Abzug britischer Truppen aus Korea, falls Truman die Bombe einsetze. Der US-Präsident muss dem britischen Premier versichern, dass er nicht beabsichtige, Nuklearwaffen über Korea abzuwerfen.

Und so weisen am 29. Dezember 1950 auch die US-Stabschefs die Forderung MacArthurs zurück.

**IN KÜRZE**

Der Kampf um Korea, in dem sich die UdSSR und die USA indirekt gegenüberstehen, ist einer der folgenschwersten Konflikte des Kalten Krieges. Militärisch bringt der opferreiche Waffengang zwar keinen klaren Sieger hervor, doch er vertieft die Feindschaft der Supermächte, beschleunigt die Vergrößerung der NATO und die Gründung des Warschauer Paktes – und trägt damit entscheidend zur politischen Spaltung der Welt in den folgenden Jahrzehnten bei.

**NACH DEM RÜCKZUG** der Amerikaner aus Nordkorea wogt der Krieg weiter, erstarrt schließlich in Stellungsgefechten. Noch zwei Jahre dauert es, bis im Juli 1953 der Waffenstillstand unterzeichnet wird

Der Krieg tobt unterdessen weiter. Nordkoreanische und chinesische Verbände überschreiten erneut den 38. Breitengrad Richtung Süden und erobern am 4. Januar 1951 ein weiteres Mal Seoul.

Erst gegen Ende des Monats können UN-Truppen die Front auf einer Linie 60 Kilometer südlich der südkoreanischen Hauptstadt stabilisieren. Im Februar beginnen sie mit Gegenangriffen (bis zum Juni dringen sie sogar noch einmal weit nach Nordkorea ein, können Pjöngjang aber nicht erneut einnehmen).

Truman will nun den Krieg beenden, sucht nach einem diplomatischen Ausweg. Als sich MacArthur widersetzt, entlässt der Präsident ihn am 11. April 1951. Der Nachfolger Matthew Ridgway soll einen Waffenstillstand erreichen.

Auch Moskau ist zu Verhandlungen bereit. Denn im Juni 1951 scheitert eine Offensive der Chinesen, Mao verliert mehr als 100 000 Soldaten. Er fordert weitere Waffen von Stalin, doch der Sowjetdiktator hält die militärische Karte offenbar für ausgereizt.

o

**AM 10. JULI 1951** beginnen Gespräche zwischen Nordkorea, China und dem UN-Oberkommando. Zunächst treffen sich die Abgesandten im südkoreanischen Kaesong, bald darauf in UN-Baracken in Panmunjeom, einem Punkt auf der alten Demarkationslinie zwischen Nord- und Südkorea. Hunderte Male sitzen sich die Diplomaten in den folgenden zwei Jahren gegenüber – und manchmal schweigen sie sich stundenlang an.

Denn hinter den Kulissen widersetzt sich Stalin einer raschen Einigung. Er will Zeit gewinnen, um Heer und Bomberflotte aufzurüsten: für einen von ihm erwarteten Krieg mit den USA.

Die Vereinigten Staaten erhöhen ihre Militärausgaben um 70 Prozent. Das Geld fließt in den Bau neuer Atomwaffen, die Produktion von Bombern, Panzern, Schiffen, Artillerie und Munition sowie die Verstärkung der Armee.

Und so gehen die Kämpfe während der Verhandlungen weiter, sinnlose Gefechte um einzelne Hügel und Anhöhen.

Im September 1951 starten die UN-Streitkräfte eine große Bodenoffensive, die die Gegner am Verhandlungstisch zum Entgegenkommen zwingen soll. Dabei verlieren die UN-Truppen 3700 Kämpfer, Kim und Mao wohl 25 000 Soldaten. Der Konflikt ist mittlerweile zum Stellungskrieg erstarrt.

Zugleich nutzen die UN-Streitkräfte ihre Überlegenheit in der Luft und fliegen mehr als eine Million Einsätze vor allem auf Industriezentren, Hafenstädte mit Erdölraffinerien und chemischen Fabriken in Nordkorea sowie auf besetzte Städte und Stellungen des Feindes im Süden der koreanischen Halbinsel. US-Bomber werfen in diesem Krieg mehr Napalm ab als später in Vietnam.

Erst Stalins Tod am 5. März 1953 macht den Weg für eine Einigung frei.

**DER KRIEG IN KOREA** ist einer der blutigsten Konflikte des 20. Jahrhunderts. Manchen Schätzungen zufolge fallen ihm bis zu 4,5 Millionen Menschen zum Opfer. Von den rund 40 000 getöteten UN-Soldaten werden viele direkt vor Ort bestattet

Der Ministerrat in Moskau teilt den Vereinten Nationen wenig später mit, dass er einen Waffenstillstand anstrebe.

Auch der neue US-Präsident Dwight D. Eisenhower will sein Land nun unbedingt aus dem Konflikt herausführen. Mehr als 300 000 GIs stehen inzwischen in Korea, insgesamt hat die UNO gut 900 000 Soldaten mobilisiert (darunter fast 600 000 Südkoreaner), die Gegenseite sogar über eine Million.

Syngman Rhee, Kim Il-sung und Mao Zedong wollen weiterkämpfen, müssen sich aber den Anweisungen ihrer mächtigen Verbündeten fügen – selbst der chinesische KP-Chef kann sich den Vorgaben aus Moskau nicht widersetzen.

Am 27. Juli 1953 einigen sich die Diplomaten der Kriegsparteien nach insgesamt 765 Begegnungen auf einen Waffenstillstand. Die Zeremonie zwischen dem Leiter der UN-Delegation und dem Vertreter Nordkoreas dauert nur zwölf Minuten. Die beiden unterzeichnenden Generäle sprechen kein Wort miteinander und signieren das Dokument an verschiedenen Tischen an der Grenze in Panmunjeom. Einen Tag später enden die Kampfhandlungen.

Fortan trennt eine vier Kilometer breite demilitarisierte Zone die beiden Staaten auf der koreanischen Halbinsel – sie verläuft in der Nähe der alten Trennlinie am 38. Breitengrad.

Zwischen drei und viereinhalb Millionen Opfer hat der Krieg Schätzungen zufolge gefordert, ein großer Teil davon Zivilisten. Nordkorea hat insgesamt 1,1 bis 2,5 Millionen Tote zu beklagen, Südkorea rund eine Million und China zwischen 600 000 und einer Million Gefallene. Rund 40 000 UN-Soldaten sind tot, die meisten von ihnen Amerikaner.

Von den 22 größten Städten Nordkoreas sind 18 durch Bombardements völlig zerstört worden. Auch Seoul und weite Landstriche Südkoreas wurden mehrmals von kämpfenden Truppen schwer verwüstet.

Der Krieg in Korea, den anfangs außer Kim Il-sung und seinem südkorea-

nischen Gegenspieler Syngman Rhee keiner der Beteiligten wollte, hat keiner Seite den Sieg, stattdessen unermessliches Leid gebracht. Er beschleunigt die Aufspaltung der Welt in waffenstarrende, sich belauernde Machtblöcke.

In die bereits 1949 gegründete Nordatlantische Verteidigungsallianz (NATO) wird nun auch die Bundesrepublik Deutschland als Partner aufgenommen, die damit jetzt eigene Heeresverbände führen darf. (Entsprechende Planungen der US-Regierung gehen schon auf die Zeit vor dem Koreakrieg zurück: Um Westeuropa notfalls gegen den Ansturm sowjetischer Divisionen verteidigen zu können, scheinen bundesdeutsche Truppen unverzichtbar.)

Unter dem Eindruck der Ereignisse in Korea und auf Druck der Amerikaner und Briten geben die Franzosen im Oktober 1954 ihre letzten Vorbehalte dagegen auf.

Auch in Asien schließen die USA und andere westliche Staaten nun mit etlichen Ländern Verteidigungsallianzen.

Die UdSSR reagiert prompt – und gründet 1955 mit ihren Satellitenstaaten in Osteuropa als Gegengewicht den Warschauer Pakt.

Und Korea? Im Norden der Halbinsel kann sich Kim Il-sung, der den Krieg ausgelöst hatte, bis zu seinem Tod 1994 im Amt halten. Er errichtet eine stalinistische Diktatur und sichert seiner feudalistischen Dynastie mit brutalsten Mitteln die Macht, etwa der Einrichtung von Konzentrationslagern.

2004 erhält sein Sohn und Nachfolger Kim Jong-il aus Pakistan die Pläne zum Bau einer Atombombe. Sie soll dem Land dauerhaft das Überleben sichern.

Südkorea, dem die USA für den Fall eines erneuten Angriffs Beistand zugesichert haben, wird unter Syngman Rhees autoritärer Führung ein antikommunistischer Frontstaat im Kalten Krieg. Erst 1988 wird eine gewählte Regierung die Militärdiktatur ablösen. Ökonomisch

## GETEILTES LAND

KRIEG OHNE SIEGER: Die Waffenstillstandslinie, auf die sich die Konfliktparteien 1953 einigen, unterscheidet sich nur wenig von jener Demarkationslinie, die Washington und Moskau schon 1945 für Koreas Teilung vereinbart hatten

erholt sich das Land erstaunlich rasch von den Verwüstungen des Krieges.

Bis heute aber ist die Halbinsel gespalten: An einem der ersten Schauplätze des Kalten Krieges dauert der ideologische Konflikt weit über dessen Ende fort.

Erst Anfang 2018 sind die Fronten in Bewegung gekommen, gehen der Norden (nun unter Kims Enkel Kim Jong-un) und der Süden wieder aufeinander zu. Und so ist ungewiss, wie lange sich die Wachen beider Seiten bei den UN-Baracken in der demilitarisierten Zone noch mit finsterem Blick gegenüberstehen werden. ◊

# Der KREUZZUG
## *des SENATORS*

Als sich die Konfrontation mit der UdSSR immer weiter verschärft,
sehen sich viele Amerikaner zunehmend auch von Feinden im eigenen Land
bedroht. Ein Klima der Angst entsteht, es kommt zu einer beispiellosen
Jagd auf vermeintliche Kommunisten. Der prominenteste Antreiber ist ein
zwielichtiger Politiker aus Wisconsin

**TEXT:** *Constanze Kindel*

**DEMAGOGE** Bei Vorträgen und Pressekonferenzen verkündet Senator Joseph McCarthy wieder und
wieder, die USA seien durchsetzt von hochgefährlichen Kommunisten, die selbst Regierungsbehörden
infiltriert hätten. Seine Zahlen und Belege sind manipuliert – ihre Wirkung entfalten sie trotzdem

Es ist die schlimmste aller Zeiten. Das Zeitalter der Angst, die Ära des Verdachts. Des Misstrauens, das die Freiheit erstickt, die Freiheit, zu sagen, was man denkt. William O. Douglas erkennt sein Land nicht mehr, die Ideale, für die es steht, die Rechte, die es garantiert. Das Jahr 1952 hat gerade begonnen, als er anschreibt gegen die Finsternis, die er sieht.

„Es gibt eine verhängnisvolle Entwicklung in diesem Land", beginnt sein Beitrag in der „New York Times": „Wir bringen Toleranz nur für die orthodoxe Sicht auf das Weltgeschehen auf, nicht für neue oder andere Herangehensweisen." Dass Ansichten von Minderheiten unterdrückt wurden, sei auch früher schon vorgekommen – „aber es hat wahrscheinlich nie eine Zeit größerer Intoleranz gegeben, als wir sie heute erleben".

Der Beitrag erscheint am 13. Januar 1952, an einem Sonntag mitten im Winter, als die Verfolgung zum Fieber geworden ist. Amerika macht Jagd auf Andersdenkende, und William Orville Douglas, Richter am Obersten Gerichtshof der USA, klagt an: die Regierung, die Presse, die Politiker und Bürokraten, die über Gedanken richten und die Vielfalt der Meinungen; die die öffentliche Debatte einschränken wollen bis zur Einförmigkeit; die Wut schüren und Furcht vor Unterwanderung oder gar einem Umsturz durch Kommunisten.

„Die kommunistische Bedrohung in diesem Land ist vergrößert und überhöht worden über ihre Wirklichkeit hinaus",

**ZEIT DER FURCHT** Die atomare Bedrohung von außen erzeugt Paranoia im Innern. Viele Comic-zeichner greifen das Thema auf und befeuern es in großen Lettern

schreibt der Richter. „Verantwortungsloses Gerede von verantwortungslosen Menschen hat die Flammen der Angst angefacht. Anschuldigungen wurden leichtfertig vorgebracht. Rufmord ist gängig geworden. Argwohn hat guten Willen ersetzt. Die Angst greift um sich. Die Angst, seinen Job zu verlieren, die Angst, überprüft zu werden, Angst, an den Pranger gestellt zu werden."

Still mache die Angst das Land, fürchtet Douglas, still und stumm. Sein Essay erscheint unter dem Titel „Das schwarze Schweigen der Angst".

Seit knapp fünf Jahren bestimmt ein Kreuzzug gegen Kommunisten in den USA die Politik und das öffentliche Bewusstsein. Der Kalte Krieg hat die Nationale Sicherheit zum höchsten Gebot gemacht. In ihrem Namen zerstören Kommunistenjäger Leben und Karrieren. Sie vernichten Existenzen nicht mit Gerichtsurteilen und Haftstrafen, sondern mit Entlassungen, schwarzen Listen, dem Makel des Verdachts, der haften bleibt.

Ihren Namen erhält die Ära der Verfolgung von einem Mann, der die Kom-

munistenjagd betreiben wird wie kein anderer, lauter, heftiger, maßloser: Joseph R. McCarthy, republikanischer Senator aus Wisconsin.

o

**DIE ANGST VOR AUSSENSEITERN,** die die Nation von innen bedrohen, ist nicht neu in den USA. Vor den Kommunisten galt sie Indianern, Schwarzen, Katholiken, Immigranten. In der Wirtschaftskrise, die die USA in den 1930er Jahren erschüttert, wird der Vorwurf kommunistischer Umtriebe zur politischen Waffe für die Gegner des New Deal, der Wirtschafts- und Sozialreformen unter Präsident Franklin D. Roosevelt.

1938 richtet das US-Repräsentantenhaus ein House „Committee on Un-American Activities" (HUAC) ein, das „unamerikanische" Vorkommnisse untersuchen soll. Der Ausschuss versucht vor allem, Mitarbeiter von Bundesbehörden als Kommunisten zu enttarnen.

Im Zweiten Weltkrieg, den die Westmächte an der Seite der UdSSR ausfechten, verstummt die antikommunistische Propaganda zwar. Doch nach dem Zerfall dieses Zweckbündnisses nimmt die Sorge vor linksradikaler Unterwanderung erneut zu.

Amerikas Bürger hegen große Erwartungen an die künftige Rolle ihres Landes auf der Weltbühne. Frieden und Demokratie, Stabilität, Wohlstand für die Welt – wer, wenn nicht die USA, sollte das garantieren: der Weltkriegssieger, die reichste, mächtigste Nation des Planeten? Und je klarer sich die Konfrontation mit der Sowjetunion abzeichnet, desto mehr richtet sich der Blick auf die Bedrohung im eigenen Land.

Die Republikanische Partei wirft der demokratischen Regierung unter Präsident Harry S. Truman vor, nicht genügend Härte zu zeigen gegenüber Kommunisten in den USA. Unterwanderung drohe, Spionage, Sabotage.

Unterstützer findet sie zunächst in konservativen Organisationen, bei Kriegsveteranen oder Unternehmensführern.

Gewerkschaften gelten als wichtigstes Ziel der (1919 gegründeten) Kommunistischen Partei der USA, aber beinahe jede Organisation könnte infiltriert werden. Selbst Kirchengemeinden und Pfadfindergruppen sollen gefährdet sein.

1947 beginnt das HUAC, vermeintliche kommunistische Umtriebe in Hollywood zu untersuchen. Viele liberale Filmschaffende haben in den 1930er Jahren linke Anliegen unterstützt, etwa den Kampf für Bürgerrechte, den Antifaschismus. Und unter den Drehbuchautoren hat die KP tatsächlich außergewöhnlich viele Mitglieder gewonnen.

Anfangs wehren sich prominente Künstler lautstark gegen die Untersuchungen. Mehr als 300 von ihnen schließen sich einem „Committee for the First Amendment" an, das die Redefreiheit verteidigen soll, darunter Stars wie Humphrey Bogart, Lauren Bacall und Frank Sinatra. Die Gruppe schickt eine Abordnung nach Washington, um gegen die Anhörungen zu protestieren.

Dutzende Zeugen lädt der Ausschuss vor, darunter Konservative wie den Produzenten Walt Disney, der aussagt, die Gewerkschaft der Trickfilmzeichner werde von Kommunisten kontrolliert und habe versucht, sein Studio zu übernehmen, um Micky Maus auf Parteilinie zu bringen – und Linke wie den Drehbuchautor und späteren zweifachen Oscar-Gewinner Dalton Trumbo, denen Gefängnis und Jobverlust drohen, wenn sie sich nicht kooperativ zeigen.

Zehn von ihnen, darunter Trumbo, verweigern dennoch die Aussage, beschimpfen den Ausschuss als faschistisch. Die „Hollywood Ten" werden später wegen Missachtung des Kongresses zu mehrmonatigen Haftstrafen verurteilt.

Auch die Regierung beginnt 1947, durch „Loyalitätskommissionen" Verdächtige unter den Beamten aller Bundesbehörden auszusortieren. Um ins Visier zu geraten, genügt es, die falschen Verbindungen zu haben, etwa zu Bürgerrechtlern, oder einen vermeintlich fragwürdigen Lebenswandel zu pflegen, etwa homosexuellen Neigungen nachzugehen.

Viele US-Bundesstaaten richten nun Ausschüsse nach dem Vorbild des HUAC ein. Auch Unternehmen verlangen von ihren Angestellten einen Schwur auf die US-Verfassung. In Indiana müssen selbst professionelle Ringkämpfer einen Loyalitätseid ablegen – in Ohio die Empfänger von Arbeitslosenunterstützung. Und in Jacksonville, Florida, ist es bereits eine Straftat, mit einem Kommunisten zu sprechen, auch mit einem ehemaligen.

Doch erst mit den Nachrichten, die ab Herbst 1949 die US-Gesellschaft erschüttern, wird aus dem bürokratischen Kampf gegen die Kommunisten eine öffentliche Jagd. Im September jenes Jahres informiert Präsident Truman die Nation, dass die Sowjetunion erfolgreich eine Atombombe gezündet hat (siehe Seite 40). Viele Amerikaner befürchten, dass Moskau sein Wissen um die Bombe durch Geheimnisverrat erlangt hat – also durch Spione, die die USA ihren ärgsten Feinden ausgeliefert haben.

Und am 1. Oktober besiegen die Truppen des KP-Führers Mao Zedong nach langem Bürgerkrieg das durch die USA gestützte nationalistische Regime in China.

Die Angst vor einem Atomschlag drängt sich in das öffentliche Bewusstsein. Zeitungen drucken Stadtpläne, die den Grad der Zerstörung nach einem Bombenabwurf zeigen. Schulkinder lernen in Übungen, während des Unterrichts unter ihre Tische zu kriechen, sollte die Bombe fallen. Und ein Hotel in New York stattet seine teuersten Suiten mit Geigerzählern aus.

In diesem Herbst verurteilt ein Gericht die Führer der amerikanischen KP zu langjährigen Gefängnisstrafen. Das Urteil stützt sich allein auf die revolutionäre Rhetorik der Kader.

Die ersten Wochen des Jahres 1950 verstärken dann den Verdacht, dass Verräter die USA den Kommunisten ausliefern. Am 21. Januar verurteilt eine Jury den Juristen Alger Hiss wegen Meineids, weil er zu kommunistischen Verbindungen in den 1930er Jahren gelogen habe.

Hiss amtierte als Generalsekretär bei der Gründungssitzung der Vereinten

**STAATSFEINDE IM KINO** Anfangs vermuten die Kommunistenjäger vor allem unter Hollywoods liberalen Filmschaffenden linke Umtriebe. Drehbuchautoren und Schauspieler müssen sich vor einem Ausschuss erklären, hier Gary Cooper (o. l.)

Nationen. Ein Mann mit besten Chancen auf eine große politische Karriere – bis im Sommer 1948 der ehemalige Kommunist Whittaker Chambers vor dem HUAC zugab, in den 1930er Jahren für Moskau spioniert zu haben.

Zu den Regierungsbeamten, die er als Kommunisten belastet hat, gehört auch Hiss. Aussagen von Zeugen und der Fund geheimer, angeblich von Hiss weitergereichter Regierungspapiere scheinen seine Schuld zu belegen. Er muss für Jahre ins Gefängnis (1996 in Moskau entdeckte Akten deuten darauf hin, dass die Vorwürfe gegen ihn berechtigt waren).

Am 27. Januar wird Klaus Fuchs verhaftet, ein in Deutschland geborener britischer Nuklearwissenschaftler. Fuchs hat an der Entwicklung der ersten US-Atombombe in Los Alamos mitgearbeitet und militärische Geheimnisse an die Sowjetunion verraten.

Und am 9. Februar behauptet Joseph McCarthy, Senator aus Wisconsin, bei einem Abendessen einer republikanischen Frauenvereinigung, dass Kommunisten das Außenministerium infiltriert hätten. Er könne ihre Zahl genau benennen: 205 Verräter sollen es sein. Die Jagd ist eröffnet – und das Land ist bereit für eine neue Kommunistenhatz.

**ATTACKE** Bei den Lesern der Comic-Hefte soll der Kampf gegen die Kommunisten nur Nervenkitzel auslösen. Tausenden Amerikanern aber bringt er Gewissensprüfungen, Rufmord und Berufsverbote

**IN DEN USA** breiten sich Angst und Wut aus, nagen am vorherrschenden Grundgefühl von Optimismus und Zukunftsgläubigkeit. Millionen Amerikaner führen ein besseres Leben als vor dem Krieg, viele können sich Autos leisten und TV-Geräte, kaufen sich Häuser. Die Mehrheit im Land vertraut immer noch auf den amerikanischen Traum, den Glauben, dass harte Arbeit den Aufstieg möglich macht, dass es Kindern im Leben besser gehen wird als ihren Eltern.

Doch jetzt, da so viel erreicht ist, treibt viele die Sorge um, alles wieder zu verlieren. Und andere die Angst vor der Schnelligkeit, mit der sich Welt und Werte wandeln. Das Bedürfnis nach Stabilität, nach Sicherheit ist groß, die Antwort darauf ein verstärktes Bekenntnis zu Familie und Religion.

Nie zuvor waren so viele Amerikaner Mitglied einer Kirchengemeinde. Zu den einflussreichsten Männern im Land zählen nun Prediger wie der Baptistenpastor Billy Graham, der die Bibel wörtlich liest und das christliche Amerika im Endkampf sieht gegen die satanische Religion des Kommunismus. Einer Schlacht, der sich wahre Christen und Patrioten stellen müssen – Männer wie Joseph McCarthy. „Der Krieg hat begonnen", verkündet der Senator bei seiner Rede am 9. Februar, die zum Auftakt eines Kreuzzugs gegen echte und vermeintliche Kommunisten wird.

McCarthy stammt aus einer katholischen Farmerfamilie. Seine politische Karriere hat er als Anhänger des demokratischen New Deal begonnen, dann aber später die Partei gewechselt, um seine Karrierechancen zu verbessern.

Überhaupt scheinen ihm zum Vorwärtskommen fast alle Mittel recht: Als er sich in Wisconsin anfangs in ein Richteramt wählen lässt, verbreitet er Lügen über das Alter seines Konkurrenten.

Später tritt er zweimal zur Wahl zum Senator an, ohne sein Richteramt aufzugeben, obwohl die Verfassung des Bundesstaats ebendies verbietet.

Seine Chancen im Wahlkampf verbessert er mit erfundenen Kriegshelden-

**SPIONE** Immer wieder gibt es Nachrichten, die die Angst vor Unterwanderung begründet erscheinen lassen. Das Ehepaar Rosenberg etwa wird 1951 zum Tode verurteilt, weil es Geheimnisse an die UdSSR weitergegeben haben soll

er unerwartet viel Beifall. Er warnt jetzt überall vor der roten Gefahr.

Vieles von dem, was McCarthy am 9. Februar sagt, hat er aus einer Rede übernommen, die der Abgeordnete Richard Nixon zuvor im Repräsentantenhaus gehalten hat: Amerika habe mit einem Feind zu tun, der im Begriff sei, „unsere Politik zu bestimmen".

Die stärkste Nation der Welt, das Zentrum der demokratischen christlichen Welt, fügt McCarthy hinzu, verliere gegen die Kräfte des kommunistischen Atheismus, verliere den Kalten Krieg – weil das Außenministerium voller Verräter sei, die wollten, dass die andere Seite gewinne. Er habe hier eine Liste mit 205 Namen dieser Personen ...

In den Tagen darauf präsentiert er immer neue Zahlen. Vor Reportern spricht er von 57 Kommunisten in Regierungsdiensten, vor dem Senat von 81 Risikopersonen im Außenministerium.

Es stimmt: Tatsächlich arbeiten Kommunisten in manchen staatlichen Einrichtungen, doch stammen die Zahlen, die McCarthy nennt, aus Listen, die Untersuchungsausschüsse Jahre zuvor über vermeintliche Sicherheitsrisiken zusammengestellt haben. Viele Beschuldigte wurden dort nicht aufgrund politischer Überzeugungen genannt, sondern wegen der persönlichen Lebensführung, ihrer Alkoholprobleme, ihrer Promiskuität. Einer hat mit Angestellten der sowjetischen Botschaft Bridge gespielt.

In McCarthys Auslegung aber werden aus ihnen allen nun Kommunisten.

Seine Anschuldigungen sind die gleichen, die andere Republikaner seit Jahren vorbringen. Doch durch die präzisen Zahlen, die er nennt, wirken sie weitaus konkreter als alles, was bislang über die angebliche Bedrohung bekannt war.

Schnell wird der Senator berühmt. In einer Umfrage geben 39 Prozent an, seine Anklagen seien gut für das Land. Post wird in Jutesäcken in sein Büro geliefert. Viele Briefe enthalten Bargeld.

Im März 1950 lässt McCarthy die Presse wissen, dass er „den russischen

geschichten aus seiner Dienstzeit bei den Marines. In seinen ersten Jahren in Washington nimmt er Geld an von den Firmen, deren Interessen er vertritt, und er verteidigt deutsche SS-Männer, die für ein Massaker an Zivilisten und amerikanischen Kriegsgefangenen 1944 in Belgien verantwortlich waren.

Im Senat gilt er als Störenfried, der keinen Respekt kennt vor der Tradition der Institution. Er spielt, er trinkt, und

wenn er auffällt, dann mit Übertreibungen und Halbwahrheiten.

McCarthy hat sich nach seiner Wahl zum Senator 1946 dem rechten Flügel der Republikaner angeschlossen.

Aber erst nach einer halben Amtszeit beginnt er, sein Profil als Kommunistenjäger zu schärfen. Als er im Herbst 1949 eine Zeitung für deren angebliche Berichterstattung „pro Moskau" attackiert und zum Boykott aufruft, erhält

Top-Agenten in den Vereinigten Staaten" entlarven werde. Einem Ausschuss des Senats, der kommunistischen Umtrieben im Außenministerium nachgeht, nennt er den Namen von Owen Lattimore.

Der Professor ist ein Chinaexperte mit engen Beziehungen in diplomatische Kreise – und hält es für strategisch falsch, die chinesischen Kommunisten als Marionetten Moskaus darzustellen (wie es die Truman-Regierung tut) und ihnen die diplomatische Anerkennung zu verweigern. Dem Vorwurf, Kommunist zu sein, widerspricht er heftig.

Die Ausschussmitglieder finden für die Behauptung des Senators tatsächlich keine Beweise, werfen Joseph McCarthy in ihrem Abschlussbericht „Betrug und Schwindel" vor und entlasten alle von ihm Beschuldigten: „Seine Anschuldigungen stellen die vielleicht schändlichste Kampagne von Halbwahrheiten und Unwahrheiten in der Geschichte dieser Republik dar."

Dies könnte das schnelle Ende von McCarthys Karriere sein. Doch die Bewegung der Antikommunisten – ein Netz aus republikanischen Politikern und konservativen Organisationen – hat in ihm längst den Mann erkannt, der wie kein anderer fähig ist, ihren Anliegen Gehör zu verschaffen. Aktivisten sammeln sich um ihn, versorgen ihn mit Material. Und immer wieder scheinen ihm die politischen Entwicklungen recht zu geben. Im Sommer 1950 verhaften FBI-Agenten das Ehepaar Julius und Ethel Rosenberg und Ethels Bruder David Greenglass als sowjetische Spione.

Die Rosenbergs stammen aus Einwandererfamilien, Julius ist schon 1945 als Kommunist aus der Armee entlassen worden. Er soll seinen Schwager, der als Soldat auf dem geheimen Atomforschungsgelände in Los Alamos stationiert war, rekrutiert und so geheime Forschungsergebnisse an die Sowjetunion verraten haben (Ethel wird von ihrem Bruder als Mittäterin belastet).

Im April 1951 verurteilt ein Gericht die Rosenbergs zum Tode. Die Begründung: Sie hätten der Sowjetführung zu ihrer ersten Atombombe verholfen, was Josef Stalin dazu verleitet habe, den Krieg in Korea anzuzetteln – und seien somit verantwortlich für den Tod Tausender dort gefallener GIs.

Tatsächlich hat wohl Julius Rosenberg Geheimnisse verraten, doch entscheidend für den Bau der Atombombe war die Spionage vermutlich nicht.

So wie Alger Hiss zum Symbol geworden ist für die kommunistische Unterwanderung der Regierung, steht das Ehepaar Rosenberg fortan für die Gefahr der Spionage. „Es gibt im Amerika von heute keinen Platz für neutrale Patrioten", verkündet Earl Cocke Jr., der Leiter eines Veteranenverbands. „Man kann dem Kommunismus genauso wenig gleichgültig gegenüberstehen wie Krebs."

Selbst in Comic-Heften gehen die Helden jetzt auf Kommunistenjagd.

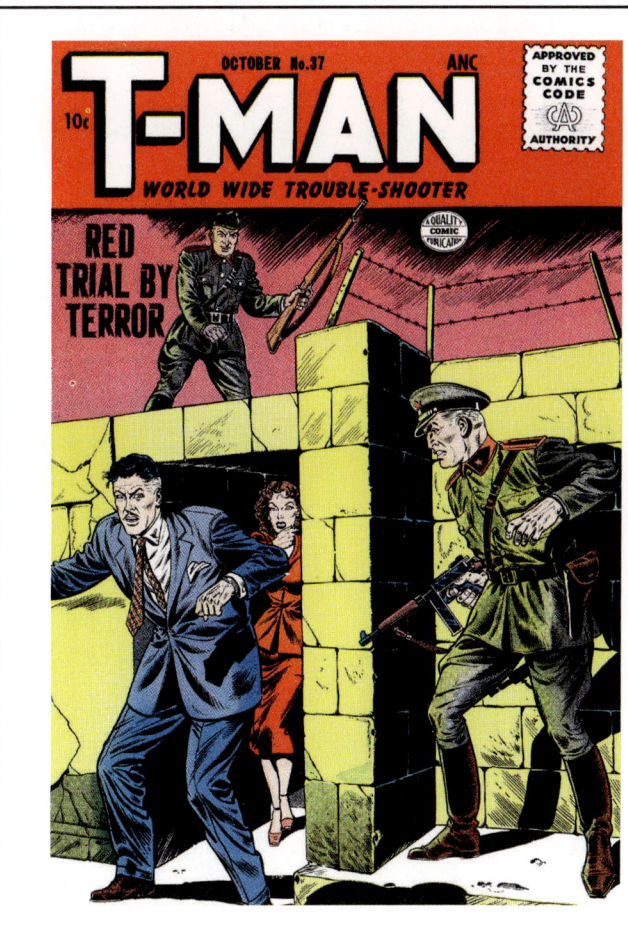

**IM VISIER** Die intensiv beschworene Gefahr des roten Terrors scheint fast alles zu rechtfertigen: Schon wer sich kritisch äußert, gerät ins Blickfeld der Hexenjäger um McCarthy, den auch das FBI unterstützt

○

**JOSEPH MCCARTHY ERKLÄRT**, er habe keinen Spaß an seiner Mission. Es sei eine schmutzige Arbeit, aber sie müsse getan werden. Er vergleicht sie mit der Jagd auf Schlangen und Stinktiere, die er als Kind auf der elterlichen Farm in Wisconsin töten musste, weil sie den Hühnern die Küken wegfraßen: „Eine viel gefährlichere Art Stinktier wird gerade in Washington ausgegraben. Und an diejenigen von euch, die keine groben Methoden mögen – jeder Farmjunge kann euch sagen, dass es keine elegante Art gibt, einer Klapperschlange die Fangzähne abzuschlagen oder ein Stinktier zu töten."

Und er weiß, wie er seine Botschaften auf die Titelseiten bringt. McCarthy beliefert die Presse mit immer neuen Anschuldigungen und Andeutungen, mit Namen und Zahlen, Pressemitteilungen und Interviews. Manche konservative Verleger glauben ihm. Und vielen Reportern fehlen die Mittel und Möglichkeiten, seine Anklagen in aufwendigen Recherchen zu untersuchen.

Zeitungen und Redakteuren, die ihn infrage stellen, unterstellt er kommunistische Propaganda. Als das Nachrichtenmagazin „Time" ihn im Oktober 1951 als „Demagogen" aufs Titelblatt hebt, lässt er Unternehmen in Briefen dazu auffordern, keine Geschäfte zu machen mit diesem „prokommunistischen" Magazin.

Auch die Wahlkampagne, mit der er sich im Herbst 1952 um eine zweite Amtszeit als Senator bewirbt, kennt nur ein einziges Thema: Eine Stimme für McCarthy ist eine Stimme gegen den Kommunismus. „Auf welcher Seite kämpfst du?", fragt er die Amerikaner.

Der Demagoge aus Wisconsin wird wiedergewählt. Und setzt nun auch den neuen, republikanischen Präsidenten Dwight D. Eisenhower unter Druck.

○

**NACH SEINER ERNEUTEN WAHL** hat McCarthy den Vorsitz des Senatskomitees für Regierungsvorgänge übernommen. Ein kluger Schachzug: Der zugehörige Unterausschuss ist befugt, alle Aktivitäten der Regierung zu überprüfen.

Der Senator verfügt nun über die Macht, Anhörungen anzusetzen, Zeugen vorzuladen, Berichte zu erstellen.

Zu seinem Stab gehören nur rund zwei Dutzend Mitarbeiter, aber hinter den Kulissen arbeiten ihm Hunderte Regierungsmitarbeiter zu. Hohe Beamte

und einfache Büroangestellte liefern geheime Dokumente, tragen Gerüchte zu. McCarthy nennt sie seinen „Loyalen Amerikanischen Untergrund".

Viele Informationen erhält er direkt vom FBI. Er ist befreundet mit J. Edgar Hoover, dem Direktor der Sicherheitsbehörde, der den Antikommunismus zu seiner persönlichen Mission gemacht hat.

Hoovers Agenten durchsuchen den Abfall von Verdächtigen, fangen deren Post ab, brechen in Häuser und Büros ein, bringen Abhörgeräte ohne Genehmigung an. Vor Gericht wäre derart illegal gesammeltes Material unzulässig – für die Untersuchungsausschüsse aber spielt es keine Rolle, woher belastende Indizien stammen.

Das Weiße Haus schaut alarmiert auf das Treiben, auf McCarthys wachsen-

de Berühmtheit. Der Senator ist unberechenbar. Niemand kann vorhersagen, wen seine Anklagen als Nächstes treffen werden, niemand sicher sein, dass er nicht selbst zum Ziel wird.

Um die Kontrolle über die Kommunistenjagd zurückzugewinnen, werden die Sicherheitsüberprüfungen ausgedehnt, denen sich alle Regierungsmitarbeiter unterziehen müssen. Und um mit Zahlen zu belegen, wie tatkräftig die Regierung gegen die Bedrohung vorgeht, werden gekündigte Angestellte oft nachträglich ohne ihr Wissen als Risikopersonen eingestuft und tauchen als solche nun in öffentlichen Statistiken auf.

Staatliche Loyalitätsausschüsse befragen Behördenangestellte über ihre Ansichten zur US-Außenpolitik, über ihre Meinung zu Arbeit und Ehe, Reli-

**BUNKERMENTALITÄT** Zunehmend prägt die Angst vor einem Atomkrieg das Leben der Amerikaner. Viele richten sich Schutzräume gegen nukleare Angriffe ein. Diese Familie wechselt regelmäßig das Frischwasser, um jederzeit bereit zu sein

gion und Rassenbeziehungen. Würden sie für die USA kämpfen, wenn das Land in einen Krieg mit der Sowjetunion einträte? Würden sie Kollegen verraten, die sie für Kommunisten halten?

Wer zu angriffslustig auftritt, auf seinen Rechten besteht und nicht kooperiert, hat kaum eine Chance, eine Freigabe zu bekommen, gleichgültig, wie wenig gegen ihn vorliegt. Manche erfahren nie, was ihnen überhaupt vorgeworfen wird. Die Denunzianten bleiben anonym.

Hunderte Professoren, Dozenten, Lehrer werden entlassen. Ihre Ankläger können sich auf gesetzliche Bestimmungen berufen, missachten jedoch vielfach rechtsstaatliche Normen: Anschuldigungen ersetzen Beweise, ein bloßer Verdacht reicht zur Verfolgung.

Still ist das Land geworden und stumm. Wer wird sich noch trauen, laut und öffentlich zu protestieren? Meinungen zu äußern, die nicht die der Mehrheit sind? Dagegen zu sein: gegen die Politik der Regierung, gegen die Kommunistenjagd? Hunderte werden für ihre Überzeugungen ins Gefängnis gehen, mehr als 10 000 Menschen ihre Jobs verlieren.

Aber es gibt sie, die Kritiker, Zweifler, die Gegner der Jagd, und sie melden sich zu Wort, immer entschlossener, je länger die Verfolgung andauert, je mehr Unschuldige ihr zum Opfer fallen.

Im März 1953 stirbt der Sowjetdiktator Stalin, die neue Kremlführung spricht von Entspannung im Verhältnis zum Westen. Und im Sommer 1953 beendet ein Waffenstillstand den Krieg in Korea.

Die rote Gefahr scheint nicht überwunden, aber doch eingedämmt. Und so erklärt US-Präsident Eisenhower im November: Seine Regierung habe so konsequent gehandelt, dass der Kommunismus bald kein Thema mehr sein werde.

Joseph McCarthy widerspricht öffentlich: Fakt sei, „dass der Kommunismus ein Thema ist und auch 1954 ein Thema sein wird". (Tatsächlich wird der US-Kongress erst in diesem Jahr die Mitgliedschaft in der Kommunistischen Partei per Gesetz verbieten.)

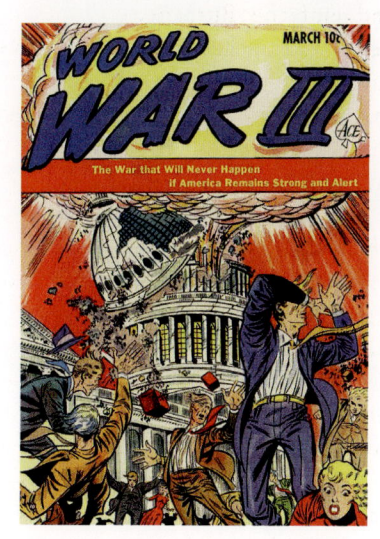

**DRITTER WELTKRIEG** Die Furcht vor der militärischen Apokalypse bleibt. Doch um 1955 ebbt die Paranoia der McCarthy-Ära, die die Bürgerrechte massiv ausgehöhlt hat, allmählich ab

Noch immer hat der Senator treue Anhänger, die an seine Sache glauben. Aber in den Umfragen sinken seine Beliebtheitswerte nun dramatisch – unter anderem, weil der äußerst angesehene Journalist Edward Murrow in einer Fernsehsendung das Klima „unvernünftiger Angst" angeprangert hat.

Der Reporter hat Tausende Meter Filmmaterial gesichtet und zeigt McCarthy von seiner schlechtesten Seite: als Ausschussvorsitzenden, der Zeugen schikaniert; als Senator, der den Präsidenten bevormundet; als Mann ohne Anstand und Manieren. Wie soll Amerika die Freiheit im Ausland verteidigen, fragt Murrow, wenn es sie zu Hause aufgibt?

Und dann tritt auch noch die US Army dem Senator entgegen. McCarthy hat dem Militär vorgeworfen, von Spionen unterwandert zu sein – woraufhin ihm die Armeeführung nun nachweist, dass er einem seiner Mitarbeiter eine Vorzugsbehandlung beim Militärdienst gesichert hat.

Ein Ausschuss des Senats wird beauftragt, Vorwürfe und Gegenvorwürfe zu klären. Ende April 1954 beginnen die öffentlichen Anhörungen: 188 Stunden, live im TV übertragen.

McCarthy stört, beschimpft, beleidigt, überzieht die Gegenseite mit immer neuen Anschuldigungen. Bis ihn ein juristischer Berater der Armee, den er beschuldigt, in seiner Kanzlei einen linken Anwalt zu beschäftigen, unterbricht: „Haben Sie keinen Sinn für Anstand, Sir, zu guter Letzt? Haben Sie keinen Sinn für Anstand mehr?"

Das ist das Ende: Joseph McCarthy hat seinen Ruf selbst zerstört, live und landesweit im Fernsehen.

Am 2. Dezember 1954 stimmt der US-Senat mit 67 zu 22 Stimmen dafür, ihm eine Rüge zu erteilen: für sein ungebührliches Verhalten als Ausschussvorsitzender, mit dem er die Ehre des Senats beschädigt hat – nicht aber für seine Skrupellosigkeit, die Lügen und Exzesse.

Wenn er nun im Senat spricht, verlassen seine Kollegen den Saal. Das Weiße Haus streicht ihn von der Gästeliste für Empfänge. Die Presse ignoriert ihn.

Die Jagd ist vorbei. Auch wenn der Antikommunismus die Stimmung in den USA noch lange prägen wird, ebenso wie die wachsende Angst vor einem drohenden Atomkrieg, beginnt sich das Land nach McCarthys Ende wieder auf seine Prinzipien und Bürgerrechte zu besinnen.

Der Oberste Gerichtshof hebt in den folgenden Jahren eine Reihe von Loyalitäts- und Sicherheitsgesetzen auf, Hunderte aus politischen Gründen Entlassene erhalten ihre Jobs zurück.

Erst 50 Jahre später wird sich herausstellen, dass die Angst nicht völlig unbegründet war. Dass neben Julius Rosenberg tatsächlich etliche Amerikaner Geheimnisse verraten haben. Doch die meisten taten dies während des Zweiten Weltkriegs: In McCarthys Amtszeit war die Ära der prosowjetischen Spionage längst vorbei, gab es wohl nicht mehr als eine Handvoll wirkliche Verräter.

Joseph McCarthy stirbt im Mai 1957 an den Folgen seiner Alkoholsucht, ohne je einen einzigen Spion enttarnt zu haben. ◊

# STADT
# DER
# SPIONE

NACH KRIEGSENDE teilen die Siegermächte Berlin 1945 in vier Zonen auf
(hier der Übergang in den sowjetischen
Teil am Brandenburger Tor). Offiziell
arbeiten sie zusammen, tatsächlich
aber beginnt schon bald der Kampf
zwischen Ost und West

In Berlin treffen die Kontrahenten des Kalten Krieges auf engstem Raum direkt aufeinander. Nach dem Sieg gegen Hitler-Deutschland verwalten die Alliierten die ehemalige Reichshauptstadt anfangs noch gemeinsam. Doch bald kommt es zum Bruch – und die USA starten eine der spektakulärsten Abhörunternehmungen aller Zeiten

YOU ARE NOW LEAVING BRITISH SECTOR

TEXT: *Cay Rademacher*

**B**erlin, 22. April 1956, 0.50 Uhr. Unter dem Dach eines schmucklosen Lagerhauses am Schönbergweg im US-Sektor der Stadt verbirgt sich ein CIA-Agent. Mit einem Nachtsichtfernglas beobachtet er die Umgebung, einen kahlen Streifen Land, der hier im Süden Berlins die Grenze bildet zwischen dem amerikanischen und dem sowjetischen Sektor. Draußen sind empfindliche Mikrofone versteckt, die selbst leise Gespräche eventuell patrouillierender Soldaten und ostdeutscher Grenzpolizisten auffangen könnten. Doch jetzt ist alles ruhig.

Der Agent kann von seinem Posten aus über die kaum 100 Meter entfernte Grenze in den sowjetischen Sektor blicken. Zu seiner Rechten ist der alte Rudower Friedhof zu erkennen, nun in Ostberlin, daneben ein Feld. Dahinter, bereits fast 400 Meter tief im Osten, eine von Bäumen beschattete Straße: die Schönefelder Chaussee.

Eine ganz gewöhnliche Straße – doch für die CIA verbirgt sie den Gral der Spionage. Denn 70 Zentimeter unter ihr verlaufen drei fast armdicke Stränge Hunderter Telefonleitungen: Fernsprechverbindungen, über die sowjetische Generäle, Geheimagenten sowie gewöhnliche Soldaten mit ihren Vorgesetzten und mit hohen Funktionären der DDR sprechen, Minute für Minute, Stunde um Stunde, Tag um Tag.

Und: Die CIA hört mit.

Die Agency nennt die Abhöraktion „Operation Gold". In monatelanger Arbeit haben amerikanische und britische Agenten einen fünf Meter tiefen Tunnel von dem Lagerhaus am Schönbergweg fast einen halben Kilometer lang bis unter den Ostsektor gegraben, um von dort aus ebenjene Leitungen entlang der Schönefelder Chaussee anzuzapfen.

Sie haben Drähte an die Kabel geklemmt und hören seither jedes Gespräch mit und lesen jedes Fernschreiben, das durch die Leitungen rauscht. Seit mehr als elf Monaten saugt die CIA alles ab, was durch diesen Tunnel abzusaugen ist; die Tonbänder, auf denen die Aufnahmen verzeichnet sind, wiegen inzwischen 25 Tonnen. Der Tunnel ist wie ein Ohr, das tief ins Herz des Ostblocks horcht.

Immer wieder beobachtet der amerikanische Posten daher die Schönefelder Chaussee. Die Nacht ist düster, der sandige Boden dampft Feuchtigkeit in die Luft, in den letzten Tagen hat es außergewöhnlich heftig geregnet. Plötzlich ist auf der Chaussee eine Bewegung zu er-

**DER ALEXANDERPLATZ** gehört zur sowjetischen Zone. Und Josef Stalin hofft, bald ganz Berlin kontrollieren zu können

kennen, eine Fahrzeugkolonne. Der Agent sieht im Fernglas mehr als 40 Schatten, die aus den Wagen springen: sowjetische Soldaten. Sie sind mit Spaten und Hacken bewehrt. Sie stellen sich in einer Reihe auf und beginnen, das Erdreich neben der Straße systematisch aufzugraben. Direkt über der Installation des amerikanischen Geheimdienstes.

Der CIA-Posten gibt Alarm.

In dieser Frühlingsnacht wird eine der aufwendigsten, teuersten und bis heute umstrittensten Spionageaktionen des Kalten Krieges enden – einer Ära, in der es zwischen Spionen und Agenten, Schattengestalten unter falschen Namen und mit dubiosen Befehlen, täglich zu stillen, aber gnadenlosen Duellen kommt, mitten in Europa, mitten in Berlin ...

ANFANGS KANN MAN SICH in der Stadt frei bewegen – oft kommt es zu Begegnungen zwischen US- und sowjetischen Soldaten

„BERLIN, THE SPY'S ETERNAL CITY" hat der Thrillerautor John Le Carré die Metropole genannt, die „Ewige Stadt des Spions". Die geteilte Stadt ist Symbol des Kalten Krieges und eines seiner Schlachtfelder. Nirgendwo prallen West und Ost in dieser Zeit so direkt aufeinander wie hier, wo es manchmal schon reicht, die Straßenseite zu wechseln, um von einem Machtblock in den anderen zu gelangen.

Die Teilung der Welt nach 1945 ist in Berlin auf eine Fläche von 890 Quadratkilometern verdichtet: auf einen vom Osten (der Sowjetunion) und drei vom Westen (den USA, Großbritannien und Frankreich) beherrschte Sektoren der kriegszernarbten einstigen Kapitale.

Deutschland ist von den Siegern des Zweiten Weltkrieges in Besatzungszonen aufgeteilt worden. Die ehemalige Reichshauptstadt jedoch, die in der sowjetischen Zone liegt, wird von allen vier Mächten *gemeinsam* regiert. Jede von ihnen besetzt einen Teil Berlins, doch alle Mächte zusammen verwalten die Stadt – in der „Alliierten Kommandantur".

Das, zumindest, ist die Theorie.

In der Realität jedoch ist das von der UdSSR besetzte Ostberlin Teil der ebenfalls von ihr beherrschten Sowjetischen Besatzungszone: Überall steht Moskaus Armee, überall hat Diktator Josef Stalin seine Gefolgsleute in der kommunistisch dominierten Ostpartei SED als Statthalter eingesetzt, und auch im Alltag, von den Zugverbindungen bis zur Kultur, ist Ostberlin ein Teil seines Machtbereichs.

Die drei Westsektoren – in denen starke wirtschaftliche und kulturelle Verbindungen zu den Besatzungszonen in Westdeutschland bestehen – werden von den Sowjetbehörden allmählich isoliert, zumal sie ja von Ostgebiet umgeben sind.

Drei Jahre funktioniert die gemeinsame Verwaltung so eben, dann kollabiert das Konstrukt.

Zum einen führen Frankreich, Großbritannien und die USA am 20. Juni 1948 in ihren Zonen eine neue Währung ein, die D-Mark, Tage später auch in Westberlin. Das bindet die Stadt ökonomisch (und symbolisch) an den Westen.

Zum anderen wohl, die Motive sind bis heute nicht ganz klar, spielt der alternde Diktator Stalin va banque: Er will seine einstigen Verbündeten aus Westberlin vertreiben und fortan die ganze Stadt kontrollieren, ohne dabei einen Schuss abzufeuern. Und so veranlasst er am 24. Juni 1948 eine totale Blockade Westberlins: Kein Zug, kein Auto, kein Binnenschiff darf mehr von Westdeutschland aus die Metropole erreichen.

Doch anders als von Moskau geplant, gelingt es nicht, die Stadt auszuhungern. Amerikaner und Briten organisieren per Luftbrücke die komplette Versorgung. Transportflugzeuge schaffen mit 277 569 Landungen über insgesamt 322 Tage rund 2,1 Millionen Tonnen Fracht – Kohle, Lebensmittel, Medikamente und Kleidung – nach Westberlin.

Am 12. Mai 1949 gibt Stalin auf und beendet die Blockade. Berlin ist nun für viele die Stadt der Freiheit.

Kurz darauf wird Ostberlin die Kapitale der neu gegründeten DDR.

Westberlin bleibt eine Exklave der drei demokratischen Alliierten – und ein Ort, den Lucius D. Clay, der in Berlin residierende Militärgouverneur der US-Besatzungszone, einen „enorm nützlichen Außenposten unserer Zivilisation" nennt: das Schaufenster des reichen, freien Westens mitten im Ostblock sowie „ein einzigartiger Beobachtungsposten nach Sowjet-Europa".

Eine perfekte Basis für Spione.

Denn neben dem ideologischen Konflikt tobt längst ein zweiter Kampf zwischen Ost und West: das Duell der Agenten.

Der sowjetische Geheimdienst ist das wichtigste Machtinstrument in Stalins Terrorstaat: eine Staatspolizei, die im Inneren alle Oppositionellen vernichten und im Ausland spionieren soll. Als im August 1945 die Generäle der siegreichen Roten Armee ihre Militäradministration im Stadtteil Karlshorst einrichten, zieht auch ein Resident des Geheimdienstes in den massigen Bau. Acht Jahre später arbeiten dort 2200 Agenten.

Manche Offiziere sind klassische Spione. Sie führen Informanten in Westberlin, in Deutschland, aber auch in anderen westlichen Ländern. So hat die Sowjetunion eine Quelle in Paris, die Memoranden aus dem französischen Außenministerium im vollen Wortlaut nach Moskau weiterleitet. Eine andere Abteilung soll westliche Spione in Ostberlin und der DDR aufspüren.

Anfang der 1950er Jahre wird die Geheimdienst-Residentur in Berlin von Jewgenij Pitowranow geleitet, einem Offizier, der die Risiken seines Jobs schon persönlich gespürt hat.

Denn die fürchterliche Macht des Geheimdienstes ist zugleich seine elementare Schwäche. Gerade weil er Teil von Stalins Terrorapparat ist, werden auch seine Agenten selbst immer wieder Opfer ebenjenes Terrors. Pitowranow etwa wird 1951 als stellvertretender Minister vom Diktator persönlich empfangen, eine große Ehre – doch nur Wochen später verhaftet, ohne Anklage, offenbar allein aus Stalins Willkür. Dann aber erhält er erneut einen hohen Posten.

Als der Diktator im März 1953 stirbt, entbrennt in Moskau ein Nachfolgekampf. Lawrentij Berija, der brutale Stellvertreter Stalins und Leiter der sowjetischen Atombombenforschung, übernimmt Innenministerium und Geheimdienst und beginnt sie zu „säubern".

Im April 1953 beruft er Tausende Agenten aus dem Ausland zurück in die UdSSR, angeblich, um ihre Arbeit zu „optimieren". Allein aus Berlin müssen sich wohl 1700 der 2200 Agenten in der Lubjanka, der Geheimdienstzentrale, zum Rapport melden.

Vielleicht bestellt Berija auch Pitowranow ein, jedenfalls müssen wir ihn uns wohl als einen Mann vorstellen, der jede Stunde damit rechnet, an die Wand gestellt zu werden.

Am Ende ist es Berija, der erschossen wird, denn er verliert das Ringen um Stalins Nachfolge gegen Nikita Chruschtschow, den baldigen neuen Chef der sowjetischen KP. Und Moskau schickt Pitowranow am 1. August 1953 als Geheimdienstchef nach Karlshorst.

Der mächtigste sowjetische Geheimpolizist in Deutschland ist also ein zweimal dem Untergang entronnener Mann, ein Agent, der sich wie ein Gulag-Häftling auf Abruf fühlen muss. Er übernimmt einen demoralisierten Apparat, den er erst wiederaufbauen soll.

Sein Gegenspieler William Harvey ist da in einer weitaus besseren Situation. Der CIA-Chef von Berlin – übergewichtig, etwas vulgär, aber durchaus auch charismatisch – hat eine Vision: Für ihn ist Berlin die perfekte Spionagebasis tief im Feindesland.

Er hat die Operation Gold entwickelt. Der Plan: Hören wir die sowjetischen Telefone ab, deren Leitungen in Berlin nur ein paar Meter vor den eigenen Stellungen vergraben sein müssen. In Wien, das nach dem Kriegsende ebenfalls von den Alliierten geteilt und besetzt wurde, ist dem britischen Geheimdienst SIS 1948 genau so eine Aktion an sowjetisch genutzten Kabeln gelungen.

Es wäre ein großer Coup, die Gespräche feindlicher Agenten und Funktionäre an einer der wichtigsten Auslandsstationen Moskaus abzuhören.

In Berlin stellt sich zunächst ein technisches Problem: Wo verlaufen die bereits zur Kaiserzeit verlegten Telefonkabel? Und welche unter diesen Tausenden Kupfersträngen werden von den sowjetischen Behörden benutzt?

Harvey weiht seinen Agenten Walter O'Brien in die Operation Gold ein, einen ehemaligen Baseballprofi, Infanterieoffizier im Weltkrieg und Rechtsanwalt in Chicago – einen aggressiven, heißblütigen Mann, der seine bürgerliche Karriere aufgegeben hat und zur CIA gewechselt ist, weil er etwas erleben will.

O'Brien spricht gut Deutsch und nutzt ein schier grenzenlos wirkendes Potenzial von Informanten, die gewissermaßen freiwillig zu ihm kommen: Flüchtlinge. Zwischen 1949 und 1961 verlassen 2,7 Millionen Menschen Ostdeutschland, das ist fast jeder sechste Bürger. Die meisten werden zunächst in Auffanglagern wie Berlin-Marienfelde empfangen – und hier befragt die CIA systematisch jeden Neuankömmling.

Walter O'Brien sucht nach geflohenen Mitarbeitern der Post, die an Telefonleitungen gearbeitet haben. Über verschlungene Wege wirbt er auch einen Informanten im Ostberliner Postamt Lichtenberg an.

Der schmuggelt technische Handbücher – jedes fast einen halben Meter lang, 25 Zentimeter breit und fünf Zentimeter dick – aus dem Amt und übergibt sie heimlich einem CIA-Kurier. In Westberlin fotografiert O'Brien Seite um Seite dieser bibeldicken Dokumente ab. Anschließend werden sie rasch zurück in den Ostteil der Stadt gebracht, damit ihr Fehlen nicht auffällt.

Der CIA-Mann wirbt auch eine Frau in der Telefonvermittlung eines Amtes im Osten an. Sie bringt ihm Karteikarten, auf denen verzeichnet ist, welche Kabel von sowjetischen Behörden belegt werden. Weitere Informanten gewinnt er in den Fernmeldeämtern von Erfurt, Dresden, Magdeburg – sowie mitten im DDR-Postministerium: Dort besorgt ihm jemand Kopien von den Karten aller Telefonleitungen Ostdeutschlands.

**WEIL DIE SPANNUNGEN** zwischen den Alliierten zunehmen, kontrollieren bald Soldaten an den Sektorengrenzen

**EIN SCHILD** warnt vor der sowjetischen Zone – immer wieder kommt es dort zu Übergriffen gegen Zivilisten

**ALS »SEKTOR DER FREIHEIT«** preisen die Sowjetbesatzer ihren Bereich – und provozieren damit die Amerikaner

**FRANKREICH IST** die schwächste Siegermacht – und spielt im beginnenden Kampf der Blöcke eine untergeordnete Rolle

**AB JUNI 1948** blockiert Moskau alle Landwege nach Westberlin. Elf Monate lang versorgen Amerikaner und Briten die isolierte Stadt über eine Luftbrücke

Teams in New Mexico in den USA und in der britischen Grafschaft Surrey testweise bis zu 150 Meter lange Tunnel gegraben – durch einen Sandboden, der dem Berliner Erdreich gleicht.

Die Pioniere wühlen sich in einem steilen Schacht vom Keller aus in die Tiefe. Neun Meter unter der Erdoberfläche wollen sie waagerecht weitergraben.

○

**DOCH IM SEPTEMBER** kommt es plötzlich zu einem Wassereinbruch. Die US-Experten sind davon ausgegangen, dass der Grundwasserspiegel hier mindestens zehn Meter tief liegt. Tatsächlich aber dringt bereits bei fünf Metern unter dem Erdboden Wasser in den Gang.

Was nun? Tiefer geht nicht, erfährt Harvey. Also entscheidet er, den Gang in nur fünf Meter Tiefe graben zu lassen. Das aber ist derart dicht unter der Oberfläche, dass man im Freien womöglich Geräusche hören könnte. Und so schlägt fortan jedes Mal, wenn DDR-Grenzer an der Sektorengrenze patrouillieren, ein oben Ausschau haltender Agent Alarm, und die Arbeiter rühren sich nicht, bis die Wachen weitergezogen sind.

Stahlbögen, verschraubt zu einer Röhre, verstärken jedes Segment des entstehenden, gut 1,80 Meter durchmessenden Ganges. 125 Tonnen Stahlelemente sind nach Berlin geschafft worden – in den üblichen US-Versorgungszügen quer durch die DDR. Mit dem Holz der Transportkisten wird der Boden des Ganges ausgelegt. Strom- und Abhörleitungen sowie Belüftungsrohre ziehen sich an den Wänden entlang, im Keller des Lagerhauses dröhnen die zugehörigen Luft- und Entwässerungspumpen.

Am Ende werden die Pioniere 3000 Tonnen Sand und Erde aus dem Untergrund geholt und, von außen unsichtbar, in dem Lagerhaus aufgehäuft haben.

Die Overalls der Männer sind verschmutzt – und könnte es nicht verdächtig sein, wenn man aus einem vorgeblichen Lagerhaus mit Erdreich verschmierte Kleidung in die Wäscherei der Army

Irgendwann Anfang 1953 riskiert O'Brien einen Test: Einer seiner Informanten in einem ostdeutschen Telefonamt stellt nachts absichtlich Verbindungen auf ein durch Westberlin laufendes Kabel um. In einem dortigen Amt, wo sich ein CIA-Mann als deutscher Techniker ausgibt, werden die sowjetischen Gespräche aufgezeichnet.

Die Sowjettruppen sprechen zwar über eine Leitung gleichzeitig auf mehreren Frequenzen, doch mithilfe eines Demodulators gelingt es dem Agenten, die Zeichen zu entzerren – und so erbringt O'Brien den Beweis, dass es möglich ist, Telefonleitungen anzuzapfen und über die einmal präparierten Leitungen Gespräche mitzuhören.

Ein ganzes Jahr vergeht mit weiteren Vorbereitungen. Im Januar 1954 gibt CIA-Chef Allen Dulles in Washington schließlich sein Einverständnis zu der bis dahin komplexesten Aktion seiner Agency in Berlin. 6,7 Millionen Dollar

wird sie am Ende kosten – so viel wie zwei der extrem teuren U2-Spionageflugzeuge.

Ende April 1954 stellen deutsche Baufirmen offiziell im Auftrag der US-Armee am Schönbergweg ein angebliches Lagerhaus fertig sowie einen Hangar für Fahrzeuge (in dem drei dieselbetriebene Stromgeneratoren stehen) und ein Wohnhaus für Soldaten.

Den Arbeitern ist gesagt worden, dass die Armee das neue Konzept einer „kostensparenden Lagerung" ausprobieren werde; daher müssten sie unter der Halle einen außerordentlich tiefen Keller anlegen mit Rampen, über die Gabelstapler fahren sollen.

Die Halle liegt auf einem Grundstück direkt an der Zonengrenze, nicht weit entfernt von einer Kabeltrasse, deren Verlauf O'Brien seit einiger Zeit kennt.

Im September rücken US-Pioniere in das Lagerhaus ein, Lastwagen bringen unter Planen getarnte Baumaschinen und Material. Schon Monate zuvor haben

schafft? Also werden vor Ort Waschmaschine und Trockner aufgebaut.

Ständig beziehen nun CIA-Agenten Posten unter dem Dach und beobachten das Niemandsland, unter dem der Tunnel verläuft. Sie observieren die Straßen, notieren sich, welche Anwohner wann wohin gehen, schreiben Kennzeichen vorbeifahrender Autos auf – stets auf der Suche nach einem auffälligen Muster, nach Personen, die immer wieder bestimmte Wege gehen, nach Wagen, die immer wieder durch bestimmte Straßen fahren, an bestimmten Ecken parken. Aber sie entdecken nichts Verdächtiges.

Im Winter 1954 erreichen die Männer im Untergrund Ostgebiet. Auf Höhe der Sektorengrenze lässt Harvey im Gang einen mit Sprengstoff gefüllten Schlauch an die Decke heften; sollte der Tunnel entdeckt werden, will er ihn sprengen.

Doch tatsächlich geraten die Pioniere in ganz andere Schwierigkeiten. Die kriegsverwüstete Stadt ist ja ein gigantisches Trümmerfeld. 39 Prozent aller Wohnungen sind zerbombt worden, 90 Millionen Kubikmeter Trümmer liegen über der Stadt. (Die zerstörten Ziegel,

Betonteile und Stahlträger werden nach und nach zu Hügeln aufgeschüttet, etwa dem 115 Meter hohen Teufelsberg am Rand des Grunewalds – auf dem ein amerikanischer Militärgeheimdienst 1957 eine Abhöranlage installieren wird.)

Auch im östlichen Sektor liegen die Reste zusammengefallener Häuser nahe der Tunnelroute im Boden. Als sich nun die Pioniere unter den Ruinen hindurchwühlen, graben sie die Sickergrube eines solchen Baus an. Der Tunnel gleicht vorübergehend einem Abwasserkanal, die Situation der Männer im Dreck sei „highly unpleasant", so ein CIA-Mann.

Im März 1955 haben die Pioniere ihr Ziel endlich erreicht. Unter den Telefonleitungen bauen sie eine mit einer massiven Stahltür zum Tunnel hin verschlossene Kammer. Von dort aus graben britische Spezialisten einen Schacht nach oben, zu den Kabeln der sowjetischen Besatzer.

Dann bringen CIA-Agenten ein offiziell wirkendes Warnschild mit einem Text in Russisch und Deutsch an der Tür an: „Eintritt verboten im Auftrag des Kommandierenden Generals." Sollten

ostdeutsche Fernmeldetechniker oder sowjetische Soldaten bei Grabungen oder Wartungsarbeiten zufällig auf die Kammer stoßen, werden sie es hoffentlich nicht wagen, weiter vorzudringen.

Im Tunnel vor der Kammer lässt Harvey in einem weiteren Raum Geräte installieren, die die schwachen Signale aus den Kabeln verstärken. Diese Impulse werden dann ins Lagerhaus geleitet, wo die eigentlichen Aufnahmegeräte stehen. Zum Teil können Telefongespräche live mitgehört werden, der große Rest wird aufgezeichnet.

Natürlich bemerken sowjetische Soldaten, dass rund um das Lagerhaus an der Sektorengrenze auffallend viele GIs Dienst tun. Um sie auf die falsche Fährte zu lenken, installieren die Amerikaner auf dem Gebäude eine große Radarantenne, mit der sie scheinbar den nahe gelegenen Flughafen Schönefeld überwachen. Kurz darauf registrieren die CIA-Posten Männer im Osten, die mit ihren Ferngläsern das Dach des Gebäudes absuchen – während doch die Spione buchstäblich unter ihren Stiefelsohlen wühlen.

11. Mai 1955. Vorsichtig legen zu Hilfe gerufene britische Spezialisten die Kabel im Schacht frei. Vorsichtig klemmen sie Kupferleitungen an, es darf keine Störung geben, keinen verdächtigen elektrischen Impuls. Und dann ist es angezapft, das sowjetische Telefonsystem.

**DIE ALLIIERTEN** fliegen 2,1 Millionen Tonnen Fracht nach Berlin – im Mai 1949 gibt Stalin auf und beendet die Blockade

**IM OKTOBER 1949** wird Ostberlin zur Hauptstadt der neu gegründeten DDR. Als am 17. Juni 1953
Hunderttausende Bürger des sowjetischen Satellitenstaates für höhere Löhne, Freiheit und die deutsche
Einheit demonstrieren, lässt Moskau Panzer aufrollen, hier am Leipziger Platz

Fortan zeichnen die Tonbandmaschinen täglich Hunderte Gespräche auf. So selten wie möglich – jedes Geräusch könnte die Enttarnung bedeuten! – wagen sich Techniker zu Wartungsarbeiten in den Tunnel.

Wenn doch einmal ein Spezialist bis in die Kammer vordringt, ist die Feuchtigkeit aus seiner Atemluft so hoch, dass sie die empfindlichen elektrischen Anlagen beschädigen könnte. Eigens installierte Entfeuchter benötigen jedes Mal einige Zeit, um die Luft wieder auf unbedenkliche Werte herunterzutrocknen.

Die Tonbänder werden in unauffälligen Lastwagen aus dem Lagerhaus geschmuggelt. Ein Flugzeug bringt die Telefonate nach London. Die ebenfalls aufgefangenen Fernschreiben kommen zur CIA-Zentrale in Washington. Dort werten Dutzende Spezialisten alles aus.

o

**DIE WENIGEN GESPRÄCHE,** die die versteckten Lauscher tatsächlich live mithören, sind zuweilen grotesk trivial: In einer Unterredung etwa wird deutlich, dass Ostberlins Geheimdienstchef Pitowra-

now in der Umgebung einen Jagdausflug organisiert und mit Nachtsichtgeräten der Armee auf Pirsch gehen will.

Ein anderes Mal wird der Koch der US-Agenten – denn auch die Mahlzeiten werden vor Ort zubereitet – nach Frankfurt am Main beordert. GIs mit derart harmlosen Funktionen dürfen für Dienstreisen mit einem Auto von Westberlin quer durch die DDR fahren. Da es Verdacht erregen könnte, wenn man ausgerechnet diesem Koch eine Reise im Auto verweigerte, sondern ihn mit dem Flugzeug ausflöge, nimmt er den Wagen.

Und verfährt sich prompt.

Kaum hat er Berlin verlassen, nimmt er die Autobahn nach Frankfurt an der Oder, also in die völlig falsche Richtung. DDR-Grenzer stoppen ihn schließlich tief im Osten. Allgemeine Aufregung, Meldungen rauschen hin und her, und die Lauscher am Schönbergweg hören alles mit. Man kann sich ihre Nervosität vorstellen – und ihre Erleichterung, als die Grenzpolizisten den gestrandeten Amerikaner nach ein paar Stunden auf die richtige Route nach Westen setzen.

Die Irrfahrt des Kochs bleibt nicht William Harveys einziger Schreckmoment. An einem frühen Morgen fängt ein in der Kammer installiertes Abhörmikrofon seltsame dumpfe Laute auf. Alarm!

Der Posten im Lagerhaus kann nichts erkennen: Nebel verhüllt die Schönefelder Chaussee. Als der sich endlich verzieht, sieht der Agent, dass Volkspolizisten genau über der Abhöranlage Autos kontrollieren. Die dumpfen Geräusche, die das Mikrofon überträgt, kommen von einem Uniformierten, der sich mit stampfenden Schritten warm hält.

Doch es gibt keine verdächtige Bewegung um das Lagerhaus. Keine verstärkten Patrouillen an der Sektorengrenze. Keine Kontrollen der Kabel an der Schönefelder Chaussee. Täglich strömen die Gespräche in die Aufnahmegeräte.

William Harvey muss glauben, dass ihm der perfekte Coup gelungen ist.

Tatsächlich aber ist er längst verraten worden.

Bereits früh hat sich die CIA an die im Abhören erfahrenen Kollegen des britischen Geheimdienstes SIS gewandt. Am 15. Dezember 1953, neun Monate vor dem ersten Spatenstich des Tunnels, hat Harvey seine Tunnelbauer zu einer Geheimkonferenz nach London geschickt. Zu den wenigen Teilnehmern zählten Spezialisten der „Y Section" des SIS, der Abteilung für technische Spionage, unter ihnen ein Mann namens George Blake. Und der ist ein Doppelagent.

Im Jahr 1950 ist Blake, damals britischer Agent und Diplomat in Korea, während des dortigen Krieges in Gefangenschaft geraten, als nordkoreanische Truppen Südkoreas Hauptstadt Seoul überrannten. Der idealistische, mit Linken sympathisierende Gesandte wurde von Agenten des Kreml befragt – und bot an, für den Osten zu spionieren.

Als Blake 1953 nach London zurückkehrt, wird er in der UdSSR fortan als Agent „Diomid" geführt. Was für eine Quelle: ein Verräter im Hauptquartier des SIS! Blake ist für den sowjetischen Geheimdienst so wichtig, dass in der Moskauer Zentrale nur drei hohe Offiziere von seiner Existenz wissen.

In London führt ihn der Geheimagent Sergej Kondraschow, offiziell Kulturmitarbeiter der Botschaft. Er besorgt Blake eine Kleinstbildkamera, mit der er Dokumente fotografiert. Die Filme übergibt er Kondraschow, der die Informationen in der Diplomatenpost nach Moskau verschickt.

Beim Tunnel-Treffen ist Blake ausgerechnet Schriftführer, er schreibt ein Protokoll und reicht Kohlepapier-Durchschläge davon an seinen Offizier weiter.

Nur: Was nun?

Kondraschow und die Führung des Geheimdienstes KGB wissen jetzt, wann und wie welche Berliner Kabel angezapft werden sollen. Wenn Moskau nun jedoch darauf reagiert und keine wichtigen Gespräche über ebendiese Telefonleitungen führen lässt – würde das die CIA nicht misstrauisch machen?

Würde man sich in Washington und London nicht fragen, weshalb ausgerechnet diese Kabel unter der Schönefelder Chaussee bedeutungslos geworden sind?

Würde man im Westen dann nicht vermuten, enttarnt worden zu sein? Und nach einem Spion suchen?

George Blake, so beschließt die KGB-Führung, ist wichtiger als die Kabel. Diese Quelle darf auf keinen Fall

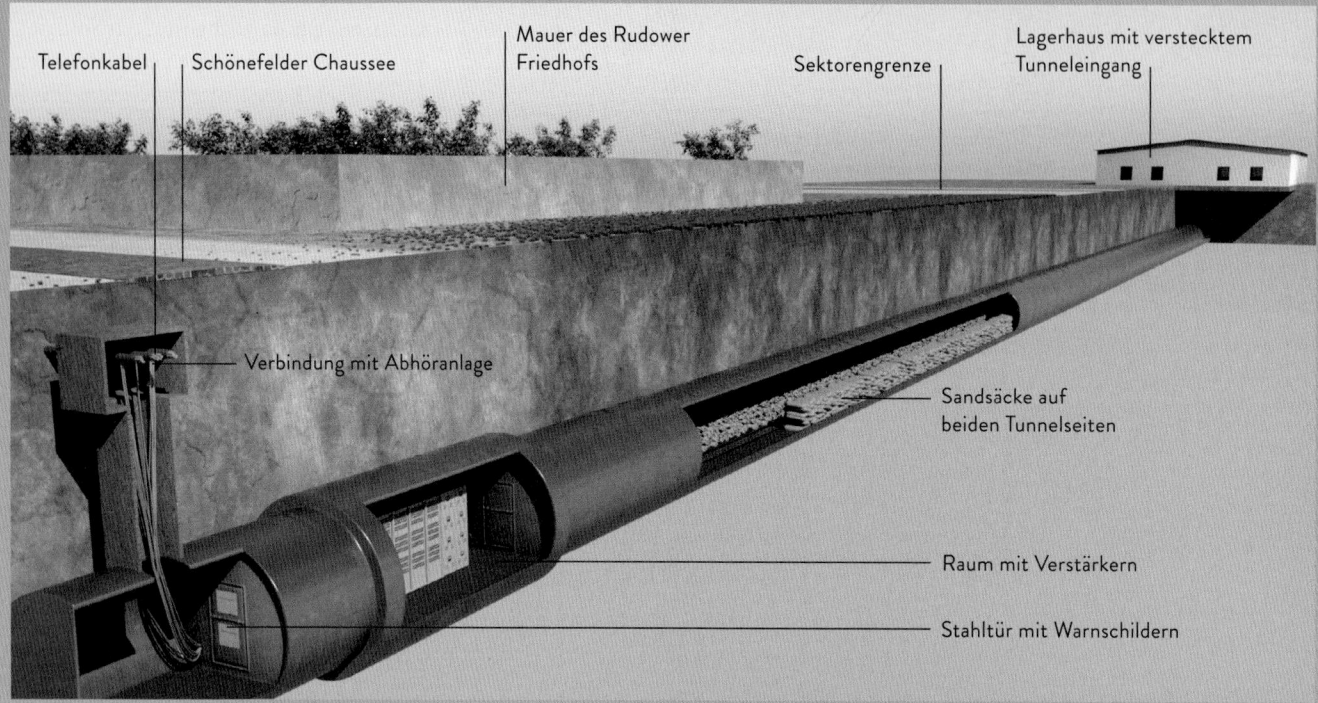

Telefonkabel — Schönefelder Chaussee — Mauer des Rudower Friedhofs — Sektorengrenze — Lagerhaus mit verstecktem Tunneleingang

Verbindung mit Abhöranlage

Sandsäcke auf beiden Tunnelseiten

Raum mit Verstärkern

Stahltür mit Warnschildern

**ALS AUSSENPOSTEN** mitten im Machtbereich Moskaus ist Westberlin für die Amerikaner die perfekte Basis für Spionage. 1954 beginnen sie einen Tunnel in den Osten der Stadt zu graben, um unterirdisch Telefonkabel der sowjetischen Truppen anzuzapfen

**3000 TONNEN ERDE** schaufeln die Amerikaner aus dem Untergrund – und verstecken sie in einer Lagerhalle am Tunneleingang

**IN EINEM RAUM** des Tunnels steht eine Verstärkeranlage. Die CIA schneidet mehr als 370 000 Telefonate mit

**RUND 500 METER LANG** ist der Tunnel (schwarze Striche). Er verläuft unter der Grenze (heller Bereich) nach Ostberlin

enttarnt werden. Auch wenn es schmerzt: Die Gespräche über die Leitungen müssen ungefiltert bleiben. Der KGB informiert weder die Sowjetarmee, die diese Verbindung intensiv nutzt, noch die ostdeutschen Verbündeten.

Selbst die eigenen Agenten bleiben im Dunkeln. Jewgenij Pitowranow, der Chef der Berliner Residenz, erfährt mit keinem Wort, dass von den Amerikanern gewissermaßen unter seinen Füßen ein Spionagetunnel gegraben wird.

Im Januar 1955 wird George Blake von der SIS-Führung (wo niemand an seiner Zuverlässigkeit zweifelt) routinemäßig von London nach Berlin versetzt. Fortan hat er nicht mehr direkt mit dem Tunnel zu tun, obwohl er ihm geographisch viel näher gekommen ist. Und nun erst werden sorgfältig dosierte KGB-Warnungen vor dem Tunnel nicht mehr seine Enttarnung riskieren.

Bald danach wird Pitowranow eingeweiht – aber nur er. Die Führung der Sowjetarmee nutzt die Kabel weiterhin ahnungslos.

Es ist nicht sicher, wann KP-Chef Chruschtschow in Moskau informiert wird – nur, dass er schließlich das Ende dieses Doppelspiels bestimmt. Im April 1956 will er den „Spionagetunnel" als großen Propagandacoup präsentieren: Der Westen spähe mit schmutzigen Tricks und gegen das Völkerrecht (immerhin verläuft der Tunnel ja unter dem sowjetischen Sektor) den Osten aus.

Die Direktiven sind klar: Der Tunnel muss im April 1956 „entdeckt" werden. Dies muss „zufällig" geschehen, es darf keinen Hinweis darauf geben, dass man ihn gezielt freigelegt hat, um nicht den Verdacht auf Blake zu lenken. Daher haben sowjetische Soldaten den Tunnel freizulegen, nicht KGB-Agenten.

Und er muss als alleiniges Werk der CIA denunziert werden, denn Chruschtschow ist im April auf Staatsbesuch in Großbritannien und will seine britischen Gastgeber nicht öffentlich desavouieren. Ende 1955 fliegen KGB-Abhörspezialisten aus Moskau nach Ostberlin. Man hat ihnen nur vage gesagt, sie mögen die Leitungen überprüfen. Pitowranow überzeugt den kommandierenden sowjetischen Marschall zur gleichen Zeit, eine militärische Signalkompanie aufstellen

zu lassen. Die dazu abgestellten Soldaten werden heimlich von den eingeflogenen KGB-Spezialisten ausgebildet. Im Frühjahr 1956 ist diese neue Truppe bereit für ihre „Entdeckung".

o

**DONNERSTAG, 19. APRIL 1956.** Seit Tagen starker Regen. Die extreme Feuchtigkeit führt überall im Berliner Telefonnetz zu Störungen durch geflutete Kabel. Techniker rücken aus. Zur Sicherheit schickt auch Harvey einen Spezialisten in den Tunnel. Der prüft die Anschlüsse in der Kammer. Alles okay.

22. April, wohl gegen 1.00 Uhr morgens. Der Alarm des CIA-Postens erreicht William Harvey, der zum Lagerhaus eilt. Die Uniformierten graben immer noch entlang der Schönefelder Chaussee. Harvey muss hilflos zusehen.

Kurz darauf wird der Schacht mit den Abhörkabeln entdeckt. Über das Abhörmikrofon verfolgen Harvey und einige Agenten die aufgeregten Ausrufe der sowjetischen Soldaten. Der Telefonverkehr über die Kabel läuft aber immer noch weiter, die Tonbänder zeichnen auf.

Gegen 2.50 Uhr entdecken die Armeetechniker, dass unter dem Schacht offenbar eine Kammer liegt.

Ostdeutsche Telefonspezialisten kommen hinzu. Sowjetsoldaten und Volkspolizisten sperren die Schönefelder Chaussee. Harvey hört übers Mikrofon den Befehl eines Offiziers: Wir warten auf Tageslicht! Offenbar fürchtet er, die Anlage könnte vermint sein.

6.30 Uhr. Ein Nachrichtenoffizier aus Karlshorst inspiziert die Anlage. Jemand erklärt ihm, dass die Kabel angezapft worden seien. Kurz danach wechseln die meisten Einheiten der sowjetischen Streitkräfte auf andere Leitungen oder auf Funkverbindungen.

Gegen 9.00 Uhr. Das letzte Telefonat: Ein aufgeregter Offizier ruft aus der Wohnung des Marschalls beim sowjetischen Stadtkommandanten an. Offensichtlich hat endlich auch die Armeefüh-

**DURCH EINEN DOPPELAGENTEN** weiß Moskau schon früh von dem Spionagetunnel. Um ihn zu schützen, wird das Projekt erst nach elf Monaten enttarnt

14.20 Uhr. Die ersten Sowjetsoldaten dringen in den Tunnel hinter der Verstärkeranlage ein. Was nun?

Harvey hat mitten im Tunnel, genau unter der Sektorengrenze, Sandsäcke und Stacheldraht aufstellen lassen, darüber hängt er ein hastig mit der Hand geschriebenes Schild: „Sie treten jetzt in die amerikanischen Sektor hinein." Ein Stück hinter den Sandsäcken postiert er sich nun mit einem schweren Maschinengewehr, das allerdings ungeladen ist.

15.00 Uhr. Harvey ist im Tunnel hinter den Sandsäcken und hört Schritte. Er entsichert das Maschinengewehr, das charakteristische Klacken hallt durch den Gang. Schlagartig hört er keinen Schritt mehr – dann vernimmt er, wie sich die Soldaten zurückziehen. Kurz darauf werden die Abhörkabel gekappt. Um 15.50 Uhr ist auch das Mikrofon stumm.

Operation Gold ist beendet.

rung von den manipulierten Leitungen erfahren. Danach weist die Vermittlung alle Anrufe ab: „Ich werde Sie zu niemandem durchstellen. Rufen Sie nicht an, das ist alles. So lautet der Befehl." Fernschreiben laufen aber immer noch weiter.

Gegen Mittag dringen ostdeutsche Techniker bis zum Raum mit den Verstärkeranlagen vor. Harvey hört „Donnerwetter!" und andere erstaunte Ausrufe. Die Techniker konnten die Stahltür nicht öffnen – und haben nun einen Tunnel um die Tür herum gegraben.

Harvey schickt einen Agenten auf die Suche nach General Charles L. Dasher, dem US-Stadtkommandanten von Berlin. Er will die Erlaubnis einholen, den Tunnel zu sprengen. Es ist Sonntagmittag, der Agent spürt den Offizier schließlich im Yacht Club Wannsee auf.

Dasher fragt: „Können Sie garantieren, dass bei einer Sprengung keine sowjetischen Soldaten verletzt werden?" Das kann niemand. Da der General keinen gewalttätigen Zwischenfall provozieren möchte, untersagt er die Sprengung.

Was bleibt? Für Nikita Chruschtschow ist es ein Coup mit perfektem Timing: Am Tag nach der Entdeckung der Abhöranlage wird er von Elisabeth II. im Buckingham Palace empfangen. Nun müssen die Briten ihm für die Diskretion dankbar sein, mit der er ihre Beteiligung an dem Projekt ausspart.

Zwar lädt die Sowjetarmee sogar Fotografen in den Tunnel ein und gibt Pressekonferenzen – doch so richtig empört ist eigentlich nur die DDR. Die SED-Führung lässt einen Anwalt in Westberlin gegen den dortigen Senat klagen. Skurrile Begründung: Durch die Wühlarbeit der Amerikaner sei auch das Feld eines ostdeutschen Bauern geschädigt worden. Allerdings bleibt eine Verurteilung aus, weil das Gericht feststellt, dass der Westberliner Senat nichts vom Tunnel gewusst habe und auch nicht für ihn verantwortlich sei.

Folgt man den Artikeln, die im Westen publiziert werden, dann überwiegt eher die Bewunderung für das Bravourstück der Amerikaner als die Entrüstung über die Spionage.

Auch innerhalb der CIA hält man die Entdeckung anfangs nicht für eine Niederlage. William Harvey wird mit der Distinguished Intelligence Medal ausgezeichnet, einem hohen Orden. Ein Informant aus dem DDR-Postministerium berichtet der CIA: „Die Sowjets sind über das Abhörkabel gestolpert, als sie Fehler im elektrischen System suchten." Ein bedauerlicher Zufall, der eine alles in allem erfolgreiche Aktion beendet hat.

Erst als George Blake 1961 enttarnt wird, geht der CIA auf, dass ihr Tunnel von Beginn an durch diesen Spion bei der Gegenseite bekannt war.

Nun stellt sich die Frage: Was sind all die aufgezeichneten Gespräche wert? Nach 1961 wird immer wieder das Gerücht verbreitet, der KGB habe die CIA über das Leck an der Schönefelder Chaussee gezielt mit Desinformationen versorgt, den Lauschern also sorgfältig präparierte Falschmeldungen zugespielt.

Das mag im Einzelfall so sein, überprüfen wird das wohl niemand mehr. Nur: Die ostdeutschen und die meisten sowjetischen Stellen wussten ja nie, dass sie abgehört werden.

360 000 Telefonate von sowjetischen Offiziellen und 17 000 DDR-Gespräche wurden von 50 000 Tonbändern transkribiert, die die CIA in gut elf Monaten gefüllt hat. Dazu noch einige Hunderttausend Fernschreiben. Ausgerechnet George Blake, der es wissen sollte, wird Jahrzehnte später im russischen Exil schätzen, dass „99,9 Prozent des Materials authentisch" waren.

Am Ende weiß die CIA jedenfalls ziemlich viel über Meinungsverschiedenheiten zwischen Sowjet- und DDR-Führung und über die schwindende Macht der einst gefürchteten Politoffiziere in der sowjetischen Armee.

Tausende Daten über Truppenverbände liegen vor, Tausende Namen und biografische Details von Offizieren der Sowjetarmee und von Atomforschern. Allein beim Militärgeheimdienst GRU (dem innersowjetischen Rivalen des KGB, der nicht über den Tunnel informiert war) kennt die CIA nun die Identitäten von mehr als 350 Offizieren. Selbst die Modelle der Funkgeräte (und deren technische Probleme), die sowjetische Agenten einsetzen, sind nun bekannt.

Doch was gewinnt die CIA mit den Tonnen an Informationen?

Sechs Monate nach Chruschtschows Besuch in Großbritannien kommt es in Ungarn zu einem Volksaufstand, den die Sowjetarmee niederschlägt, fünf Jahre später wird die Ber-

LITERATURTIPPS

DAVID STAFFORD
»Berlin Underground«
Wissenschaftliche Aufarbeitung des Tunnelprojekts (EVA).

DAVID E. MURPHY U. A.
»Battleground Berlin«
Ex-Agenten von KGB und CIA beschreiben gemeinsam Berlins Spionagegeschichte (Yale University Press).

IN KÜRZE

Zu den wichtigsten Akteuren des Kalten Krieges gehören die Geheimdienste. Ihre Wirkung wird von Experten in der Rückschau indes eher ambivalent bewertet. Einserseits versorgen sie die politischen Entscheider oft mit wichtigen Informationen und verringern so das Risiko, dass falsche Annahmen den Konflikt eskalieren lassen – andererseits sorgen ihre Aktionen immer wieder für diplomatische Krisen. Zu einem Zentrum der Spionage wird ab 1945 die geteilte Stadt Berlin, in der die Machtblöcke direkt aufeinandertreffen.

liner Mauer gebaut, noch ein Jahr darauf steht die Welt während der Kubakrise tatsächlich am nuklearen Abgrund.

Hat irgendeines der 377 000 mitgeschriebenen Telefonate daran das Geringste geändert? Hat auch nur irgendeine Information, die unterirdisch vom Osten in den Westen geschleust worden ist, in Moskau oder Washington eine einzige Entscheidung fundamental beeinflusst?

Am Ende ist es eine Folge des Mauerbaus quer durch Berlin, dass sich die Welt der Spione ändert.

Berlin mag die Ewige Stadt der Agenten bleiben – die Glienicker Brücke zwischen dem Westberliner Stadtteil Zehlendorf und Potsdam etwa wird später zum Sinnbild für den Ort, an dem man gefangene Spione und Dissidenten austauscht (im Februar 1962 darf der über der UdSSR abgeschossene U-2-Pilot Francis Powers im Austausch gegen den sowjetischen Spion Rudolf Abel über diese Brücke gehen). Und noch 1986 verlassen der Bürgerrechtler Anatolij Schtscharanskij und vier enttarnte Westagenten den Sowjetblock, dafür gelangen vier Spione des Ostens zurück.

Doch die Cowboyzeiten, in denen ein draufgängerischer Ex-Anwalt aus Chicago von einem ostdeutschen Postbeamten quer durch Berlin geschmuggelte, gehwegplattengroße Geheimdokumente im Dachgeschoss einer Villa abfotografierte, sind vorbei.

Die Berliner Mauer kappt nicht bloß den Kontakt der Westdeutschen zu den Ostdeutschen, sie schneidet auch die Agenten von ihren Zuträgern ab, macht unauffällige Reisen und konspirative Treffen unmöglich.

Auch in Berlin kann die Teilung der Welt nicht länger mit einem Wechseln der Straßenseite überwunden werden.

Nicht einmal von Spionen. ◊

# DAS LEUCHTEN DER
# APOKALYPSE

**ALS DIE ATOMBOMBE** »Priscilla« 1957 auf einem Testgelände im US-Bundesstaat Nevada explodiert, sehen Journalisten aus vermeintlich sicherer Entfernung zu: Viele Menschen feiern anfangs die neue Technik der Kernspaltung und verkennen deren Gefahren. Doch mit dem Wettrüsten von Ost und West wächst bald die Furcht vor einem Dritten Weltkrieg und einer nuklearen Verwüstung der Erde

**AUF DEM HÖHEPUNKT** des Wettrüstens testet die UdSSR die »Zar«-Bombe. Ihre Sprengkraft ist rund 4000-mal größer als die der US-Bombe beim Angriff auf Hiroshima

Seit auch die Sowjetunion über Atomwaffen verfügt, eskaliert der Rüstungswettlauf zwischen den Supermächten. Mit wenig Rücksicht auf die eigene oder fremde Bevölkerung testen sie Bomben von immer größerem Zerstörungspotenzial – das zunehmend selbst die Politiker in Washington und Moskau in Angst versetzt. Am 30. Oktober 1961 erreicht das nukleare Kräftemessen seinen Höhepunkt: Das sowjetische Militär zündet die gewaltigste Bombe der Geschichte

**TEXT**: *Insa Bethke und Fabrice Braun*

Am 30. Oktober 1961 hebt vom Militärflugplatz Olenya im Nordwesten Russlands eine Tupolew Tu-95 ab und nimmt Kurs auf das Polarmeer. An Bord: der mächtigste Sprengkörper der Geschichte.

Die 27 Tonnen schwere und acht Meter lange Wasserstoffbombe hat eine Kraft von 50 Megatonnen, zehnmal so viel wie alle Bomben und Granaten des Zweiten Weltkrieges zusammen, einschließlich der über Japan abgeworfenen Atombomben. Die Tu-95 musste umgebaut werden, um die gewaltige Last transportieren zu können.

In 10 500 Meter Höhe entriegelt der Pilot die Waffe. Langsam sinkt sie an einem Fallschirm zu Boden. Dann, in 4000 Meter Höhe, detoniert der Sprengsatz über der Insel Nowaja Semlja – und ein Inferno bricht los. Obwohl der Himmel bewölkt ist, ist der Blitz noch in 1000 Kilometer Entfernung zu sehen.

Kurz darauf steigt ein orangefarbener Atompilz mehr als 60 Kilometer in die Höhe, die Druckwelle umrundet dreimal den Globus. Aus dem Gebiet unterhalb der Explosion ist alles Leben verschwunden: Die Felsen sind zerbröselt, der Boden durch die enorme Hitze geschmolzen, glatt wie eine Eislaufbahn.

Nie zuvor hat eine Waffe so große Zerstörungskraft bewiesen. Und doch hat die Bombe fast keinen militärischen Nutzen. Moskau besitzt keine Raketen,

die einen solchen Koloss bis in die USA transportieren könnten, und die umgebaute Tu-95 wäre mit der riesigen Fracht für einen Angriff viel zu langsam und würde sofort abgeschossen werden.

Vor allem aber ist den Sowjetführern (wie den meisten Politikern und Generälen des Westens) inzwischen klar, dass ein mit Wasserstoffbomben geführter Krieg die gesamte Zivilisation auslöschen könnte – und eine Waffe wie der später „Zar"-Bombe genannte Sprengsatz niemals zum Einsatz kommen darf.

Er ist vielmehr eine rein politische Waffe: Mit dem Abwurf will der Sowjetführer Nikita Chruschtschow den Amerikanern seine Stärke beweisen. Und er will sie zu Zugeständnissen in dem Ringen um die Zukunft Berlins bringen.

Der Test der Bombe ist der Höhepunkt eines Rüstungswettlaufes, der den Kalten Krieg zu einer Ära der Angst macht, obgleich in dem Konflikt nie eine Nuklearwaffe eingesetzt wird. Diese Zeit beginnt nur ein Jahr nach den Atombombenabwürfen in Japan.

o

**UM DIE WIRKUNG** einer Atombombe bei Seegefechten zu testen, schleppt das US-Militär im Sommer 1946 mehr als 90 ausrangierte Flugzeugträger, Kreuzer, U-Boote und andere Kriegsschiffe zum

Bikini-Atoll, 4300 Kilometer von Hawaii entfernt. Der Archipel steht unter US-Verwaltung und scheint als atomares Versuchsgelände ideal: Er ist dünn besiedelt; die 167 Bewohner sind Wochen zuvor auf eine andere Insel deportiert worden.

Hunderte Reporter, Senatoren, Kongressabgeordnete sowie Beobachter der UNO und sogar aus der Sowjetunion verfolgen den Test am 1. Juli 1946 aus sicherer Entfernung. Tausende Radiosender sind live zugeschaltet.

Um neun Uhr wirft ein B-29-Bomber eine Atombombe ab. Die Bilder des Tests gehen um die Welt: Gewaltig dehnt sich der Rauchpilz über dem Bikini-Atoll aus – bedrohlich, aber auch von grausiger Schönheit und sehr weit entfernt.

Als der Franzose Louis Réard kurz darauf einen skandalös knappen Badeanzug für Frauen vorstellt, nennt er ihn „Bikini", angeblich, „weil die Ausstrahlung einer spärlich bekleideten Frau die Wirkung einer Atombombe hat".

Drei Jahre später erprobt die UdSSR in der Steppe von Kasachstan ihre erste Atombombe – ein Schock für die Amerikaner, die nun mit der Serienproduktion von Kernwaffen beginnen. Ende 1949 besitzen sie bereits 170 Atombomben.

Die Sowjetunion weitet ihr Atomprogramm nun ebenfalls massiv aus und verfügt 1952 über 50 nukleare Sprengkörper. Auf beiden Seiten plant das Militär den Einsatz der neuen Waffe im

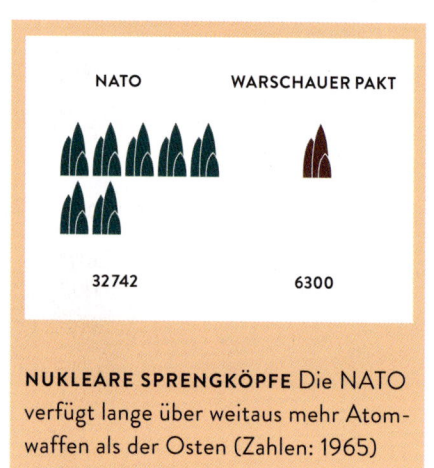

**NUKLEARE SPRENGKÖPFE** Die NATO verfügt lange über weitaus mehr Atomwaffen als der Osten (Zahlen: 1965)

Kriegsfall fest ein; die Amerikaner denken gar über einen Präventivkrieg nach, um zu verhindern, dass die UdSSR weiter atomar aufrüstet.

Aber auch Zivilisten begeistern sich für die neue Technik: Beworben von Unternehmen und der Regierung, gilt nukleare Kraft als Energie der Zukunft, die bald Autos und Flugzeuge antreiben wird. Forscher erstellen Pläne, wie sich enorme Wasserstraßen mit Atombomben ausheben ließen, und der deutsche Philosoph Ernst Bloch schwärmt, dass Atomkraft aus „Wüste Fruchtland, aus Eis Frühling" machen könnte.

Schnell wird das Thema Atom auch Teil der Populärkultur. Doris Day singt „Tic Tic Tic, you give me a radioactive kick", Walt Disney bringt das Kinderbuch „Unser Freund, das Atom" heraus.

Ab 1951 experimentiert das US-Militär in der Wüste von Nevada mit Kernwaffen. Nur 100 Kilometer von Las Vegas entfernt schießen in den folgenden Jahren mehr als 100 Atompilze empor.

Die Tests sind eine Touristenattraktion, Hotels werben mit dem Blick vom Swimmingpool auf die Detonationen. In Bars werden „Atomic Cocktails" serviert, es gibt Wahlen zur „Miss Atomic Bomb", bei denen die Teilnehmerinnen stilisierte Atompilze an den Badeanzügen tragen.

Protest regt sich kaum: Von der gefährlichen Wirkung radioaktiver Strahlung, die bei den Versuchen freigesetzt wird, schreiben Journalisten selten. Erste Hinweise auf die lebensbedrohlichen Folgen werden heruntergespielt: Die atomaren Experimente gelten als notwendig für die nationale Sicherheit – und die

Regierung betont immer wieder, dass von ihnen keinerlei Gefahr ausgehe.

In einem Bericht über den „nicht altehrwürdigen, aber dennoch noblen Zeitvertreib des „Atombomben-Beobachtens" in Nevada versichert auch die „New York Times" ihren Lesern 1955, es gebe „praktisch keine Gefahr durch radioaktiven Fallout".

So kann die US-Atomenergiekommission gemeinsam mit dem Militär lange Zeit fast unkontrolliert wirken, prägt eine Kombination aus naiver Fehleinschätzung und Rücksichtslosigkeit den nuklearen Rüstungswettlauf.

Bereits bei den ersten Tests auf dem Bikini-Atoll haben Soldaten nach der Explosion die Decks der Schiffe mit Wasser und Besen vom *fallout* säubern müssen – jenem radioaktiven Niederschlag,

**AUF DEM PAZIFISCHEN BIKINI-ATOLL** testen die Amerikaner ab 1946 Atombomben. 1952 stellen sie eine neue Waffe mit nie da gewesener Zerstörungskraft fertig: die Wasserstoffbombe. Atomkerne werden bei diesem Kampfmittel verschmolzen statt gespalten – mit einem gewöhnlichen Nuklearsprengkörper als Zünder

**SO VERHEEREND** ist die Wirkung einer einzigen Wasserstoffbombe, dass sie eine ganze Großstadt zerstören könnte. Die Explosion verursacht eine gewaltige Druckwelle – und saugt etwa Staub vom Boden in die Höhe, wodurch der charakteristische, Dutzende Kilometer hohe Atompilz entsteht (Test eines sowjetischen Nukleartorpedos, 1955)

der entsteht, wenn durch die ungeheure Hitze und Wucht der Explosion Teile der Bombe, des Bodens und anderer Materialien in den Himmel geschleudert werden und dann wieder herabregnen.

Viele GIs sind beim Aufräumen nur mit Hemd, Hose und Tennisschuhen bekleidet. „Keiner von uns wusste, was ein Geigerzähler oder was Strahlung ist", berichtet ein Matrose später.

Bei Manövern in Nevada stürmen GIs oft unmittelbar nach einer Detonation ungeschützt in Richtung des Explosionszentrums. Die Warnungen von Forschern vor der gefährlichen Strahlenbelastung für die Soldaten ignoriert das Verteidigungsministerium – die Übungen sollen so realistisch wie möglich sein.

Im Frühling 1953 trägt der Wind den Fallout mehrerer Atombomben fast 300 Kilometer weit nach Utah. In den folgenden Wochen sterben in der kontaminierten Zone mehrere Tausend Schafe, bei späteren Untersuchungen stellen Mediziner in der Region eine ungewöhnlich hohe Rate von Leukämie und anderen Krebserkrankungen fest.

Die Sowjetunion hingegen führt ihre Atomtests unter strengster Geheimhaltung aus – zumeist in der kasachischen Steppe. Sicherheit spielt bei der Entwicklung und Produktion der Atombomben kaum eine Rolle: Die Beteiligten tragen in der Regel keine Schutzkleidung, nukleare Abfälle werden oft direkt in Flüsse und Seen entsorgt. Unfälle, die sich hier

und an anderen Standorten des sowjetischen Atomprogramms ereignen, verschweigt das Regime; Akten dazu werden meist vernichtet.

Am 29. September 1957 explodiert in einer geheimen Anlage im Ural, die Plutonium für Nuklearwaffen produziert, ein Betontank mit Atommüll. Die austretenden radioaktiven Stoffe verseuchen eine nahe gelegene Großstadt und weite Teile der Region. 270 000 Menschen sind betroffen, Zehntausende müssen evakuiert werden, Tausende sterben später an den Folgen der Verstrahlung.

Doch weil der Fallout sich auf den Ural beschränkt, gelingt es der Staatsführung, das bis zur Katastrophe von Tschernobyl schwerste Atomunglück der

Geschichte jahrelang vor der Weltöffentlichkeit zu vertuschen.

○

**DAS STREBEN NACH IMMER** größerer Schlagkraft bringt Anfang der 1950er Jahre eine Waffe hervor, deren Zerstörungspotenzial bis zu 1000-mal gewaltiger ist als das der bis dahin gebauten Nuklearsprengsätze: die Wasserstoffbombe.

Ihre Energie entsteht nicht bei der Spaltung von Atomkernen, sondern bei deren Verschmelzen. Dabei dient eine herkömmliche Atombombe als Zünder, der die Fusion von Wasserstoff-Atomkernen zu Helium bewirkt.

Die Amerikaner sind der UdSSR in der Entwicklung der Superbombe um ein knappes Jahr voraus und lassen das erste Exemplar am 1. November 1952 über dem Eniwetok-Atoll, 350 Kilometer südöstlich vom Bikini-Atoll, detonieren.

Ein weiterer Versuch erfolgt dort am 1. März 1954. Doch dieser Test gerät außer Kontrolle: Es werden 15 Megatonnen Sprengkraft freigesetzt – dreimal mehr als erwartet. Die Detonation reißt Teile des umliegenden Riffs und des Lagunenbodens bis zu 30 Kilometer in die Luft und hinterlässt im Bikini-Atoll einen gewaltigen Krater.

Schlimmer noch ist der Fallout: Starke Winde, vor denen Meteorologen zuvor gewarnt hatten, verteilen die Todeswolke über 18 000 Quadratkilometern im Pazifik. Selbst auf 150 Kilometer entfernten Inseln geht die Asche nieder.

Auch die 23 Männer eines japanischen Fischkutters in der Nähe des Atolls werden kontaminiert. Bald beginnen ihre Augen zu brennen, sie leiden unter Kopfschmerzen und Übelkeit, die Haut verfärbt sich schwarz und wirft Blasen, büschelweise fallen ihnen Haare aus.

Der Funker stirbt Monate später an der Strahlenkrankheit. An seiner Beerdigung nehmen 400 000 Trauernde teil: Der Test hat die Welt aufgerüttelt, erstmals wird Kritik am Gebaren der Supermächte laut. Binnen eines Jahres unterschreiben 30 Millionen Japaner eine

Petition gegen Atomwaffen, der Papst warnt vor den Risiken der Tests.

Doch das US-Militär setzt seine Experimente fort: In den folgenden vier Jahren lassen 21 weitere Bomben das Bikini-Atoll erzittern. „Wir mussten es tun", rechtfertigt US-Präsident Truman die Entwicklung der Wasserstoffbombe, „und sei es nur, um eine bessere Verhandlungsposition bei den Russen zu haben."

Gefährlich ist schon der tägliche Umgang mit den Sprengköpfen (bis 1968 kreisen permanent US-Bomber in der Luft – bereit, jederzeit loszuschlagen). Insgesamt kommt es zu mehr als 1200 Unfällen mit Raketen, Nuklear-U-Booten, Flugzeugen oder Atomanlagen. Die meisten werden vertuscht und erst nach dem Ende des Kalten Krieges bekannt.

So stürzt im Januar 1961 ein B-52-Jet in North Carolina ab. Dabei fällt eine Wasserstoffbombe an einem Fallschirm auf einen Acker und explodiert um ein Haar. Eine zweite bohrt sich mehr als 15 Meter tief in die Erde.

1966 kollidiert eine mit Atomwaffen bestückte B-52 über Spanien mit einem Tankflugzeug und stürzt ab. Drei der vier geladenen Wasserstoffbomben gehen an Fallschirmen zu Boden. Ein Sprengkörper wird dabei nur leicht beschädigt, doch bei zweien explodiert der konventionelle Sprengstoff im Zünder; mehr als 22 Hektar Land werden durch das austretende Plutonium radioaktiv verseucht. Die vierte Bombe landet im Meer. Erst nach 80 Tagen Suche findet und birgt die US-Marine die Waffe.

Die Existenz der Wasserstoffbombe bereitet selbst Hardlinern Sorge. Der neue US-Präsident Dwight D. Eisenhower spricht Anfang 1953 in seiner Antrittsrede über das Potenzial der Massenvernichtungswaffen, „das menschliche Leben auf diesem Planeten auszulöschen".

Und als nach dem Tod Josef Stalins 1953 Nikita Chruschtschow im September des gleichen Jahres an die Spitze der KPdSU rückt, wird auch er über die Zerstörungskraft der neuen Waffen informiert. Der neue starke Mann in Moskau ist nicht gerade als feinfühlig bekannt, er

**INTERKONTINENTALRAKETEN** Die NATO liegt auch bei diesen Waffen mit Tausenden Kilometern Reichweite vorn

hat zuvor innerparteiliche Rivalen beseitigt und den Terror Stalins aus der Nähe miterlebt. Aber was er jetzt hört, wühlt ihn auf: „Ich konnte mehrere Tage nicht schlafen", erzählt er Jahre später.

Die beiden Führer der Supermächte sind Getriebene: Zum einen verleihen Atombomben Prestige und das Gefühl von Stärke, zum anderen aber schüren sie selbst bei ihren Besitzern die Angst vor der völligen Vernichtung. Und so nehmen Eisenhower und Chruschtschow – auch auf internationalen Druck – erstmals Abrüstungsverhandlungen auf.

Ende der 1950er Jahre einigen sich die Atommächte auf ein inoffizielles Moratorium, mit dem sie auf unbestimmte Zeit ihren Verzicht auf weitere Nuklearwaffentests erklären.

Doch zugleich lassen sie immer neue Bomben bauen. Eisenhower initiiert sogar eine neue, verschärfte Militärdoktrin:

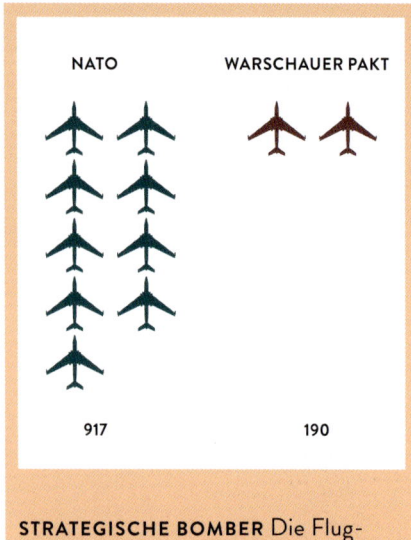

**STRATEGISCHE BOMBER** Die Flugzeuge können atomare Sprengkörper transportieren – und abwerfen

Die USA drohen Moskau nun auch für den Fall eines konventionellen Angriffs mit massiver atomarer Vergeltung. Auf diese Weise ließen sich die Streitkräfte reduzieren und die Rüstungsausgaben in den Griff bekommen, so sein Kalkül.

Auch Chruschtschow will beim Militär sparen, gegen den Widerstand vieler Generäle: Er hat ein Reformprogramm initiiert und benötigt mehr Ressourcen, um das Land zu modernisieren und den Lebensstandard zu erhöhen.

Der Parteichef treibt daher die Aufrüstung mit den vergleichsweise günstigen Atomwaffen voran und forciert die Entwicklung einer Interkontinentalrakete, die Sprengköpfe etliche Tausend Kilometer weit transportieren kann.

°

**IM SOMMER 1955** treffen Eisenhower und Chruschtschow bei einem Gipfel in Genf aufeinander: Es ist das erste Mal seit 1945, dass Vertreter der Siegermächte wieder an einem Tisch sitzen.

Die Staatschefs beraten unter anderem über einen Plan Eisenhowers, die Militäranlagen der USA und UdSSR in Zukunft aus der Luft zu überwachen.

Die Verhandlungen kommen zwar zu keinem Ergebnis, aber die Konferenz lässt so etwas wie Vertrauen unter den Supermächten entstehen. „Wir fühlten uns ermutigt", notiert Chruschtschow, „denn wir erkannten jetzt, dass unsere Feinde uns wahrscheinlich ebenso fürchteten wie wir sie."

Er belässt es nicht bei außenpolitischen Reformbemühungen: Wenige Monate später prangert er in einer Geheimrede auf einem Parteitag der KPdSU die Verfehlungen Stalins an. Vier Stunden lang rechnet er mit seinem Vorgänger ab, der „seine Macht furchtbar missbraucht" habe und „mit Mitteln des Massenterrors" gegen Parteikader vorgegangen sei.

Damit leitet er die Entstalinisierung der UdSSR ein. Er wendet sich auch gegen die Doktrin des Vorgängers von der Unausweichlichkeit eines Krieges zwischen West und Ost, betont vielmehr, „friedliche Koexistenz" zwischen Sozialismus und Kapitalismus sei möglich.

Die Medien dürfen über die Rede zwar nicht berichten, aber Chruschtschow veranlasst, dass sie unter der Hand verbreitet wird: Wenn er das Land reformieren will, müssen die Menschen die Wahrheit über das alte System erfahren.

Seit Genf geht er davon aus, dass Washington nicht leichtfertig einen Atomkrieg riskieren wird. Das, so glaubt der Sowjetchef, gebe ihm den Spielraum, mit atomaren Drohgebärden Zugeständnisse des Westens zu erzwingen.

Ein gefährliches Kalkül. Chruschtschow erprobt es erstmals bei einem Konflikt im sozialistisch regierten Ägypten: Als britische und französische Soldaten 1956 am Nil landen, um den lange Zeit von London und Paris verwalteten Suez-Kanal zurückzuerobern, den Staatspräsident Nasser verstaatlicht hat, droht Chruschtschow den europäischen Staaten mit dem Einsatz der Atombombe.

Schnell beenden die Europäer daraufhin ihre Militäraktion, und der KP-Chef ist davon überzeugt, dass seine Erpressung die Wende gebracht hat (obgleich der Waffenstillstand vor allem auf Druck der USA zustande kommt).

Im Jahr darauf schießt Moskau erstmals einen Satelliten ins All – und beweist, dass es nun über eine Rakete verfügt, die selbst die USA erreichen kann.

Und 1958 droht Chruschtschow mit einer Auseinandersetzung in Europa. Im November fordert er die Westmächte auf, ihre Truppen binnen sechs Monaten aus Berlin zurückzuziehen und ihre Sektoren in eine neutrale „Freie Stadt" zu verwandeln – anderenfalls werde er der DDR-Führung die Kontrolle der Zufahrtswege nach Westberlin überlassen (also wie 1948 den Zugang sperren).

Als die westlichen Alliierten das Ultimatum verstreichen lassen, setzt er seine Drohung zwar nicht um, doch der Konflikt um den Status der geteilten Stadt schwelt weiter. Immer wieder übt Chruschtschow damit Druck auf die USA aus und droht, einen separaten Friedensvertrag mit der DDR abzuschließen.

Gleichzeitig aber zeigt er sich verhandlungswillig. Nach der Ernennung John F. Kennedys zum neuen US-Präsidenten im Januar 1961 richtet er sogar einen Kommunikationskanal ein: Ein Mann des sowjetischen Militärgeheimdienstes tauscht über Robert Kennedy, den Bruder des Präsidenten, Nachrichten für die beiden Staatsoberhäupter aus.

Die treffen fünf Monate später in Wien aufeinander. Die Begegnung soll zur Entspannung zwischen den Super-

**KAMPFPANZER** Bei konventionellen Waffen wie Panzern und Jagdfliegern ist der Warschauer Pakt überlegen

**WISSENSCHAFTLER WARNEN** zwar vor der krebserregenden Radioaktivität. Doch die Supermächte setzen immer wieder eigene Truppen der Strahlung aus – wie diese Soldaten der 11. US-Luftlandedivision. Ohne Schutzkleidung beobachten sie einen Kernwaffenversuch in Nevada, nur rund 100 Kilometer von der Stadt Las Vegas entfernt

mächten beitragen, doch sie wird zum Desaster. Chruschtschow hält den 23 Jahre Jüngeren für einen „Schwächling" und belehrt ihn wie einen Schuljungen über den nahen Sieg des Kommunismus.

Dann wiederholt er seine Forderung nach dem Rückzug der USA aus Berlin. Als Kennedy ablehnt, formuliert Chruschtschow eine kryptische Drohung: Sollte Washington wegen Deutschland einen Krieg beginnen, dann doch „lieber jetzt als später" – wenn es noch schrecklichere Waffen gäbe. „Das wird ein kalter Winter", antwortet Kennedy.

Zurück in Moskau, beordert Chruschtschow die wichtigsten Atomphysiker des Landes zu einem Geheimtreffen in den Kreml. Führender Kopf ist der 40-jährige Andrej Sacharow: Der geniale Wissenschaftler hat schon als Jugend-

licher im Atomprogramm mitgearbeitet und später die erste sowjetische Wasserstoffbombe maßgeblich mitentwickelt.

**B**

Bei dem Treffen fordert Chruschtschow von den Physikern, eine neue Waffe zu bauen – eine Wasserstoffbombe, die eine größere Zerstörungskraft hat als alles je Dagewesene. „Soll dieser Sprengsatz

doch über den Köpfen der Kapitalisten hängen wie das Schwert des Damokles", sagt er zu Sacharow.

Den aber quälen schon seit längerer Zeit moralische Bedenken. Bereits zwei Jahre zuvor hat er in einem Aufsatz beschrieben, dass bei oberirdischen Atomtests jede Megatonne Sprengkraft durch die freigesetzte Radioaktivität langfristig 10 000 Menschen das Leben koste.

Er fürchtet zudem, dass der Bau einer solchen Superbombe den Rüstungswettlauf nur weiter anheizen würde, und rät daher von dem Vorhaben ab.

Es kommt zum Streit, Chruschtschow wird so wütend, dass er zu schreien beginnt und rot anläuft. Schließlich gibt Sacharow seinen Widerstand auf. „Wenn wir dieses Ding nicht konstruieren, werden wir zum Eisenbahn-

**HUNDERTTAUSENDE MENSCHEN** kommen womöglich durch Atomtests ums Leben, zum Teil treibt der Wind radioaktiven Staub viele Kilometer weit bis in die Städte. Erst 1963 vereinbaren der sowjetische Regierungschef Nikita Chruschtschow und US-Präsident John F. Kennedy, künftig nur noch unterirdische Waffenversuche abzuhalten

bau geschickt", sagt er später seinen Mitarbeitern.

Immerhin gelingt es ihm, die Sprengkraft der Bombe auf 50 Megatonnen zu halbieren, und er verändert ihre Konstruktion so, dass sie vergleichsweise wenig radioaktiven Fallout erzeugt.

Monatelang arbeitet Sacharow mit seinem Team an der Bombe. Ihre Entwicklung ist komplizierter als gedacht.

Niemand hat Erfahrungen mit so einem gigantischen Sprengsatz.

Selbst als die Entwicklung der Waffe abgeschlossen ist, sind die Physiker nicht sicher, ob ihre Berechnungen wirklich stimmen. In einer Krisensitzung rechnet ein Forscher vor, dass die Bombe versagen wird. Sacharow muss die Konstruktion der Waffe in letzter Sekunde verändern.

In einem geheimen Forschungslabor östlich von Moskau wird die Bombe gebaut. Wegen ihrer Größe muss das Team sie direkt auf einem speziellen Eisenbahnwagen montieren. Ein Sonderzug bringt den Sprengkörper schließlich in der Nacht zum Flughafen.

Im Kampf um Berlin schafft die DDR-Führung derweil Tatsachen: Mit Chruschtschows Einwilligung beginnt

**SOLDATEN** Die USA und Verbündete haben 1965 fast 1,5 Millionen Mann mehr unter Waffen als der Ostblock

NATO 5 700 000

WARSCHAUER PAKT 4 270 000

sie im Sommer 1961, die Teilung der Stadt durch den Bau einer Mauer zu zementieren – und die Westmächte lassen sie gewähren.

Am 30. Oktober 1961, dem Tag der größten Detonation aller Zeiten, sitzt Sacharow in seinem Büro vor dem Telefon und wartet. Um zu arbeiten, ist er viel zu nervös. Um zwölf Uhr bekommt er endlich die Nachricht: Seit mehr als einer Stunde gibt es keinen Funkkontakt mehr zum Testgelände.

Das kann nur eines heißen: Die Bombe ist erfolgreich gezündet, denn Atomexplosionen legen den Funkverkehr in den betroffenen Regionen lahm.

Obwohl die UdSSR die Weltöffentlichkeit zuvor über den geplanten Test informiert hat, beeindruckt die Detonation die Experten in Washington zutiefst: Bei der Analyse stellen sie fest, dass die Zar-Bombe ihre Hauptstadt sowie alles in einem Umkreis von fünf Kilometern eingeäschert und eine Million Menschen sofort getötet hätte.

Präsident Kennedy aber ist vor allem verärgert, weil die UdSSR gegen das Testmoratorium verstoßen hat. Anfang März 1962 droht er mit neuen Nuklearversuchen der USA, sollte die Sowjetunion nicht einem völligen Teststopp zustimmen. Da es zu keiner Einigung kommt, setzt er seine Ankündigung im Frühjahr um.

Am 25. April beginnt auf der abgelegenen Weihnachtsinsel, 350 Kilometer südlich von Java, die „Operation Dominic". In den nächsten sechs Monaten zündet das US-Militär dort und später auf dem Johnston-Atoll, 1100 Kilometer südwestlich von Hawaii, 36 Atombomben.

Noch während dieser Testreihe treiben die atomaren Muskelspiele der Supermächte die Welt sogar an den Rand eines Dritten Weltkrieges: Als Chruschtschow im Herbst 1962 auf Kuba Atomraketen stationieren lässt, droht John F. Kennedy ihm mit einem Nuklearschlag (siehe Seite 95): Zwei Wochen lang spitzt sich der Konflikt immer mehr zu, bis ihn Kennedy und Chruschtschow auf diplomatischem Wege beilegen.

Der Schock der Kubakrise führt die Kontrahenten zurück an den Verhandlungstisch: Moskau und Washington nehmen die Gespräche über ein Verbot von Atomwaffentests wieder auf, seit Jahren der kleinste gemeinsame Nenner zwischen den Supermächten.

K Kennedy treibt zudem die Angst an, dass auch noch andere Länder Atombomben entwickeln könnten. Der Test-Stopp soll das erschweren, denn wenn man die komplizierten Waffen nicht ausführlich erproben kann, ist ihre Entwicklung deutlich schwieriger.

Am 5. August 1963 einigen sich die USA und die Sowjetunion (sowie Großbritannien) darauf, Nuklearversuche in der Atmosphäre, im Weltraum und unter Wasser künftig zu unterlassen: Nach 449 oberirdischen Atomexplosionen wollen sie Nuklearwaffen künftig nur noch unter der Erde detonieren lassen.

Wie viele Menschen unter den oberirdischen Atombombentests gelitten haben, lässt sich bis heute nicht genau ermitteln, die schädlichen Langzeitwirkungen der Radioaktivität sind nur sehr schwer nachzuweisen.

Zu Hochzeiten der Versuche war die weltweite Strahlenbelastung jedenfalls deutlich erhöht. Einer Studie zufolge sind allein durch die US-Experimente 70 000 bis 800 000 Menschen weltweit an einem Krebsleiden erkrankt und gestorben. Teile des Bikini-Atolls und Gebiete der kasachischen Steppe sind bis heute stark verstrahlt.

Zu einem der energischsten Kämpfer für eine atomwaffenfreie Welt wird ausgerechnet jener Mann, der den gewaltigsten Sprengsatz der Geschichte erbaut hat: Acht Jahre nach dem Test der Zar-Bombe wird Andrej Sacharow aus dem sowjetischen Atomprogramm entlassen, weil er sich kritisch über das Sowjetregime geäußert und in einer Denkschrift für eine internationale Rüstungskontrolle eingesetzt hat.

Moskaus Starphysiker wandelt sich nun zum größten Widersacher der Regierung: Er streitet für den Weltfrieden, für politisch Verfolgte, für die Menschenrechte, den Umweltschutz.

Als Sacharow für sein Engagement 1975 den Friedensnobelpreis zugesprochen bekommt, verbietet die Sowjetführung dem Dissidenten, zur Preisverleihung nach Oslo zu reisen.

Und verbannt den Unbequemen schließlich an die Wolga – nicht weit entfernt von jenem Geheimlabor, in dem er die Zar-Bombe einst entwickelt hat. ◊

**LITERATURTIPPS**

**RICHARD RHODES**
»Arsenals of Folly. The Making of the Nuclear Arms Race«
Gute Darstellung des Wettrüstens (Alfred A. Knopf).

**WILLIAM TAUBMAN**
»Khrushchev. The Man and His Era«
Gelungene Chruschtschow-Biografie (W. W. Norton & Company).

„Ein Gentleman liest nicht die Post eines anderen", erklärt US-Außenminister Henry Stimson 1929 und verbietet seinem Amt, die Telegramme ausländischer Diplomaten zu entschlüsseln. Erst in der Notlage des Zweiten Weltkriegs bauen die Vereinigten Staaten einen zentralen Auslandsgeheimdienst auf. Doch Präsident Harry Truman misstraut der klandestinen Macht, und noch 1945 wird der Dienst wieder aufgelöst.

Moskau unterhält dagegen schon lange einen schlagkräftigen Spionageapparat, dem es gelingt, das US-Atomprogramm auszuspähen. 1946 gelangt dieses falsche Spiel an die Öffentlichkeit – und lässt die Befürworter eines Ausgleichs mit der UdSSR naiv aussehen.

Auch deshalb ruft Truman am 26. Juli 1947 doch wieder eine Behörde ins Leben, die Erkenntnisse der verschiedenen, meist militärischen Aufklärungsabteilungen bündeln und auswerten soll: die Central Intelligence Agency, CIA.

Als kurz darauf in Italien ein Wahlsieg der Kommunisten droht, bewilligt Truman der CIA zehn Millionen Dollar aus schwarzen Kassen, mit denen sie verdeckt Wahlwerbung schaltet, Propagandalügen verbreitet, Gauner dafür bezahlt, KP-Plakate abzureißen. Italiens Christdemokraten schlagen die Linke mit deutlichem Vorsprung.

Der Erfolg dieser Methode bestärkt die Anhänger verdeckter Operationen. 1953 organisiert die CIA den Sturz der iranischen Regierung zugunsten eines proamerikanischen Monarchen. 1954 inszeniert die Agency einen ähnlichen Coup in Guatemala. Sieben Jahre später indes scheitert sie spektakulär daran, mit Hilfe einer Rebellentruppe den kubanischen Machthaber Fidel Castro zu stürzen. Fortan wird Castro das Ziel teilweise abenteuerlicher Attentatspläne bis hin zu vergifteten Taucheranzügen und Zigarren.

Auf der gegnerischen Seite unterstützt das „Komitee für Staatssicherheit", russisch abgekürzt KGB, heimlich Revolutionen in Lateinamerika und den vormaligen europäischen Kolonien in Afrika und Asien, später auch Terrorgruppen wie die IRA in Nordirland oder die RAF in Westdeutschland. Obwohl die UdSSR dabei zurückhaltender handelt, als viele Beobachter im Westen annehmen, verüben ihre Agenten immer wieder aufsehenerregende Mordanschläge, oft mit Gift.

Wichtiger aus Sicht des Kreml ist die Industriespionage: Um ihren Rückstand durch Nachbauten auszugleichen, erbeuten Moskaus Agenten Baupläne für Kampfflugzeuge, Raumfähren, Computer, militärisches Gerät.

Für die Spione beider Seiten ist dies ein riskantes Geschäft. Nur wenige, die auffliegen, werden über die bald schon berühmte Glienicker Brücke zwischen Westberlin und Potsdam ausgetauscht. Wie viele in dem stillen Ringen umkommen, das beide Seiten mit aller Härte austragen, bleibt ungewiss.

Vor allem die USA ersetzen im Laufe der Zeit Späher und Überläufer durch Technik: Radarstationen und Funkhorchanlagen, Spionageflugzeuge sowie Satelliten mit hochauflösenden Kameras; die von Präsident Truman als Spezialdienst für die Aufklärung von Telekommunikation eingerichtete National Security Agency wird zum größten Auslandsgeheimdienst der USA.

Bis zum Ende des Kalten Krieges entstehen so auf beiden Seiten gigantische Spionage- und Abwehrimperien. Der KGB, der indes auch die eigene Bevölkerung zu überwachen und zu maßregeln hat, verfügt über gut 700 000 Mitarbeiter.

Die Zahl der Agenten, Führungsoffiziere, Ingenieure, Techniker und Fremdsprachler, Verwaltungsfachleute, Wissenschaftler aller Richtungen, die bei den unterschiedlichen US-Nachrichtendiensten beschäftigt sind, mag eine ähnliche Größenordnung erreichen.

Sie lesen nicht nur die Post der anderen. Sondern hören auch deren Telefone ab, hacken ihre Computer, verwanzen Schlafzimmer. Stehlen, töten, erpressen. Ohne Skrupel, kaum reguliert: Der Kalte Krieg verleiht den Geheimdiensten größere Macht als je zuvor.

Denn je weniger sich der Konflikt der Atommächte offen militärisch austragen lässt, desto erbitterter duellieren sie sich im Dunkeln. ◊

KAMPF
IM
DUNKELN

Austausch auf der Glienicker Brücke

Mit gewaltigen Spionageapparaten ringen Moskau und Washington um Einfluss in der Welt

TEXT: *Mathias Mesenhöller*

# DIE WELT AM
# ABGRUND

**FIDEL CASTRO** Kubas Diktator lässt die Karibikinsel bereitwillig zu einer sowjetischen Atomfestung ausbauen. Öffentlich wettert er gegen die USA, die wegen der Aufrüstung eine See-blockade um Kuba verhängt haben

Im Herbst 1962 stationiert die UdSSR auf Kuba heimlich Atomraketen. Als US-Präsident John F. Kennedy durch Überwachungsfotos davon erfährt, stellt er Moskau ein Ultimatum und droht mit Vergeltung. Es beginnen die gefährlichsten Wochen des Kalten Krieges TEXT: *Cay Rademacher*

bal zu machen. In der Regel bereitet ihn ein Major auf seine Missionen vor. Diesmal aber waren es mehrere Generäle. Geheimagenten, so erfährt der Pilot, verdächtigen die Sowjetunion, auf Kuba heimlich Atomraketen stationiert zu haben, nur gut 300 Kilometer vor Floridas Küste. Eine Bedrohung, wie es sie in der Geschichte der USA nie zuvor gegeben hat. Die U-2 soll die Raketen entdecken – wenn sie denn existieren. Präsident Kennedy persönlich will diese Fotos sehen.

Ungestört zieht Heyser seine Bahn, verlässt dann den kubanischen Luftraum, landet die U-2 in Florida.

Die Filme, die Spezialisten aus dem Flugzeug nehmen und zur Auswertung nach Washington schicken, werden die größte Krise des Kalten Krieges auslösen – vielleicht sogar den gefährlichsten Moment in der Geschichte der Menschheit.

Denn nur wenige Stunden nach Heysers Landung bereiten beide Supermächte den Atomkrieg gegeneinander vor. Ein paar Tage später wird ein sowjetischer Offizier die Nerven verlieren und auf eigene Faust eine Atomwaffe zünden wollen; werden 66 B-52-Bomber der USA mit bis zu vier Wasserstoffbomben an Bord in der Luft kreisen, versiegelte Angriffsbefehle im Cockpit; trennt nur noch eine einzige Alarmstufe fast 3000 US-Atombomben von der Zündung. Und Präsident John F. Kennedy sowie seinem Gegenspieler, dem sowjetischen KP-Generalsekretär Nikita Chruschtschow, wird beinahe die Kontrolle über ihre Arsenale entgleiten.

**SEIT EINER MISSLUNGENEN** Invasion Kubas rund anderthalb Jahre zuvor ist die Karibikinsel zu einem Epizentrum des Kalten Krieges geworden.

Gedrängt von der CIA und getrieben von der Sorge, das dort herrschende linksgerichtete Regime Fidel Castros könnte weitere Staaten in der Region zur Revolution verleiten, hatte der neu gewählte US-Präsident John F. Kennedy im Frühjahr 1961 im Geheimen den Sturz Castros beschlossen. Doch die Landung von Truppen in der Schweinebucht im Süden der Insel war desaströs gescheitert. Seither ist Fidel Castro für Kennedy nicht nur ein politisches Problem – er hat vor den Augen der Weltöffentlichkeit gegen ihn verloren.

Und vielleicht mehr noch als der Präsident selbst sinnt sein Bruder auf Rache: Robert F. Kennedy, der Justizminister und mächtigste Einflüsterer des Regierungschefs, erst 36 Jahre alt, klug, aber hitzköpfig.

Vielleicht quält ihn, den Ungeduldigen, nichts so wie das geringe Wissen in Washington über Castros Reich. Anfang 1961 haben die USA ihre Botschaft in Kubas Hauptstadt Havanna geschlossen, kein Diplomat berichtet seither mehr von der Insel. Von den 28 CIA-

Sonntag, 14. Oktober 1962, in gut 20 000 Meter Höhe über Kuba, gegen 7.30 Uhr. Major Richard Heyser rast durch die Stratosphäre. Der 35-jährige Pilot steuert eine dunkle U-2-Spionagemaschine. Die Atmosphäre ist so dünn, dass der Himmel schwarz schimmert. Trotzdem würden die 24 Meter breiten Flügel im Luftstrom abreißen, sollte er schneller als 730 km/h fliegen. Doch ist er auch nur elf Kilometer pro Stunde langsamer, reicht der Auftrieb nicht mehr, und er stürzt in die Tiefe.

Heysers Jet fliegt heimlich über die Karibikinsel – ein Bruch des Völkerrechts. Mit einem Periskop blickt er auf Kuba, erkennen wird er wohl wenig: Brandung an der Küste, das Grün der Zuckerrohrplantagen, die Straßen.

Schärfer als das menschliche Auge aber ist das 91-Zentimeter-Objektiv der Kamera im Rumpf der U-2. Sie nimmt Fotos auf zwei gegenläufigen Filmspulen auf – denn das Flugzeug ist so empfindlich, dass es durch normale Filme, die von einer Spule links auf eine rechts gewickelt werden, aus dem Gleichgewicht gebracht würde.

Als Heyser Stunden zuvor in Texas aufgestiegen ist, lautete sein Befehl, Fotos der Region rund um San Cristó-

Informanten im Land sind nur noch 16 aktiv, und auch die melden sich nur unregelmäßig.

Dennoch planen die Kennedys eine neue Invasion: Der Präsident lässt Militärs einen „Operational Plan" (OPLAN) für einen Angriff auf Kuba erstellen, mit Flugzeugträgern, Landungsbooten, Truppen, Fallschirmjägern, Jets. Am 22. Februar 1962 erhält die Führung der US-Atlantikflotte den Befehl, OPLAN 314-61 umzusetzen, die größte derartige US-Militäraktion seit der Landung in der Normandie 1944. Termin: Herbst 1962.

Aber schon einen Tag vor diesem Befehl meldet der sowjetische Geheimdienst KGB die Existenz des Plans nach Moskau (bis heute ist unbekannt, wer der Informant war).

Der 67-jährige KP-Generalsekretär Chruschtschow – ein bulliger Veteran finsterer Stalin-Jahre, außenpolitischer Autodidakt, misstrauisch, brutal und jovial – nimmt den KGB-Bericht ernst, der in einem Ordner auf seinem Schreibtisch landet.

Die Amerikaner, so sieht er es, respektieren die UdSSR nicht als gleich starke Macht. Sie bedrohen das Land durch Atomwaffen, unter anderem mit Jupiter-Raketen – nuklear bestückten Geschossen, die in der Türkei stationiert sind, quasi in Sichtweite von Chruschtschows Datscha am Schwarzen Meer.

Und nun Kuba: Zu Castro entwickelt der alternde Bolschewik wohl eine sentimentale Zuneigung. Der Kubaner ist jung, kämpferisch, überschäumend, gefährlich – und verströmt das romantische Ideal eines Revolutionärs. Muss er nicht zum Verbündeten des Mutterlandes aller sozialistischen Revolutionen werden?

Doch auch China drängt sich als neue Vormacht der kommunistischen Staaten auf, aggressiver als die Sowjetunion. Ein moskautreuer Spitzenfunktionär ist in Havanna bereits gestürzt worden – deutet das an, dass Fidel Castro demnächst in Beijing Hilfe suchen wird?

Deshalb widmet sich Chruschtschow Kuba mit großer Aufmerksamkeit. Zwar liegt die Insel fast 10 000 Kilometer von Moskau entfernt und hat für die UdSSR weder wirtschaftliche noch militärische Bedeutung. Doch nun scheint hier ein genialer Zug im globalen Machtspiel möglich: Rüstet die Sowjetunion Castro auf, kann sie erstmals sowjetische Waffen direkt an der Grenze zu den USA postieren – so wie die Amerikaner in der Türkei Militärbasen nahe der Sowjetunion unterhalten.

Washington wäre gezwungen, Moskau als ebenbürtig wahrzunehmen. Und zugleich durchkreuzt Chruschtschow damit die zunehmenden Ambitionen Chinas. Fördert er Kubas Revolutionäre, dann beweist er, dass die UdSSR noch immer die sozialistische Vormacht ist.

KENNEDY, SO GLAUBT der Generalsekretär, wird den Schlag akzeptieren. Der Präsident, den er auf einem Gipfeltreffen

ROBERT F. KENNEDY
Der jüngere Bruder des US-Präsidenten ist Justizminister. Im Krisenstab beraten er und rund ein Dutzend weitere Männer den Staatschef, wie Washington der atomaren Herausforderung auf Kuba entgegentreten soll

1961 für einige Stunden getroffen hat, wird im Mai 1962 gerade mal 45 Jahre alt. Ein politisches Leichtgewicht, befindet der Bolschewik, entscheidungsschwach und konfliktscheu.

Also rüstet Chruschtschow seinen karibischen Verbündeten auf. Heimlich schickt die Sowjetunion Militärgerät nach Kuba: 394 Panzer, 41 Düsenjäger vom Typ MiG-15 und MiG-19, dazu Geschütze, Kampfboote – sowie mindestens 180 SA-2-Flugabwehrraketen. Die funkgesteuerten Geschosse können noch in mehr als 20 Kilometer Höhe Flugzeuge zerstören. 300 sowjetische Berater bilden Kubaner an den Geräten aus.

Diese Waffenhilfe entspricht jener Unterstützung, die andere Verbündete der UdSSR auch erhalten, etwa Ägypten. Doch im Frühjahr 1962 beschließt Chruschtschow eine radikale Verschärfung dieser Politik. Er will Kuba hochrüsten wie noch keinen anderen befreundeten Staat. Mit Atomwaffen.

Alle sowjetischen Nuklearwaffen sind bis dahin auf eigenem Territorium stationiert. Weshalb der KP-Chef beschließt, einen Teil davon ausgerechnet auf einer fernen

Karibikinsel aufzustellen, nur wenige Flugminuten vor den größten US-Metropolen, ist bis heute ein Rätsel.

Sicher ist nur dies: „Warum sollen wir nicht einmal einen Igel in Onkel Sams Hose werfen?", fragt Chruschtschow einen Mitarbeiter im April 1962. Das klingt beiläufig – doch offenbar hat der mächtigste Mann der Sowjetunion da bereits den Entschluss zur atomaren Aufrüstung Kubas gefasst. Womöglich reagiert er auf Kennedys Invasionsplan, sicher ist dies aber nicht.

Als er am 20. Mai Außenminister Andrej Gromyko einweiht, hat der den Eindruck, alles sei bereits entschieden. Vier Tage darauf befassen sich die führenden Funktionäre der KPdSU mit Chruschtschows Plan. Niemand widerspricht. Niemand macht sich die Mühe, bei Fidel

Castro anzufragen, ob er seine Insel in eine Nuklearfestung verwandeln will (die Kubaner werden erst einige Tage später durch eine Geheimdelegation informiert – und akzeptieren den Entschluss). Und niemand, so legen es zumindest die erhaltenen Protokolle nahe, spricht das Risiko an, Atomwaffen ausgerechnet in einem Land zu stationieren, das erklärtes Angriffsziel der Kennedys ist.

Die Armeeführung zieht 85 Frachtschiffe in sechs Häfen zusammen. In ihren Luken verschwindet das Arsenal einer gewaltigen Armee. Fünf Regimenter der Atomstreitmächte werden abkommandiert. Auf riesigen Lastwagen, die zugleich mobile Abschussrampen sind, schleppen sie 24 R-12- sowie 16 R-14-Raketen.

Die R-12 ist mehr als 22 Meter lang. Unter ihrer Spitze verbirgt sich ein Atomsprengkopf mit der 70-fachen Sprengkraft der Hiroshima-Bombe. Sie fliegt 2000

Kilometer weit und könnte Washington von Kuba aus in weniger als fünf Minuten erreichen. Die R-14 hat sogar die doppelte Reichweite.

Zum Schutz der Atomraketen auf Kuba werden vier Schützenregimenter zusammengezogen, dazu zwei Panzerbataillone, Abfangjäger, weitere SA-2-Flugabwehrraketen, insgesamt mehr als 50 000 Soldaten.

Und nach der Logik des Kalten Krieges, nach der man Atomwaffen am besten durch Atomwaffen schützt, entsendet die Armeeführung zudem 80 FKR-Marschflugkörper sowie sechs Atombomben für Iljuschin-28-Kampfflugzeuge (die, in Einzelteile zerlegt, ebenfalls auf Schiffe verladen werden). Darüber hinaus lässt sie 36 Luna-Kurzstreckenraketen verfrachten und schickt vier U-Boote der „Foxtrott"-Klasse los, die je einen atomar bestückten Torpedo an Bord führen.

40 Atomraketen, 126 taktische Atomwaffen, Bomber, Panzer sowie Zehntausende Soldaten – kaum vorstellbar, doch offenbar wahr: Im Kreml glaubt jeder, dass diese Armee unentdeckt nach Kuba geschmuggelt werden kann.

Der Transport in die Karibik dauert mehrere Wochen. Manche der Schiffsrouten führen an Küsten von NATO-Ländern vorbei. In Kuba wird man die Atomraketen über unwegsame Straßen bis zu Abschussbasen bringen, die Sowjetsoldaten erst noch bauen müssen. Moskaus Geheimdienstchefs wissen, dass U-2-Flugzeuge Kuba überfliegen, sie ahnen auch, dass noch immer CIA-Informanten aktiv sind. Chruschtschow aber plant nach wie vor, Kennedy erst im November 1962 von den Atomraketen zu unterrichten – wenn die Waffen einsatzbereit sind.

Im Sommer 1962 fliegt General Issa Plijew unter falschem Namen nach Kuba. Der Offizier, ein Draufgänger aus dem Zweiten Weltkrieg, soll das sowjetische Korps kommandieren. Kein CIA-Agent erkennt ihn.

Ende September und Anfang Oktober erreichen die Schiffe mit der brisantesten Fracht zwei Häfen an Kubas Nordküste sowie einen im Süden, und obwohl westliche Flugzeuge sie überflogen haben, fallen sie nicht auf. Bei manchen Schiffen werden leere Lastwagen mit Kränen in den Rumpf gehoben, um sie dann, mit Planen getarnt, beladen wieder hervorzuholen.

Bald rumpeln Tieflader über die Straßen und reißen Telefonmasten um. In drei entlegenen Gegenden sperren

**DIE FÜHRER DER WELT**
1961 treffen sich John F. Kennedy und Nikita Chruschtschow in Wien. Der sowjetische Regierungschef meint danach, der US-Präsident sei politisch schwach – und rüstet Kuba auf in dem Irrglauben, Washington würde ihn gewähren lassen

Soldaten große Areale ab. Auf Lichtungen wachsen Zeltstädte empor, werden Flugabwehrstellungen errichtet und Tanks für den flüssigen Raketentreibstoff, gehen Abschussrampen in Position. Noch etwa zwei Wochen, dann werden die ersten Raketen einsatzbereit sein.

CIA-Chef John McCone ist längst alarmiert. Agenten melden seit dem Sommer rätselhafte Transporte, ungewöhnliche Aktivitäten in den Häfen. Den Aufklärern fällt die hohe Zahl sowjetischer Schiffe mit Kurs Karibik auf. Etwas später meldet ein Informant, ein Areal sei abgesperrt worden, offenbar für eine „sehr geheime und wichtige Arbeit". Als McCone auch noch von SA-2-Stellungen erfährt, ist er sich sicher: Die werden aufgebaut, um Atomraketen zu schützen.

Kennedy jedoch verfolgt eine inkonsequente, fast fahrlässige Politik. Einerseits widersetzt er sich McCones Drängen. Die Spionage dort wird nicht intensiviert, im Gegenteil: Die U-2-Flüge werden ausgesetzt. Andererseits treibt der Präsident seine Militärs weiter zur Invasion Kubas. Anfang Oktober kommt es zu mehreren Navy-Manövern in der Karibik, von denen eines „ORTSAC" heißt – Castros Name, rückwärts geschrieben. Kein Mensch kann glauben, dass dem KGB dies entgeht.

Zudem werden vom 6. Oktober an 100 000 Soldaten in Basen im Südosten der USA verlegt, die Invasionstruppe. Geplanter Angriffstermin: 20. Oktober 1962.

Der Präsident hat Anfang Oktober aber noch andere Sorgen – in einem Monat sind Kongresswahlen. Kennedy hofft, dass die Demokraten in beiden Häusern ihre Mehrheit halten können, was seine Chancen auf eine Wiederwahl 1964 erhöhen würde. Jede Krise, zumal eine in Kuba, käme den Republikanern gelegen, um ihn als „schwach" vorzuführen.

Er geht zudem davon aus, dass ihn Moskau jetzt in Ruhe lassen wird. Anatolij Dobrynin, Botschafter der UdSSR in Washington, hat ihm versichert: „Nichts wird unternommen vor der amerikanischen Kongresswahl, was die internationale Lage komplizieren oder die Spannungen zwischen unseren Ländern erhöhen könnte." (Dobrynin glaubt dies auch wirklich – Chruschtschow hat ihn nicht über die Raketen informiert.)

Vielleicht also hätte Kennedy tatsächlich alle Warnungen seiner Agenten ignoriert. Vielleicht hätte er sogar am 20. Oktober 1962 eine Invasion Kubas befohlen – einen Angriff, bei dem 100 000 ahnungslose GIs auf 50 000 atomar gerüstete Sowjetsoldaten gestoßen wären.

Wenn die Kubaner nur geschwiegen hätten.

Doch Castro ist inzwischen euphorisch. Nun, so glaubt er, sei er unangreifbar. Und er lässt es die Welt

wissen. Am 8. Oktober verkündet ein kubanischer Politiker vor der UNO, falls Kuba attackiert würde, könnte es zum „Ausgangspunkt eines neuen Weltkrieges" werden.

Denn es habe „Waffen, von denen wir wünschen, dass wir sie nie einsetzen müssen". Chruschtschow, so ist zu vermuten, dürfte über diese fast unverhüllte nukleare Prahlerei wenig begeistert sein.

Kaum 24 Stunden später jedenfalls überzeugen die Berater Präsident Kennedy, Spionageflüge über Kuba wieder zu genehmigen – und zwar dort, wo Agenten Verdächtiges melden: bei San Cristóbal. Da aber in den Tagen darauf Wolken die Insel verhüllen, steigt Major Heysers U-2 erst am 14. Oktober auf.

**MONTAG, 15. OKTOBER 1962, WASHINGTON D.C.** Ein gepanzerter Lastwagen fährt vor dem National Photographic Interpretation Center im Zentrum der Hauptstadt vor. Soldaten laden eine Kunststoffkiste aus. Sie enthält Abzüge der Filme aus Heysers U-2.

In dem Center wertet die CIA Fotos aus. Dutzende Spezialisten betrachten mit Lupen Abzüge, die von den 45 mal 45 Zentimeter großen Negativen gemacht worden sind, lassen Vergrößerungen erstellen, vergleichen Funde auf den Bildern mit bereits identifizierten Objekten.

Die Schwarz-Weiß-Fotos zeigen Lastwagen und Zeltstädte im Wald bei San Cristóbal – und, auf Lichtungen, längliche Objekte. Die Analysten schätzen Länge und Breite dieser Gegenstände, schlagen dann in Katalogen mit Aufnahmen sowjetischen Militärgeräts nach.

Einige Fotos sind bei Paraden in Moskau aufgenommen worden. Dort rollen auf Tiefladern R-14-Raketen – und die, da sind sich die Spezialisten schließlich sicher, haben sie soeben in den Wäldern Kubas entdeckt.

Gegen 21.00 Uhr wird der Nationale Sicherheitsberater McGeorge Bundy, ein früherer Harvard-Professor, bei einem Dinner gestört und darüber informiert, dass 450 Kilometer vor Miami sowjetische Atomraketen stehen.

Bundy kontaktiert die Spitze der CIA sowie Verteidigungsminister Robert McNamara und Außenminister Dean Rusk – nicht aber Kennedy. Der Präsident hat den Abend zunächst im Weißen Haus mit seinem Vater verbracht. Bundy wird später sagen, er wollte zu diesem Zeitpunkt den Präsidenten nicht mehr behelligen, weil er ihm vor den bevorstehenden dramatischen Tagen etwas Schlaf gönnen wollte. Möglich aber auch, dass er seinen Präsidenten nicht zu stören wagt, weil der die Nacht mit einer Geliebten verbringt.

**DIENSTAG, 16. OKTOBER, WEISSES HAUS, 8.45 UHR.** Kennedy sitzt in seinem Schlafzimmer auf der Bettkante, um sich Zeitungen und Papiere. McGeorge Bundy tritt ein und zeigt die Bilder der U-2. „Mr. President", sagt er, „wir haben nun harte fotografische Beweise, dass die Russen offensive Raketen in Kuba haben." Der Präsident ruft seinen Bruder im Justizministerium an: „Wir haben Ärger. Ich will dich hier haben." Und zu Bundy gewandt: „Wir werden sie bombardieren müssen."

**CABINET ROOM, 11.45 UHR.** Dieser Raum im Weißen Haus ist länglich geschnitten, hat hohe Fenster an einer Front und an der Schmalseite einen Kamin, auf dessen Gesims das Modell eines Rahseglers steht. An der Wand ein Porträt George Washingtons, daneben eine Büste Lincolns. Zudem befinden sich in dem Raum ein Tisch, Lederstühle, Aschenbecher – und zwei versteckte Mikrofone.

Kennedy hat den Cabinet Room (wie auch sein Büro, das Oval Office) mit Tonbandgeräten ausstatten lassen, die er heimlich aktivieren kann. Nur sein Bruder Robert weiß davon. Nun sitzt der Präsident an der Längsseite des Tisches, ein Fenster im Rücken – und betätigt ungesehen den Schalter der Anlage, ein Aufnahmegerät läuft mit.

Er versammelt nicht sein Kabinett, sondern eine Gruppe von gut einem Dutzend Vertrauten. Dazu gehören sein Bruder, Bundy, McNamara, Außenminister Rusk, Generalstabschef Maxwell Taylor sowie Diplomaten, Vertreter der CIA und Kennedys Redenschreiber Theodore Sorensen. „ExComm" wird dieses informelle, in der Verfassung nicht vorgesehene Gremium bald genannt, „Executive Committee of the National Security Council".

Ein CIA-Mann präsentiert die Fotos. Experten glauben, 16 Raketen identifizieren zu können, R-14 und R-16.

„Sind die abschussbereit?", fragt Kennedy.

„Nein, Sir." – „Wie lange haben wir?"

Schweigen. Schließlich sagt der stellvertretende CIA-Direktor: „Zwei Wochen. Vielleicht eine."

Kennedy macht klar, dass er eine Stationierung der Raketen nicht akzeptieren wird. Militärisch nicht, weil die UdSSR damit die USA überfallartig angreifen könnte. Außenpolitisch nicht, weil die Hinnahme einer solchen Provokation die Stellung der USA erschüttern würde. Und innenpolitisch nicht, weil die Republikaner ihn gnadenlos attackieren würden.

Schnell entwickeln die Berater vier Szenarien, wie die USA auf die Stationierung reagieren könnten:

• ein gezielter US-Luftangriff auf die nun in Washington bekannten Raketenstellungen auf Kuba;

• ein allgemeiner Luftangriff auf alle militärischen Ziele in Castros Reich, da man nicht wisse, ob noch mehr Raketen versteckt seien;

• eine Invasion der Karibikinsel;

• eine vollständige, umfassende Blockade Kubas durch US-Kriegsschiffe und Flugzeuge.

Die Diskussion geht bis 12.45 Uhr, wird dann am Abend wieder aufgenommen. „Geschwätz", schreibt Marineminister Paul Nitze in sein Tagebuch. Er und die Generäle halten die Beratungen für überflüssig, schwanken höchstens noch zwischen der Frage, ob ein allgemeiner Luftangriff befohlen werden soll oder eine Invasion.

Ausgerechnet der Verteidigungsminister vertritt jedoch die vorsichtigste Position: Robert McNamara ist, zunächst als Einziger, für die Blockade.

„Das ist ein zu risikoreiches Spiel", erwidert Kennedy. Eine Blockade dauere zu lange – bis dahin hätte die UdSSR genug Zeit, um ihre Atomwaffen fast unangreifbar zu installieren.

Weshalb aber wagt sich Chruschtschow überhaupt so weit vor? „Das ist ein verdammtes Rätsel für mich", entfährt es dem Präsidenten.

Sein Bruder wiederum formuliert die aggressivste Position und verärgert durch sein Auftreten ältere Berater, von denen ihn einer hinter vorgehaltener Hand einen „unerfahrenen Idioten" nennt: Robert F. Kennedy spricht sich für eine Invasion aus.

Und damit man ein solches Vorgehen besser begründen könne, plädiert er für einen inszenierten „Zwischenfall", etwa auf der in Kubas Süden gelegenen US-Militärbasis Guantánamo. Er schlägt eine vorgetäuschte Attacke auf US-Einrichtungen vor, die dem Präsidenten den Vorwand liefern würde, einen Generalangriff zu befehlen.

Am Abend gehen die ExComm-Mitglieder auseinander, ohne eine Entscheidung gefällt zu haben.

Mittwoch, 17. Oktober, ExComm, 9.30 Uhr. CIA-Chef John McCone konfrontiert Kennedy mit einem Dilemma. Jeder Überfall auf Kuba ohne Vorwarnung sei ein „Pearl Harbor", ein moralisch verheerender Überfall wie 1941 der japanische Überraschungsangriff auf die USA. Kennedy würde nicht besser dastehen als einer der Aggressoren des Zweiten Weltkrieges.

Trotzdem erlaubt der Präsident CIA-Agenten nun, Chaos auf Kuba zu provozieren. Zu den Sabotageunternehmen, denen er zustimmt, gehören ein Granatenangriff auf die chinesische Botschaft, Unterwasser-Haftminen an Ostblock-Schiffen in kubanischen Häfen sowie Feuerüberfälle auf sowjetische Luftabwehrstellungen (doch wird keine dieser Ideen je umgesetzt).

Damit kein Journalist misstrauisch wird, absolviert Kennedy danach sein Tagesprogramm – noch soll nichts nach draußen dringen. Unter anderem empfängt er vormittags den deutschen Außenminister Gerhard Schröder. Später besteigt er den Präsidentenjet zu einer kurzen Wahlkampfreise.

**AIR FORCE BASE ANDREWS, 21.30 UHR.** Die „Air Force One" mit Kennedy an Bord kehrt auf diesen Flugplatz bei Washington zurück. Sein Bruder und ein Berater erwarten ihn. Auf der Fahrt zum Weißen Haus berichten sie von neuen U-2-Fotos. Drei weitere Raketenabschussrampen sind entdeckt worden. Niemand weiß, wie viele Geschosse insgesamt auf der Insel lagern und ob nicht noch mehr auf sowjetischen Schiffen unterwegs sind.

Dann zeigt Robert seinem Bruder eine Karte, auf der die Aktionsradien der Atomraketen eingezeichnet sind. Danach sind fast alle US-Metropolen gefährdet, zudem alle bedeutenden Städte Lateinamerikas.

Der Präsident muss jetzt den Eindruck gewinnen, dass der gesamte Doppelkontinent bedroht ist. Aber noch immer trifft er keine Entscheidung.

**DONNERSTAG, 18. OKTOBER, EXCOMM, 11.00 UHR.** „Raketenbasen scheinen überall aufzublühen wie Masern", stöhnt Außenminister Dean Rusk, als er neue Aufklärungsfotos von Kuba sieht.

Generalstabschef Taylor, der noch zwei Tage zuvor einen Luftschlag befürwortet hat, rät nun davon ab: Zu viele Basen könnten unentdeckt bleiben. „Wir halten nichts anderes als eine volle Invasion für eine militärische Option", erklärt er dem konsternierten Kennedy.

Der wendet sich an General Curtis LeMay, den Oberkommandierenden der US Air Force, einen Veteranen des Bombenkrieges auf Deutschland und Japan: „Wie werden die Russen auf Luftangriffe reagieren?", fragt er.

„Sie werden nichts tun", antwortet LeMay.

Kennedy ist fassungslos: „Versuchen Sie mir weiszumachen, sie lassen uns ihre Basen bombardieren und viele Russen töten, und dann tun sie nichts? Wenn sie nichts auf Kuba unternehmen, dann werden sie sicherlich etwas in Berlin unternehmen."

(Später gesteht Kennedy einem Vertrauten: „Wenn wir den Generälen zuhören würden und täten, was sie uns tun lassen wollen, wäre später von uns keiner mehr am Leben, der ihnen sagen könnte, dass sie falsch gelegen haben." Etwa zur gleichen Zeit ruft ein wütender LeMay anderen Generälen zu: „Werden wir wirklich je etwas anderes unternehmen, als zu reden?")

Aber was ist die Alternative zu einem Angriff? Llewellyn Thompson, der frühere US-Botschafter in Moskau, schlägt erneut eine Blockade vor – verbunden mit einer Aufforderung an Chruschtschow, die Raketen abzuziehen. Es wäre eine Art Ultimatum vor einem Krieg.

**MCGEORGE BUNDY**
Der frühere Professor ist der Nationale Sicherheitsberater Kennedys. Im Krisenstab gehört er zu den Hardlinern: Er plädiert dafür, die sowjetischen Raketenbasen auf Kuba ohne Warnung aus der Luft zu attackieren

Beide Kennedys sind dagegen: Die Blockade komme zu spät für die Raketen, die bereits auf Kuba installiert sind. Außerdem könne es auf hoher See zu Kämpfen kommen, die leicht außer Kontrolle geraten.

**WEISSES HAUS, OVAL OFFICE, 17.00 UHR.** Kennedy hat die neuesten U-2-Fotos in der mittleren Schublade seines Schreibtisches liegen. Er erwartet den sowjetischen Außenminister Andrej Gromyko, der sich schon vor Monaten zu einem Besuch angekündigt hat. Wird Gromyko die Existenz der Raketen enthüllen? Wird er endlich klarstellen, was Chruschtschow eigentlich bezweckt?

Der verschlossene Russe betritt den Raum. Gromyko weiß nicht, dass die Amerikaner Moskau längst auf die Spur gekommen sind. Ihm fällt nur auf, dass der anwesende Außenminister Rusk, sonst ein besonnener Mann, rot ist und wirkt, als würde er gleich explodieren.

Gromyko redet Unverbindliches, meist über Westberlin. Zu Kuba sagt er nur, dass die sowjetischen Waffen dort „in keiner Weise offensiv sind". Kennedy erwidert, dass im Falle der Stationierung offensiver Waffen „der ernsteste Fall eintreten" würde. Gromyko schweigt.

„Er hat mir mehr unverschämte Lügen in so kurzer Zeit erzählt, als ich je zuvor gehört habe!", tobt Kennedy, nachdem Gromyko das Oval Office verlassen hat.

Andererseits wird ihm klar, dass er soeben einen Vorteil errungen hat: Wenn die UdSSR nicht in absehbarer Zeit die Existenz der Raketen bekannt gibt, überlässt sie die Initiative den USA. Kennedy wird die Diskussion der Weltöffentlichkeit bestimmen können.

**ROBERT S. MCNAMARA**
Der Verteidigungsminister ist in der Kubakrise anfangs eher vorsichtig und rät zu einer Seeblockade der Insel. Später jedoch ist er für einen Angriff, obwohl er glaubt, dass der zu einem Atomkrieg führen würde

Und tatsächlich: Gromyko, inzwischen bei Dobrynin in der Botschaft, glaubt, dass die US-Regierung noch immer ahnungslos ist. „Situation insgesamt günstig", telegraphiert er zum Kreml. Ein großer Irrtum.

**FREITAG, 19. OKTOBER, WEISSES HAUS, 10.35 UHR.** John F. Kennedy besteigt einen Hubschrauber, der ihn zum Flughafen bringen wird. Er will nach Ohio und Illinois, zu Auftritten im Wahlkampf um Kongresssitze.

Zuvor hat er Sicherheitsberater Bundy und Generalstabschef Taylor empfangen. Die haben einen neuen Plan: 800 Luftangriffe ohne Vorwarnung – auf Raketenbasen, Flughäfen, alle wichtigen Ziele in Kuba. Mehr als 500 Kampfjets könnten innerhalb von 48 Stunden in

Florida zusammengezogen werden, ein Drittel der Air Force. Dann aber setzt Taylor hinzu: „Das Beste, was wir ihnen anbieten können, Mr. President, ist die Zerstörung von 90 Prozent der bekannten Raketenbasen."

Das sei zu wenig, befindet Kennedy – und zwingt seinen Bruder in eine Klausur. Das ExComm soll ohne den Präsidenten beraten und zu einem klarem Votum kommen: Angriff oder Blockade. Dann fliegt er ab.

Doch inzwischen lässt sich die Krise kaum noch geheim halten. Längst wissen Dutzende Menschen davon, auch Sekretärinnen und Ehefrauen. Zeitungen in Florida melden zudem, dass immer mehr US-Militäreinheiten in den Staat entsendet werden. Als Kennedy von einem Reporter gefragt wird, ob in Florida Fallschirmjäger für einen Angriff auf Kuba bereitstünden, verneint er.

Während Kennedy im Mittleren Westen weilt, treffen sich die ExComm-Mitglieder im Außenministerium. Die erste Frage, die sie klären: Brauchen wir eine offizielle Kriegserklärung durch den US-Kongress?

Nein, befindet einer von Robert Kennedys Beratern aus dem Justizministerium: Der Präsident könne jede Attacke auf Kuba als „Selbstverteidigung" darstellen.

In den Stunden danach jedoch vollzieht ausgerechnet Robert Kennedy, vor zwei Tagen noch der Hardliner der Runde, eine dramatische Wende. Das Argument vom neuen Pearl Harbor hat gewirkt. Nun ist er gegen einen „hinterhältigen Angriff" – und für eine Blockade.

Bis zum Abend kann er einige ExComm-Mitglieder überzeugen. Andere, wie General Taylor und McGeorge Bundy, drängen zwar weiterhin auf einen raschen Luftangriff. Dennoch glaubt Robert offenbar, er habe, wie so oft, für seinen Bruder wieder einmal eine Mehrheit organisiert: Das ExComm sei jetzt für eine Blockade.

**SAMSTAG, 20. OKTOBER, CHICAGO, MORGENS.** Der Präsident hat die Nacht im Hotel verbracht, nun ruft sein Bruder an: Im ExComm werde es einen Konsens geben, er müsse sofort zurückkehren.

John F. Kennedy lässt unter den Reportern verbreiten, er habe eine Erkältung, um den Abbruch seiner Wahlkampfreise zu rechtfertigen. Er trägt auf dem Weg zum Flughafen einen Hut, um krank zu wirken.

Während er nach Washington zurückfliegt, funkt der Generalstab an alle US-Kommandeure: „Das Ausmaß an Spannungen auf Kuba könnte zu militärischen Aktionen führen." Taylor erklärt den Generälen sogar, Kennedy werde möglicherweise „Kuba bereits morgen schlagen".

**WEISSES HAUS, 13.30 UHR.** Nach seiner Rückkehr entspannt sich der Präsident schwimmend im Pool, sein Bruder sitzt am Beckenrand und erklärt, die Mehrheit im

ExComm sei nun für eine Blockade – nur solle man sie „Quarantäne" nennen, denn „Blockade" ist ein im Völkerrecht definierter Begriff für einen kriegerischen Akt.

Kurz darauf sitzt Kennedy im Oval Office, auf seinem Schreibtisch der neueste Lagebericht der CIA – fünf maschinengeschriebene Seiten, doppelter Zeilenabstand, mit einer deprimierenden Neuigkeit: Mindestens acht sowjetische Atomraketen sind bereits einsatzbereit.

Erst jetzt entscheidet er sich endgültig für die Blockade. Jeder militärische Überraschungsschlag könnte schnell zum Atomkrieg führen, davor schreckt er zurück.

Auf der ExComm-Sitzung, die um 14.30 Uhr beginnt, legt er fest: Er wird in zwei Tagen in einer TV-Rede die Nation über die Existenz der Waffen informieren. Er wird eine Blockade Kubas verkünden. Und er wird Chruschtschow zum Abzug der Waffen auffordern. Dann liegt die Initiative beim Kreml: Gibt Moskau nicht nach, wird Kennedy eine Invasion befehlen.

„Ich weiß, dass Sie und Ihre Kollegen unglücklich mit dieser Entscheidung sind, aber ich verlasse mich darauf, dass Sie mich unterstützen", bemerkt er zu General Taylor. „Wir sind gegen diese Entscheidung", gesteht der Generalstabschef, der lieber einen Luftangriff angeordnet hätte, „aber wir werden Sie voll und ganz unterstützen."

Sonntag, 21. Oktober, Weißes Haus, morgens. Nachdem Kennedy und seine Frau die katholische Messe in der Kirche besucht haben, bereitet er sich mit einigen Beratern auf die Fragen vor, die ihm Journalisten nach seiner Rede stellen könnten. Die „Washington Post" bringt an diesem Tag die Schlagzeile: „Verlegung der Marines in den Süden hängt mit Krise in Kuba zusammen".

„Diese Stadt ist ein Sieb", klagt Kennedy daraufhin. Er will der Nation die Lage persönlich verkünden, denn dann erscheint er souveräner, als wenn er etwas zugibt, was bereits die Zeitungen gemeldet haben. Und er will seinem Kontrahenten im Kreml keine Vorwarnzeit geben: Chruschtschow soll von der Blockade überrascht werden.

Deshalb ruft Kennedy die Herausgeber der „New York Times" und der „Washington Post" an und erreicht, dass sie für 24 Stunden auf weitere Schlagzeilen zum Thema Kuba verzichten.

Zugleich fahren Spitzenbeamte des Außenministeriums in auffälligen Limousinen beim Weißen Haus vor: die Spezialisten für Deutschland, den Nahen und Fernen Osten. Drinnen sitzen sie untätig in Büros – diese Scharade soll Reporter glauben lassen, dem Präsidenten bereiteten ganz andere Weltgegenden große Sorgen.

An diesem Tag, das lassen Bemerkungen gegenüber Mitarbeitern vermuten, kommen die zwei Kennedys un-

abhängig voneinander auf die gleiche Idee: Chruschtschow im Tausch gegen das Ende der Raketen auf Kuba den Abzug der Jupiter-Raketen in der Türkei anzubieten.

Eine Strategie mit erheblichen Risiken: Der KP-Chef könnte diesen Vorschlag als Zeichen von Schwäche deuten, als Indiz dafür, dass Kennedy vor einer Eskalation zurückschreckt – und gerade deshalb hart bleiben und die Raketen auf Kuba lassen.

Und erführe die türkische Regierung von dem Angebot, wirkte das, als opferten die USA die Sicherheit eines NATO-Verbündeten, sobald sie selbst bedroht seien; das könnte das westliche Militärbündnis zerreißen. Zudem würden die Republikaner diese „Schwäche" geißeln.

An diesem Sonntag jedenfalls schlägt keiner der Brüder in der ExComm-Sitzung ein solches Angebot vor.

**MONTAG, 22. OKTOBER, KUBA.** Von der US-Militärbasis Guantánamo werden 2810 Frauen und Kinder von Soldaten sowie Zivilisten mit Flugzeugen und Schiffen evakuiert. 6000 einsatzbereite GIs bleiben zurück.

**WEISSES HAUS, NACHMITTAG.** Kennedy erfährt von CIA-Chef McCone, dass vier Sowjet-U-Boote mit Kurs Kuba geortet worden seien. US-Kapitäne werden vor „Überraschungsangriffen durch sowjetische U-Boote" gewarnt.

**WEISSES HAUS, 17.00 UHR.** Der Präsident und Verteidigungsminister McNamara empfangen 15 führende Kongressabgeordnete beider Parteien und informieren sie über die Raketen und die geplante „Quarantäne".

Einige Senatoren, auch Demokraten, kritisieren Kennedy. Einer sagt, eine Blockade löse nicht das Problem der bereits aufgestellten Atomraketen und führe zudem auf hoher See eher zu einer Eskalation und zum Atomkrieg, als wenn die USA sofort zuschlagen würden.

Der Präsident beruhigt: In „24 bis 48 Stunden" sei man bereit zur Invasion – auch wenn dies „ein höllisches Spiel" mit dem nuklearen Feuer bedeute. Doch nachdem die Abgeordneten den Raum verlassen haben, zischt er seinem Redenschreiber zu. „Wenn die glauben, dass sie den Job besser machen könnten, dann sollen sie das tun."

**MOSKAU, KREML, MITTERNACHT** (17.00 Uhr in Washington). Die Limousinen der Spitzenfunktionäre sind vorgefahren. Chruschtschow und die anderen Kader wissen, dass Kennedy eine TV-Rede angekündigt hat – aber worüber wird er sprechen: Kuba? Berlin?

Agenten melden, Verteidigungsminister McNamara habe hohen Offizieren befohlen, sich in der Nähe des Pentagons bereitzuhalten. Kampfjets seien nach Puerto Rico verlegt worden. Trotzdem: Es gibt keinen Beweis, dass die Amerikaner von Atomraketen auf Kuba wissen. „Die Rede ist ein Wahlkampftrick", sagt Verteidigungskommissar Rodion Malinowskij. Fügt dann aber rätselhaft hinzu: Sollten die Amerikaner Kuba angreifen, könne dies frühestens binnen 24 Stunden erfolgen.

In diesem Augenblick zeigt Chruschtschow erstmals schwache Nerven: „Wir wollten keinen Krieg entfesseln", rechtfertigt er vor seinen Genossen die Stationierung. Aber: „Das hier kann in einem großen Krieg enden."

Zum ersten Mal diskutieren die Funktionäre ihre Strategie für den Fall, dass die Amerikaner den Aufmarsch entdecken: Sie telegraphieren an General Plijew auf Kuba, alle Kräfte in Alarmbereitschaft zu versetzen.

Soll Plijew auch die Kurzstrecken-Atomwaffen nach eigenem Ermessen aktivieren? Lange Diskussion. Schließlich setzt sich Malinowskij durch, der fürchtet, dass dem Kreml die Situation entgleitet: Plijew wird befohlen, die Atomwaffen nur nach klarem Befehl aus Moskau abzufeuern. Dann warten die Genossen auf Kennedys Rede.

**W**ashington, Außenministerium, 18.00 Uhr. Botschafter Dobrynin wird einbestellt. Er lächelt wartenden Reportern zu, verschwindet in einem Büro – und kehrt nach kurzer Zeit erschüttert zurück. „Er sieht krank aus", bemerkt ein Journalist.

Ihm ist ein Brief Kennedys an Chruschtschow ausgehändigt worden. „Ich hätte nicht gedacht, dass Sie oder irgendein anderer geistig gesunder Mensch in diesem Atomzeitalter die Welt absichtlich in den Krieg stoßen würde", heißt es in dem Schreiben, in dem der Präsident dann den Abzug der Raketen fordert.

Für Dobrynin, der ja nichts von den Raketen auf Kuba wusste, ein Schock. Zurück in der sowjetischen Botschaft, telefoniert er mit dem Kreml und diktiert den Brief Stenographen. Bald wird Chruschtschow wissen, dass sein Raketenabenteuer entdeckt worden ist – aber noch immer nicht, wie Kennedy darauf reagiert.

**WEISSES HAUS, OVAL OFFICE, 19.00 UHR.** Die Kameras laufen, mehr als 100 Millionen Amerikaner sehen den Präsidenten am Schreibtisch sitzen. Der begrüßt sie mit den Worten: „Guten Abend, meine Mitbürger ..."

Dann berichtet er von den Raketen, ohne allerdings deren Zahl zu nennen. Und erklärt, alle Städte zwischen Peru und der Hudson Bay seien bedroht: „Dieser geheime, schnelle und außerordentliche Aufbau kommunistischer Raketen ist eine bewusst provokative und ungerechtfertigte Veränderung des Status quo, die diese Nation nicht hinnehmen kann, wenn unsere Entschlossenheit und unsere Verpflichtungen je wieder von Freund und Feind ernst genommen werden sollen."

Kennedy warnt vor einer Appeasement-Politik wie einst in den 1930er Jahren gegenüber Hitler-Deutschland und verspricht Härte: Über Kuba werde eine „strikte Quarantäne" verhängt, sodass keine weiteren sowjetischen Waffen auf Schiffen zur Insel gebracht werden könnten. US-Einheiten würden dafür jedes Schiff in internationalen Gewässern stoppen, durchsuchen und, falls man Waffen finde, zur Umkehr zwingen.

Sollte Chruschtschow mit der Raketenstationierung dennoch fortfahren, „habe ich unsere Streitkräfte angewiesen, sich für alle Eventualitäten bereitzuhalten". Und als ob dies noch nicht deutlich genug ist, droht er der Sowjetunion mit einem „vollen Vergeltungsschlag". Also mit dem Atomkrieg.

Noch während der 17-minütigen Rede ändern 22 US-Kampfjets, die über Florida aufgestiegen sind, ihren Kurs Richtung Kuba – für den Fall, dass von dort aus als Reaktion auf den Fernsehauftritt ein Raketen- oder Bomberangriff erfolgen sollte.

Doch zunächst bleibt alles still. Schockstill.

Der leitende KGB-Offizier in der Sowjetbotschaft in Washington telegraphiert gleich nach der Rede seinen Vorgesetzten, er werde alles „Geheimmaterial" vernichten. Dann überprüft er die Notstromversorgung im Gebäude und die Flaschen mit Sauerstoff, um sich vor einer möglichen Gasattacke zu schützen. Er befürchtet einen Krieg. Vor dem Botschaftsgelände ziehen US-Polizisten auf.

Auf Kuba mobilisiert Fidel Castro Soldaten und Milizionäre, insgesamt 350 000 Mann.

56 amerikanische Flugzeugträger, Kreuzer und Zerstörer, manche mit Atomwaffen, nähern sich ihren Blockadepositionen, 900 Kilometer vor der Küste Kubas. 240 Flugzeuge unterstützen die Operation. 27 sowjetische Frachter sind noch auf See – und vier U-Boote.

Für das US-Militär gilt nun DEFCON-3, die zweithöchste Alarmstufe in Friedenszeiten. Mehr als 200 Interkontinentalraketen werden in ihren Bunkern im Mittleren Westen einsatzbereit gemacht.

Zwölf U-Boote vom Typ Polaris mit insgesamt 144 Atomraketen gleiten im Atlantik in Angriffsposition. 628 kleinere Bomber mit 2026 Atombomben stehen auf Basen von Japan bis Großbritannien startbereit. Atomar bestückte B-47-Bomber werden, damit sie nicht so leicht entdeckt werden können, auf zivile Flughäfen mitten zwischen Passagiermaschinen verlegt, etwa auf den Philadelphia International Airport.

Mit bis zu vier Wasserstoffbomben beladene B-52 fliegen Schleifen über Grönland, Alaska und dem Mittelmeer – bereit, auf einen Funkbefehl hin in die UdSSR einzudringen und ihre tödliche Last abzuwerfen.

Insgesamt sind 66 Bomber permanent in der Luft, jede Crew fliegt 24 Stunden nonstop ihre Mission.

Und doch: Die amerikanischen Planer haben zu diesem Zeitpunkt nur 33 Atomraketen auf Kuba lokalisiert, die sie angreifen wollen – tatsächlich sind dort aber 40 Geschosse stationiert. Sie wissen auch nichts von den taktischen nuklearen Waffen unter Plijews Kommando.

Und nichts davon, dass die vier sowjetischen U-Boote im Atlantik mit Atomtorpedos bestückt sind.

### DIENSTAG, 23. OKTOBER, KREML, 3.00

Uhr morgens in Moskau. Chruschtschow ist erleichtert. Kennedys Rede ist weniger dramatisch, als er es befürchtet hat – immerhin hat er nicht den Krieg erklärt. Die Blockade wird am Mittwoch um 10.00 Uhr beginnen. Ein einziger Frachter hat noch Atomsprengköpfe an Bord, die „Alexandrowsk", die einige Stunden hinter ihrem Zeitplan zurückliegt. Aber selbst dieses Schiff wird vermutlich noch vor Beginn der Quarantäne Kuba erreichen.

Die Alarmstufe der Sowjetarmee wird erhöht, niemand darf mehr Urlaub nehmen. Die bei Atomraketen, Fliegerabwehrstaffeln und auf U-Booten dienenden Wehrpflichtigen müssen auf ihren Posten bleiben.

Der KP-Chef schreibt zwei Briefe. In dem ersten an Castro versichert er, dass die Atomwaffen auf Kuba bleiben werden. In dem zweiten an Kennedy verurteilt er die Quarantäne als „Bruch internationaler Gesetze" – sowjetische Schiffe würden die Blockade möglicherweise ignorieren. Und erneut erklärt er dem US-Präsidenten, die Waffen seien auf Kuba „für rein defensive Zwecke" stationiert worden.

Dann legt er sich schlafen. In seinem Büro.

**WASHINGTON, TAGSÜBER.** Der 40 Jahre alte Georgij Bolschakow – gutes Englisch, freundliche Umgangsformen – ist Korrespondent der sowjetischen Nachrichtenagentur TASS: einerseits. Andererseits ist er Agent des Militärgeheimdienstes GRU und ein Freund von Chruschtschows Schwiegersohn. Das FBI weiß um seine Doppelrolle, auch Justizminister Robert Kennedy. Seit 1961 benutzen er und sein Bruder, die beide eine Leidenschaft für dunkle

**UNTERHÄNDLER**
US-Außenminister Dean Rusk und der sowjetische Botschafter Anatolij Dobrynin (ganz rechts) verlieren Stunden mit Übersetzungen wichtiger Mitteilungen ihrer Regierungen, während die Militärs bereits Alarm geben

Kanäle haben, heimliche Treffen mit Bolschakow, um so Kontakt zum Kreml zu knüpfen.

Nun klingelt bei Bolschakow das Telefon. Ein US-Journalist meldet sich, er muss den Russen unbedingt sehen – und er macht klar, dass Robert ihn schickt.

Kurz darauf treffen sich die Männer. Der TASS-Mann erfährt, dass die Kennedys bereit wären, die Jupiter-Raketen in der Türkei gegen die auf Kuba installierten Geschosse zu tauschen. Später ruft ein weiterer US-Journalist Bolschakow mit der gleichen Botschaft an.

Im ExComm weiß wahrscheinlich niemand sonst etwas von diesem Angebot der Kennedys – und im Kreml zunächst auch nicht. Denn Bolschakows Vorgesetzter in Washington hält aus unerklärlichen Gründen diese wichtige Botschaft rund 24 Stunden lang zurück, ehe er sie nach Moskau weitergibt.

**EXCOMM, 17.00 UHR.** Präsident Kennedy hat der Air Force erlaubt, Aufklärer im Tiefflug über Kuba zu schicken, um detailliertere Bilder zu gewinnen. Und sollte der Kreml Druck auf Berlin ausüben, wird ein US-Bataillon in der

Bundesrepublik binnen zwei Stunden über eine Autobahn quer durch die DDR nach Westberlin fahren, um den freien Zugang zur Stadt zu erzwingen.

CIA-Chef McCone berichtet, in Kuba seien mindestens 23 SA-2-Luftabwehrstellungen einsatzbereit. Andererseits sei es seltsam, dass alle Kampfflugzeuge noch ungetarnt und Flügelspitze an Flügelspitze unter freiem Himmel stünden – leichte Ziele für Angreifer.

„Was ist mit unseren Jets?", fragt Kennedy (und erfährt zwei Stunden später, dass die US-Kampfflugzeuge ebenso ungeschützt auf den Rampen geparkt sind).

Chruschtschows Brief an Kennedy ist inzwischen der US-Botschaft in Moskau zugestellt, übersetzt und per Telex zum Außenministerium und schließlich ins Weiße

**JOHN F. KENNEDY**
In einer TV-Rede droht der US-Präsident am 22. Oktober mit einem »vollen Vergeltungsschlag«, sollte die UdSSR die Raketenstationierung auf Kuba nicht beenden. Kurz darauf ist das amerikanische Militär bereit für einen Atomschlag

Haus übertragen worden – dort beginnt der Fernschreiber um 11.56 Uhr zu rattern. Kennedy hat rund 16 Stunden auf das etwa 4000 Buchstaben lange Schreiben seines Gegenspielers warten müssen, obwohl der fast unmittelbar nach der Rede reagiert hat.

Weitere fünf Stunden vergehen, bis der Präsident und seine Berater die Antwort formuliert haben: „Ich hoffe, dass sie unverzüglich die notwendigen Befehle an ihre Schiffe übermitteln, um die Bedingungen der Quarantäne einzuhalten."

**KUBA, GEGEN ABEND.** Zermürbende Stunden für General Issa Plijew. Seit 2.00 Uhr morgens herrscht Alarm. Hektisch heben Soldaten Gräben um alle Stellungen aus, setzen Atomraketen und Iljuschin-Bomber zusammen. Auf einigen Basen sind Offiziere unauffindbar, manchmal

zwängen sich unerfahrene Soldaten hinter Flugabwehrgeschütze – und studieren die Bedienungsanleitungen.

Da viele Bunker noch nicht fertiggestellt sind, lässt Plijew einige Atomsprengköpfe in Höhlen verfrachten. Seine größte Sorge jedoch ist die „Alexandrowsk". Der Frachter soll im Hafen Mariel einlaufen – doch über den sind gegen 16.00 Uhr US-Kampfjets im Tiefflug gejagt.

Der sowjetische General befürchtet einen Angriff und dirigiert das Schiff per Funk um zum Hafen La Isabela de Sagua. Den erreicht die „Alexandrowsk" tatsächlich kurz darauf. Was aber geschieht mit den Sprengköpfen an Bord? Rund um La Isabela gibt es keinen geeigneten Bunker, keine Höhle. Plijew beschließt, die Fracht vorerst an Bord zu lassen. Und so liegt die vollkommen ungeschützte „Alexandrowsk" an der kubanischen Nordküste, mit 68 Atomsprengköpfen im Bauch. (Und hätte, wie von Kennedy autorisiert, jederzeit von CIA-Agenten in die Luft gejagt werden können.)

**WASHINGTON, SOWJETBOTSCHAFT.** Robert Kennedy, erregt, wütend, wird in ein privates Zimmer von Botschafter Dobrynin im zweiten Obergeschoss geführt. Kaum ist er mit dem Diplomaten allein, überschüttet er ihn mit Vorwürfen. Er und sein Bruder fühlten sich von Moskau getäuscht, auch von Dobrynin persönlich. Erst nach und nach begreift der Justizminister, dass der Botschafter offenbar ebenso ahnungslos war wie er.

Als er schon das Zimmer verlassen will, dreht sich Robert Kennedy noch einmal im Türrahmen um und fragt: „Können Sie mir sagen, welche Befehle Ihre Kapitäne nach der gestrigen Rede des Präsidenten erhalten haben?" Auch das weiß Dobrynin nicht, er antwortet ausweichend.

„Ich weiß nicht, wie das alles enden wird, aber wir haben vor, Ihre Schiffe zu stoppen", droht Robert.

**WEISSES HAUS, ABENDS.** Soldaten verteilen Umschläge mit der Aufschrift „Öffnen im Notfall". Dort sind für jeden Mitarbeiter Fluchtwege und Rettungsbunker ausgewiesen, im Falle eines Atomangriffes. Manche bekommen in „Top Secret"-Umschlägen Aufkleber mit, die Ehefrauen an ihren Autos befestigen können, um so Straßensperren in Washington zu passieren.

Außenminister Rusk hält dies für einen schlechten Scherz. Er beschließt, im Ernstfall nicht in einen Bunker zu fliehen, sondern mit seiner Frau gemeinsam das Ende abzuwarten.

Sollte es tatsächlich zum Atomkrieg kommen, so glaubt er, würden er, Kennedy und McNamara von anderen Überlebenden gelyncht.

**MITTWOCH, 24. OKTOBER, KREML.** Nur wenige Stunden noch bis zum Beginn der Blockade. Chruschtschow versammelt das zwölfköpfige Präsidium des ZK der KPdSU, das höchste Führungsgremium der Sowjetunion – und beschließt, John F. Kennedy zu drohen.

Die Quarantäne sei ein „Ultimatum, ein Akt der Aggression, der die Menschheit an den Abgrund eines weltweiten Atomraketenkrieges treibt". Er werde seinen Kapitänen nicht befehlen, den Anweisungen der US Navy zu gehorchen. Und sollte es zu „Piratenaktionen" kommen, werde die UdSSR „Maßnahmen ergreifen, um unsere Rechte zu schützen".

**WASHINGTON, EXCOMM, 10.00 UHR.** Der Beginn der Blockade. US-Zerstörer beschatten alle sowjetischen Frachter, die der Quarantäne-Linie 900 Kilometer rund um Kuba am nächsten sind. CIA-Chef McCone beschreibt im täglichen Lagebericht den Kurs jedes einzelnen Schiffes, auch der U-Boote.

„Können wir auf irgendeine Weise vermeiden, dass wir bei unserer ersten Konfrontation auf ein russisches U-Boot stoßen?", fragt Kennedy.

„Nein", antwortet Verteidigungsminister McNamara. Die Gefahr für die amerikanischen Schiffe sei zu groß, wenn man die getauchten U-Boote ignoriere. „Das ist es, was wir erwarten müssen."

Der Präsident ist blass; er hält die Hand vor den Mund, öffnet und schließt immer wieder die Faust. Sein Bruder, der doch um die vielen Krankheiten des Älteren weiß, hat ihn selten so elend gesehen. Die Konfrontation mit einem getauchten U-Boot kann sehr viel leichter in einen Kampf ausarten als das Aufhalten eines Frachters.

Während McCone weiter vorträgt, öffnet ein Bote die Tür. „Mr. President", sagt er, „wir haben einen vorläufigen Bericht, der zu zeigen scheint, dass einige der russischen Schiffe auf hoher See gestoppt haben."

Erleichterung, Triumph! „Wir stehen Auge in Auge – und ich glaube, der andere hat gerade gezuckt", raunt Außenminister Rusk dem Sicherheitsberater Bundy zu. Chruschtschow hat seinen aggressiven Worten keine Taten folgen lassen. Er respektiert die Quarantäne.

„Vielleicht", sagt Kennedy.

Er ist vorsichtiger. Diese Runde hat er gewonnen. Aber was ist mit den Raketen? Den Frachtern, die noch Kurs halten? Was mit den U-Booten? (Tatsächlich kann Chruschtschow es sich leisten, einigen Kapitänen den Halt zu befehlen – die Frachter mit der brisantesten Ladung sind ja längst durchgekommen. Und seine U-Boote steuern weiterhin auf Kuba zu.)

Und was ist mit dem US-Militär? Nur Stunden nach der scheinbar erlösenden Meldung von der Quarantäne-Linie will McNamara im Pentagon von Admiral George Anderson, dem Chef der Marine, wissen, wie ein Schiff auf hoher See eigentlich angehalten wird.

„Was ist, wenn sie nicht stoppen?", fragt McNamara.

„Wir schießen vor den Bug."

„Und wenn das nicht funktioniert?"

„Dann schießen wir ins Ruder", sagt Anderson erregt. „Das ist nicht Ihre gottverdammte Angelegenheit, Herr Minister, das erledigen wir." Offiziere hören zu.

McNamara, außer sich, brüllt zurück: „Sie feuern nicht einen einzigen Schuss auf irgendetwas ohne meine ausdrückliche Erlaubnis, ist das klar?" Dann stürmt er hinaus und murmelt: „Das ist das Ende von Anderson."

Währenddessen erhöht General Thomas Power, Chef der Atombomberstaffeln, für seine Einheiten den Alarm auf DEFCON-2 („Vorbereitung zum sofortigen Angriff"), die letzte Stufe vor einem Kriegsausbruch. Dieser Alarm ist noch nie ausgelöst worden.

Power lässt den Funkspruch im Klartext senden, damit der sowjetische Geheimdienst ihn auf jeden Fall auffangen wird. Seinen Präsidenten aber informiert er über DEFCON-2 nicht.

Kennedy und seine Getreuen, so scheint es, verlieren die Kontrolle über ihre Militärs, die offenbar einen Krieg provozieren wollen. Und Chruschtschow ist in einer ähnlichen Lage – nur weiß er es nicht einmal.

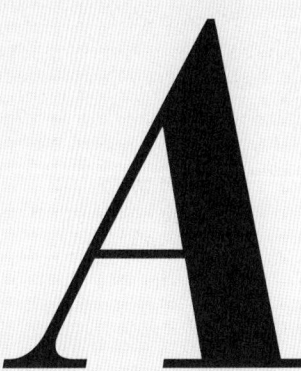

An Bord des sowjetischen U-Boots „B-59", abends. Der rund 100 Meter lange, stählerne Jäger kann vier bis fünf Tage lang tiefer als 300 Meter tauchen – dann aber muss „B-59" an die Wasseroberfläche zurück und mit Dieselmaschinen weiterfahren, bis die Batterien der Elektromotoren wieder geladen sind.

Fast 80 Seeleute drängen sich in dem Schiff, achtern teilen sich 54 Mann 27 Kojen – geschlafen wird in drei Schichten. Kapitän Walentin Sawizkij und seine Crew gehören zur 69. U-Boot-Brigade. „B-59" ist bereits seit drei Wochen auf See und hat in dieser Zeit den langen Weg von Murmansk bis zur Karibik zurückgelegt – fast immer getaucht. Die Kennnummer am Turm hat die Crew abgekratzt, damit ihr U-Boot nicht zu identifizieren ist.

Es ist heiß, manchmal 50 Grad Celsius, in den Maschinenräumen sogar 60 Grad. Wasser ist rationiert auf einen Viertelliter pro Mann und Tag. Der Funkkontakt zur Heimat ist unregelmäßig, reißt oft ab.

Und nun nähert sich „B-59" den wartenden amerikanischen Zerstörern. Einer der 22 Torpedos an Bord hat einen nuklearen Gefechtskopf, mit etwa der gleichen Explosionskraft wie die Hiroshima-Bombe.

Sawizkij ist extrem angespannt.

**DONNERSTAG, 25. OKTOBER, WASHINGTON, 1.00 UHR.** In der Bar des National Press Club spricht der Keeper, ein vor dem Sowjetregime geflohener Emigrant aus dem Baltikum, mit einem TASS-Journalisten, der noch einen Drink nimmt. Der Barmann sagt dabei, er habe kurz zuvor zwei amerikanische Journalisten reden gehört. Einer werde morgen Richtung Süden fliegen, um das Militär bei der Eroberung Kubas als Korrespondent zu begleiten.

Der TASS-Journalist ist ein KGB-Agent – und alarmiert. Noch in der Nacht meldet er dieses Gespräch nach Moskau. Und dieses vage Gerücht aus dritter Hand (das unzutreffend ist) hat schwerwiegendere Folgen als alle offiziellen Botschaften und geheimen Regierungskontakte: Zum ersten Mal glauben in Moskau hohe Funktionäre, dass es Kennedy mit seiner Kriegsdrohung tatsächlich ernst meint.

Als Chruschtschow etwas später (in Moskau ist es ja schon heller Tag) das Präsidium versammelt, erklärt er den verblüfften Genossen, er habe es satt, mit Kennedy „kluge Bemerkungen" zu wechseln: Am Ende werde die UdSSR ihre Raketen wohl wieder abziehen müssen, allerdings nur, wenn sich der amerikanische Präsident in den nächsten Tagen tatsächlich unnachgiebig zeige.

Dem Generalsekretär schwebt ein Handel vor: Abzug gegen die Garantie Washingtons, Kuba in Zukunft nie mehr anzugreifen. Doch zunächst sendet niemand ein Verhandlungsangebot nach Washington. Vielleicht lässt sich Kennedy ja doch einschüchtern und akzeptiert am Ende die Stationierung der Raketen auf Kuba.

„Genossen, lasst uns heute Abend ins Bolschoj gehen", ruft Chruschtschow am Ende der Sitzung. „Unser eigenes Volk und auch fremde Beobachter werden das sehen – und vielleicht wird es sie etwas beruhigen."

**WEISSES HAUS, 2.00 UHR.** Kennedy verabschiedet sich von Gästen, mit denen er zu Abend gegessen hat. Mitarbeiter zeigen ihm Chruschtschows letzten Brief – jene Zeilen, die der Generalsekretär aufgesetzt hat, noch ehe er im Präsidium eine konziliantere Politik verkündet hat.

Der Russe schreibt: „Herr Präsident, mit welchem Recht haben Sie das getan?" Er nennt das Vorgehen der USA „Räuberei" und „Verrücktheit des degenerierten Imperialismus". Diesmal braucht der US-Präsident nur zwei Stunden für eine Antwort: „Herr Generalsekretär, Sie haben die Situation noch immer nicht verstanden."

Blockadelinie vor Kuba, morgens. Kennedys Warnung vor einem verfrühten Auftrumpfen der US Navy bestätigt sich. Einige sowjetische Frachter haben ihren Kurs zwar geändert, andere Schiffe aus dem Ostblock aber steuern weiterhin auf Kuba zu.

Als Nächstes wird sich ein Öltanker der Quarantänelinie nähern, dann ein Passagierschiff aus der DDR. Eigentlich müsste die Marine beide Schiffe stoppen und durchsuchen. Funksprüche werden nach Washington gesandt – dann kommt die Antwort: Passieren lassen!

Der US-Präsident schreckt vor den Konsequenzen zurück. Den Tanker und das Passagierschiff lässt er durch, weil er Moskau nicht provozieren will. Und wählt dann persönlich einen Frachter aus, der als Erster aufgebracht werden soll: einen in Panama registrierten Dampfer mit griechischem Kapitän, der in sowjetischer Charter fährt.

Dessen Stopp, so hofft Kennedy, werde niemanden in Moskau zu einer Kriegserklärung treiben.

Gleichzeitig entlädt sich seine Wut auf einen Mitarbeiter des Außenministeriums. Der hat Kongressabgeordneten verraten, dass zwei Schiffe die Linie passieren durften – eine Stunde später ist diese Nachricht in Radio und TV gesendet worden.

Kennedy, außer sich, lässt nach dem Mann suchen. Der ist inzwischen auf Reisen – und wird schließlich in der Wartehalle eines Flughafens aufgespürt und per Lautsprecher ausgerufen: „Der Präsident ruft American-Airlines-Passagier Hughes. Der Präsident ruft American-Airlines-Passagier Hughes…" Der hält das für einen Witz, bis er Kennedys unverkennbare Stimme an einem Flughafentelefon hört: „Was, zum Teufel, geht hier vor?"

**ATLANTIK, ÖSTLICH VON BERMUDA, 18.11 UHR.** Eine Maschine des Flugzeugträgers „USS Randolph" entdeckt ein sowjetisches U-Boot, das bei Annäherung wegtaucht. Es ist „B-59". Dessen Batterien sind nach langer Unterwasserfahrt fast erschöpft. Kapitän Walentin Sawizkij wollte sie laden, doch nun muss er verschwinden – während sich ihm 14 amerikanische Kampfschiffe nähern.

## FREITAG, 26. OKTOBER, KGB-HAUPTQUARTIER, MORGENS.

Wladimir Semitschastnyj ist mit 38 Jahren der jüngste KGB-Chef aller Zeiten – und der unerfahrenste. Bis vor einem Jahr war er noch Zweiter Sekretär des ZK der KP in der Sowjetrepublik Aserbaidschan.

Chruschtschow hat den Funktionär an die Spitze des Geheimdienstes geholt, weil er glaubt, dass ausgebildete Geheimagenten keine Ahnung von Politik haben und auf diesem Posten bloß „Dummheiten" begehen.

Semitschastnyj, der auf einem Bett im Hauptquartier übernachtet hat, sammelt einige Experten um sich, die ihm helfen, die tägliche Mappe für Chruschtschow zusammenzustellen.

Ganz oben landet ein Bericht des KGB-Agenten in Washington über das Gespräch eines sowjetischen Diplomaten mit einem amerikanischen Journalisten, in dem dieser eine baldige Invasion Kubas vorhergesagt hat.

Dann die Meldung, dass DEFCON-2 ausgelöst worden sei. Sowie der Hinweis, dass an alle US-Militärhospitäler die Weisung ergangen sei, sich auf Verwundete vorzubereiten.

Als Chruschtschow die Mappe erhält, treibt es ihn wieder an den Rand der Panik. Der Generalsekretär, der noch am Vortag kühl abwarten wollte und ins Bolschoj-Theater gegangen war, glaubt nun, der Krieg stehe unmittelbar bevor.

Er diktiert einen zwölf Seiten langen Brief, in dem er Kennedy sofortige Verhandlungen vorschlägt: „Lassen Sie uns staatsmännische Weisheit zeigen", beschwört er. Er verlangt von den USA eine Garantie, dass sie niemals mehr Kuba angreifen und auch niemanden bei einem Angriff unterstützen. Dafür verspricht er vage: „Dann entfällt die Notwendigkeit für die Anwesenheit unserer Militärspezialisten auf Kuba."

So eilig schreibt er diese Botschaft, dass er die Präsidiumsmitglieder nicht einmal dazuholt. Sie werden nur schriftlich informiert. Um 16.43 Uhr Moskauer Zeit wird Chruschtschows Brief der US-Botschaft in Moskau zugestellt – in Washington ist es 9.43 Uhr, aber das Schreiben muss ja noch übersetzt und durchtelegraphiert werden.

**EXCOMM, 10.00 UHR.** Lagebericht von CIA-Chef John McCone: Er meldet höchste Alarmstufe für die Sowjetarmee, aber keine Truppenbewegungen, auch nicht in Richtung Berlin. Doch auf Kuba gehen die Arbeiten auf den Raketenbasen weiter. Bald werden auch die Iljuschin-Bomber fertig montiert sein.

McNamara, anfangs Verfechter der Quarantäne, ist nun für Luftangriffe auf die Raketen und die Iljuschins. Generalstabschef Taylor will Kuba mit 300 Kampfjets attackieren und neben den Rampen für die Atomraketen

**JOHN A. MCCONE**
Der CIA-Direktor hält einen Luftangriff auf Kuba zunächst für unmoralisch. Doch dann drängt er auf eine Invasion der Insel – nicht ahnend, dass dort mehr Atomraketen versteckt sind, als seine Agenten gemeldet haben

auch alle SA-2-Flugabwehrgeschütze, MiGs und einige Flughäfen bombardieren. Und McCone, der Tage zuvor noch einen Luftangriff als moralische Bankrotterklärung verworfen hat, ist nun für eine Invasion – schließlich habe man Moskau ja vorgewarnt.

John F. Kennedy ist auf einmal mit seinem Beharren auf der Blockade in der Minderheit. Doch er will Chruschtschow noch 24 Stunden Zeit geben, für neue Verhandlungen.

Also wartet er erst einmal ab.

**WASHINGTON, „OCCIDENTAL RESTAURANT", 13.30 UHR.** Ein korpulenter, kahler Mann setzt sich zum Lunch an einen Tisch. Manche Restaurantgäste kennen ihn vielleicht aus dem Fernsehen: John Scali moderiert eine politische Sendung.

Neben ihm sitzt ein älterer, silberhaariger Herr, den wohl kaum jemand der Anwesenden beachtet: Alexander Feklissow, Leiter des KGB-Büros in Washington. Er hat über Jahre Kontakte zu Journalisten aufgebaut, mit denen er sich hin und wieder trifft. Scali, der FBI-Agenten über diese Treffen berichtet, weiß, dass sein sowjetisches Gegenüber für den KGB arbeitet.

An diesem Vormittag hat sein Telefon geklingelt: Feklissow erklärte, er wolle Scali zum Mittagessen treffen.

Was Scali nicht ahnt: Der Russe handelt auf eigene Faust. Feklissow spürt, dass die Welt in den Atomkrieg stürzt, doch aus Moskau erhält er keine Anweisungen.

Beim Lunch belauern sich die beiden – am Ende weiß Scali noch immer nicht genau, was Feklissow ihm eigentlich mitteilen will. Er glaubt, die Ausführungen des KGB-Mannes so verstanden zu haben: Wenn die USA eine Nichtangriffsgarantie für die Insel abgeben, werde

**CASTROS KÄMPFER**
Nach Kennedys TV-Rede nehmen amerikanische Kriegsschiffe und Kampfjets Kurs auf Kuba. Fidel Castro mobilisiert daraufhin 350 000 Mann und lässt, wie hier an der Küste bei Havanna, Luftabwehrgeschütze in Stellung bringen

die UdSSR ihre Raketen abziehen und auf Kuba nie wieder Offensivwaffen stationieren.

Dieses Angebot kommt wahrscheinlich gar nicht von Chruschtschow, sondern ist Feklissows eigener Lösungsvorschlag. Trotzdem nimmt Scali es so ernst, dass er sich sofort nach dem Lunch im Außenministerium offenbart. Dann wird er ins Weiße Haus geführt – und Kennedy erfährt von Scali persönlich alle Einzelheiten.

Der Präsident erkennt eine Chance und bittet ihn, sich noch am selben Tag erneut mit Feklissow zu treffen und Interesse an dem Vorschlag zu signalisieren.

Und so reden beide kurz nach 19.30 Uhr im „Statler Hotel", in der Nähe der sowjetischen Botschaft, noch einmal miteinander. Scali versichert, „höchste Autoritäten" sähen „echte Chancen in diesen Vorschlägen". Man erbitte Verhandlungen mit Moskau.

Noch immer verlaufen alle Kontakte also verklausuliert und auf quälend langsamen, indirekten Wegen.

**KUBA, AM ABEND.** Immer wieder donnern US-Kampfjets in Baumwipfelhöhe über sowjetische Stellungen. General Issa Plijew glaubt, dass eine Invasion in den nächsten 24 bis 48 Stunden bevorsteht.

Auch Castro ist am Ende seiner Nervenkraft: „Wir tolerieren diese Überflüge nicht länger", verkündet er Plijew. Wie auch immer Moskau darüber denke: Ab morgen würden die kubanischen Flugabwehrkanonen auf jede Maschine feuern. Der „Máximo Líder" ist außerdem verärgert über Chruschtschow. „Warum leugnet die Sowjetunion die Existenz der Raketen?", fragt er den Botschafter der UdSSR – der ihm darauf keine Antwort geben kann.

Fidel Castro bleibt im Hauptquartier in Havanna. Die kubanische Armee vermint Straßen.

Was wohl keiner der Kubaner weiß: Plijew hat seinen Einheiten den Befehl gegeben, die „Technik zu verteilen".

Das bedeutet wahrscheinlich, dass der General die Atomsprengköpfe aus ihren Bunkern schaffen lässt, näher zu den Raketen – damit sie rascher abgefeuert werden können.

**WASHINGTON, EXCOMM, 21.15 UHR.** In die Beratungen platzt der Chruschtschow-Brief. Seit 18.00 Uhr rattert er über den Fernschreiber des Außenministeriums, doch es hat mehr als drei Stunden gedauert, ihn im Weißen Haus zu präsentieren. Das Schreiben ist lang, ausgesprochen umständlich formuliert und voller Abschweifungen, etwa zur amerikanischen Intervention im russischen Bürgerkrieg sowie zu Chruschtschows persönlichen Kriegserlebnissen.

„Das liest sich, als hätte er das allein geschrieben, ohne Beratung oder Bearbeitung", vermutet Llewellyn Thompson, der frühere Botschafter in Moskau. „Er hat Angst. Er scheint unter großem Druck zu stehen."

Robert Kennedy erlaubt sich, wie er später gestehen wird, „einen Anflug von Optimismus". Ist das nicht ein Verhandlungsangebot?

Aber niemand weiß, was genau Chruschtschow eigentlich will und wie es weitergehen soll.

Eines nur ist klar: Die US-Militärs drängen auf eine baldige Attacke. Dieses Angebot reicht ihnen nicht.

**SAMSTAG, 27. OKTOBER, HAVANNA, 2.00 UHR.** Fidel Castro, nervös, erregt, schlaflos, besucht den sowjetischen Botschafter in dessen Dienstwohnung und diktiert dort einen Brief an Chruschtschow, „um ihn zu ermutigen".

Der Máximo Líder setzt an, korrigiert sich, beginnt von vorn. Schließlich fordert er Moskau auf, im Falle einer Invasion Kubas durch die USA „diese Gefahr für immer durch einen Akt der Selbstverteidigung zu eliminieren, so hart und schrecklich diese Lösung auch sein mag".

Der Botschafter begreift den Sinn des Satzes erst nicht, fragt dann fassungslos: „Wollen Sie sagen, dass wir die Ersten sein sollen, die einen Atomschlag gegen den Feind führen?"

„Nein", antwortet der Kubaner, fährt dann aber fort: „Unter besonderen Umständen darf man nicht auf die Hinterhältigkeit der Imperialisten warten." Also doch.

Während Castro weiter an seinem Brief formuliert, telegraphiert der alarmierte Botschafter nach Moskau: Die Kubaner sind anscheinend zum Äußersten bereit.

Chruschtschow scheint die Kontrolle über seinen karibischen Verbündeten zu verlieren.

Moskau, Kreml, 9.00 Uhr. Zur gleichen Zeit, da Castro den Willen zum atomaren Erstschlag fordert, geht eine Meldung von General Plijew ein: „Unsere kubanischen Freunde erwarten den Angriff für die Nacht vom 26. auf den 27. Oktober oder spätestens am Morgen des 27. Oktober. Wir haben entschieden, im Falle eines US-Luftangriffes auf unsere Stellungen alle uns zur Verfügung stehenden Luftverteidigungsmittel einzusetzen."

*Wir haben entschieden:* Plijew wartet also nicht mehr auf einen Befehl aus Moskau.

Und was bedeutet: *alle zur Verfügung stehenden Mittel?* Atomwaffen?

Nikita Chruschtschow muss sich in diesen Minuten entscheiden, ob er den Atomkrieg, mit dem er gedroht hat, auch führen will.

Kennedy scheint zum Angriff entschlossen. Castro fordert den Atomkrieg. Und sein eigener Kommandeur auf Kuba will offenbar bei der nächsten Gelegenheit das Feuer eröffnen. Da erst schreckt der Generalsekretär vor den „Göttern des Krieges" zurück.

„Haben wir einen Fehler gemacht?", lamentiert er in einem langen Monolog vor den Genossen im Präsidium. (Und man kann sich nur vorstellen, was harte Funktionäre in Gedanken auf diese Frage antworten.)

Er sei nun zum Abzug der Raketen bereit – gegen Sicherheitsgarantien für Kuba. Und im Tausch gegen den Abzug der US-Raketen aus der Türkei – für die Spitzengenossen ein neuer Gedanke.

Niemand weiß, woher Nikita Chruschtschow diese Idee hat, die bisher kaum eine Rolle gespielt hat. Wahrscheinlich hat er den Bericht des KGB-Agenten Bolschakow gelesen, der sich mit zwei US-Journalisten getroffen hatte, die auf diesem Wege Kennedys Angebot nach Moskau weiterleiteten.

„Wir stimmen zu, diejenigen Waffen, die Sie als offensive Waffen ansehen, aus Kuba abzuziehen", diktiert Chruschtschow einen neuen Brief an Kennedy, diesmal im Beisein aller Präsidiumsmitglieder. Bedingung sei die „Evakuierung ähnlicher Waffen in der Türkei".

Noch immer vermeidet der Generalsekretär das Wort „Atomraketen". Doch er spürt vermutlich, dass ihm die Zeit davonläuft. Soll er wieder auf endlose Übersetzungen und Telegramme warten, wenn doch der Angriff nun binnen weniger Stunden erfolgen kann?

Er befiehlt, diesen Brief über Radio Moskau verlesen zu lassen, damit er schneller in Washington bekannt wird.

**WASHINGTON, EXCOMM, 10.15 UHR.** (17.15 Uhr in Moskau). Diskussionen über den letzten, langen Chruschtschow-Brief mit dem verklausulierten Verhandlungsangebot. Da platzt Pressechef Pierre Salinger in die Runde: Er hält eine Meldung der Nachrichtenagentur AP in den Händen mit dem Text der Rede, die Chruschtschow soeben über Radio Moskau verbreitet hat.

„Was zum Teufel ist das?", ruft jemand. Konfusion. Sind Brief und Radiobotschaft identisch? Offenbar nicht.

Was aber gilt dann? Der Brief? Das neue Angebot? Ist die UdSSR mit einer Nichtangriffsgarantie gegenüber Kuba zufrieden? Oder fordert sie den Abzug der Raketen aus der Türkei? Woher kommt diese Idee mit der Türkei überhaupt?

Präsident Kennedy (der zumindest diese Frage nur zu genau beantworten könnte) sagt: „Für jeden rationalen Mann wird dies nach einem fairen Handel aussehen."

Doch auch er ist wütend. Er fühlt sich hereingelegt, wieder einmal – weil der Russe den Abzug aus der Türkei öffentlich gemacht hat, was Kennedy, um Kritiker nicht aufzubringen, auf keinen Fall akzeptieren wollte.

Es hilft auch nicht, dass sein Bruder, der ja eigentlich ähnliche Gedanken hat, nun einwirft: „Ich sehe nicht, wie wir die Türken davon überzeugen sollen, ihre Verteidigung wegzuwerfen."

Schließlich unterbrechen die erschöpften Männer die Sitzung – noch hat die US-Regierung offiziell weder auf die erste noch die zweite Botschaft von Chruschtschow reagiert.

**SOWJETISCHE STELLUNG, NORDOST-KUBA, 10.00 UHR.** Genau in dem Augenblick, da sich Kennedy mit seinen

**CURTIS LEMAY**
Der Chef der Air Force hält Verhandlungen für Zeitverschwendung. Der General fordert derart energisch den Angriff, dass Präsident Kennedy befürchtet, er könnte die Kontrolle über die Armee verlieren

Beratern trifft, taucht eine U-2 auf dem Radarschirm der Luftabwehrstellungen auf.

Alarm! Ein US-Angriff scheint in wenigen Stunden bevorzustehen. Ein tropischer Sturm peitschte kurz zuvor noch über die Insel, Regen trommelte auf das Dach der Baracke, in der Sowjetsoldaten den Kurs der amerikanischen Maschine verfolgten, die Feuchtigkeit könnte die empfindlichen Funkgeräte jederzeit kurzschließen.

General Plijew hat befohlen, dass allein er einen Abschuss anordnen kann. Also ruft ein Hauptmann im Hauptquartier an. Er erreicht zwei Generäle – doch Plijew ist unauffindbar.

Hektische Telefonate. Die U-2 kommt immer näher. Wo nur ist Plijew?

Schließlich entscheiden die beiden Generäle, dessen Befehl zu ignorieren – und geben selbst das Feuer frei.

Um 10.22 Uhr rast eine SA-2-Rakete mit vierfacher Schallgeschwindigkeit in den Tropenhimmel auf „Ziel 33" zu und explodiert in dessen Nähe. Splitter zerfetzen die empfindliche Maschine. Major Rudolf Anderson stürzt in die Tiefe. Er ist der erste Tote der Kubakrise.

**WASHINGTON, EXCOMM, 16.00 UHR.** Anruf für Außenminister Rusk. Der verlässt den Raum für wenige Minuten, kehrt zurück, Tränen in den Augen, und teilt mit, dass eine U-2 abgeschossen worden sei; das berichte Radio Havanna gerade.

„Pilot getötet?", fragt Robert Kennedy.

„Der Körper des Piloten ist noch im Flugzeug."

„Wir können wohl kaum eine weitere Maschine morgen nach drüben schicken und einen weiteren Kerl töten lassen", sagt der Präsident.

„Nur wenn wir mit großer Gewalt Vergeltung üben", schlägt Taylor vor.

McNamara ergreift das Wort und erklärt nüchtern: Gleichgültig, wie heftig US-Luftangriffe seien, von nun an würde von Kuba aus auf amerikanische Flugzeuge geschossen werden. Das könne man nicht lange hinnehmen. Was folge daraus? Die Invasion Kubas. Daraufhin würde Moskau die US-Basen in der Türkei angreifen. Das sei dann der NATO-Bündnisfall, es werde zum Krieg kommen. „Das ist verdammt gefährlich."

„Wir können wohl kaum Kuba angreifen, wenn wir die Raketen auch durch einen Handel mit unseren Raketen in der Türkei herausbringen könnten", sagt Kennedy daraufhin – und schickt die Männer hinaus zum Abendessen, bevor jemand Einwände erheben kann.

Noch immer keine Entscheidung.

**JUSTIZMINISTERIUM, 19.45 UHR.** Die beiden Kennedys haben sich abgesprochen und den sowjetischen Botschafter benachrichtigt. Robert soll in seinem Büro allein mit Dobrynin noch einmal alle Verhandlungsmöglichkeiten ausloten.

Beide sind übermüdet. „Es gibt nun starken Druck auf den Präsidenten, zu schießen, wenn auf uns geschossen wird", beginnt der jüngere Kennedy. Das könne schnell zu einer „Kettenreaktion" führen.

Dann wiederholt er sein Angebot: keine Invasion Kubas gegen Abzug der Raketen.

„Und was ist mit der Türkei?", fragt Dobrynin.

„Wenn das das einzige Hindernis auf dem Weg zur Lösung ist, dann sieht der Präsident keine unüberwindbaren Schwierigkeiten, es zu beseitigen", antwortet Robert gewunden. Dann jedoch wird er klarer: „Das größte Problem für den Präsidenten ist die öffentliche Diskussion der türkischen Frage."

Und dann schlägt der jüngere Kennedy einen Hinterzimmerdeal vor, der eher typisch ist für die Wahlkämpfe und innenpolitischen Manöver, die er seit Jahren beherrscht, und nicht für die internationale Diplomatie: Baue Chruschtschow seine Raketen ab, werde der Präsident einige Monate später nachziehen und die Geschosse in der Türkei heimlich zurückholen – vorausgesetzt, der Deal bleibt vertraulich.

Kein Wort darf Moskau über die Absprache verlauten lassen, keinen offiziellen Vertrag verlangen.

„Das ist eine Bitte, kein Ultimatum", schließt Robert Kennedy und fleht Dobrynin an, Chruschtschow möge seine Antwort „geschäftsmäßig" und „klar" geben, nicht in endlosen Briefen. Und: Erstmals erhält der Botschafter die Telefonnummern des Präsidenten, falls rasche Rückrufe notwendig sind.

Dobrynin, in dessen Botschaft Mitarbeiter bereits Akten verbrennen, damit sie im Kriegsfall nicht in amerikanische Hände fallen, ist zum ersten Mal seit Tagen optimistisch. Er telegraphiert das Angebot nach Moskau.

Fast zur gleichen Zeit strahlt der Radiosender Voice of America eine Botschaft des Präsidenten aus. John F. Kennedy hat, wie Chruschtschow, keine Zeit mehr. McNamara und Taylor drängen auf einen Angriff in den nächsten 24 Stunden.

„Ich habe Ihr Schreiben vom 26. Oktober mit großer Sorgfalt gelesen und begrüße Ihr Bemühen, die Krise zu lösen", lässt Kennedy im Radio verlesen.

Dann schlägt er die bereits bekannten Nichtangriffsgarantien im Tausch gegen den Raketenabzug vor. Die Jupiter-Raketen in der Türkei streift er sehr viel indirekter, als sein Bruder es im Vier-Augen-Gespräch getan hat: „Wir können auch zu einer allgemeineren Vereinbarung hinsichtlich jener ,anderen Waffen' kommen, die Sie in Ihrem zweiten Brief erwähnten."

An Bord von „B-59", etwa 20.30 Uhr. Kapitän Walentin Sawizkij ist am Ende seiner Kraft. Die Batterien seines U-Bootes sind erschöpft. Es ist heiß wie in einer Sauna. Die Luft geht ihm aus – in der Kommandozentrale kollabiert ein Seemann, dann wird ein weiterer ohnmächtig. Wenn sie nicht ersticken wollen, dann müssen sie auftauchen. Jetzt.

Doch über ihm kreuzen die Zerstörer „USS Beck" und „USS Cony". Sie haben das U-Boot geortet – und werfen Wasserbomben. Damit die Blockade hält, so lautet ihr Befehl, sollen alle sowjetischen U-Boote zum Auftauchen gezwungen werden. Da niemand mit getauchten

U-Booten per Funk kommunizieren kann, werfen die US-Schiffe so lange Bomben, bis den Crews buchstäblich die Luft ausgeht.

Das sind zwar nur Übungswaffen, deren Detonationen das U-Boot nicht zerschmettern können.

Doch ihr Lärm zermürbt die Männer, die Druckwellen schütteln „B-59" durch.

Da verliert Sawizkij die Beherrschung: „Vielleicht hat da oben schon der Krieg begonnen!", schreit er. „Wir werden sie jetzt wegblasen! Wir werden alle sterben, aber wir werden sie alle versenken. Wir werden unserer Marine keine Schande machen!" Und dann befiehlt er, den Atomtorpedo gefechtsbereit zu machen.

Dramatische Minuten in der Kommandozentrale, Diskussionen. Schließlich beruhigen der Erste Offizier und der Politoffizier den Kapitän wieder – und Walentin Sawizkij gibt auf.

Um 20.52 Uhr kommt „B-59" an die Oberfläche, direkt neben den Zerstörern, die das U-Boot mit Scheinwerfern anstrahlen. Doch niemand schießt.

„Benötigen sie Hilfe?", morst die Crew eines der Zerstörer per Signallampe.

„Nein", lässt Sawizkij antworten – und nur ein paar Männer an Bord der stählernen, stickigen Röhre wissen, dass ein paar Minuten zuvor fast der Atomkrieg ausgebrochen wäre.

**28. OKTOBER, EIN VORORT VON MOSKAU, 12.00 UHR.** (5.00 Uhr Washington). Der Generalsekretär hat die Mitglieder des Präsidiums in die Regierungsdatscha vor den Toren der Hauptstadt einbestellt.

„Um die Welt zu retten, müssen wir uns zurückziehen", ruft Nikita Chruschtschow. Er weiß seit diesem Morgen, dass eine U-2 abgeschossen worden ist. Der Krieg kann jeden Augenblick ausbrechen.

Da wird einer von Chruschtschows Mitarbeitern am Telefon verlangt: ein Anruf vom Außenministerium, wo eben Dobrynins Bericht über sein abendliches Treffen mit Robert Kennedy eingegangen ist.

Der Mitarbeiter notiert alles, trägt es dann Nikita Chruschtschow und den anderen Genossen vor.

Der Generalsekretär, erleichtert, erkennt die Chance, aus dem Konflikt zu entkommen und dabei sein Gesicht zu wahren: Er kann die Raketen zurückziehen und dafür den Abzug der US-Raketen aus der Türkei als Preis fordern.

„Die Sowjetregierung", diktiert er, „hat den Befehl gegeben, die Waffen, die sie für offensiv halten, abzubauen und sie in die Sowjetunion zurückzubringen."

Und damit keine Zeit verloren geht, rast ein Mitarbeiter von der Datscha zum Sender von Radio Moskau:

Auch dieser Brief soll so schnell wie möglich über den Äther gehen.

Eines aber vergisst Chruschtschow in der Hektik nicht: In einem privaten Brief erinnert er Kennedy an den Türkei-Deal: „Ich habe das öffentlich nicht erwähnt, weil das Ihr Wunsch ist. Aber alle unsere Zusagen gelten nur vorbehaltlich Ihres Einverständnisses in der türkischen Frage."

**WEISSES HAUS, KURZ VOR 9.00 UHR.** In seinem Schlafzimmer hat der Präsident der Vereinigten Staaten von Amerika, wie Millionen seiner Mitbürger auch, aus dem Radio erfahren, dass ein wichtiger Brief von Chruschtschow angekündigt worden ist. Mehr aber weiß auch Kennedy nicht.

Dann endlich kommt der Text – vorgelesen von einem Sprecher von Radio Moskau. Nach wenigen Minuten die erlösenden Worte vom Abbau der offensiven Waffen.

Kennedy entwirft eine Botschaft, die kurz darauf über Voice of America ausgestrahlt wird: „Ich begrüße die staatsmännische Entscheidung des Vorsitzenden Chruschtschow."

So endet, mit zwei Radioreden, in denen das Wort „Atomrakete" nicht einmal vorkommt, sowie mit einem geheimen, in keinem internationalen Vertrag geregelten zusätzlichen Versprechen, die „gefährlichste Krise in der Geschichte der Menschheit" (ein Berater Kennedys).

Zwar bleibt noch bis zum 20. November 1962 die Alarmstufe DEFCON-2 bestehen. Zwar verlässt die letzte Atomrakete erst am ersten Weihnachtstag 1962 auf einem Frachter Kuba (die Sowjetunion zieht vorsichtshalber auch die taktischen Atomwaffen mit der kurzen Reichweite ab, von denen die Amerikaner ja nie etwas erfahren haben).

Und wartet Kennedy tatsächlich einige Monate, bevor die Jupiter-Raketen demontiert werden (ohne dass die Regierung der Türkei ernsthaft protestiert).

Doch der Druck der Militärs, vor allem in Washington, auf jeden Fall einen Krieg zu beginnen, ist mit dem 28. Oktober 1962 schlagartig verschwunden.

Und die Gefahr, dass übernervöse Soldaten ohne Rücksprache mit ihren Hauptstädten Atomwaffen abfeuern, ist gebannt – eine Gefahr, die viel größer war, als sich das Kennedy und

**LITERATURTIPP**

**»The Presidential Recordings, John F. Kennedy, The Great Crises«**
Die drei Bände enthalten die Protokolle aller heimlich von US-Präsident Kennedy aufgenommenen Beratungen – Dialoge aus dem Herzen des Weißen Hauses, besonders zur Kubakrise (W. W. Norton & Company).

**IN KÜRZE**

Als die US-Regierung im Oktober 1962 von der Stationierung sowjetischer Atomraketen auf Kuba erfährt, fordert sie deren sofortigen Abzug – was Moskau verweigert. In der folgenden Krise, die sich aufgrund von Kommunikationsproblemen noch verschärft, versetzen beide Seiten ihr Militär in Alarmbereitschaft und drohen mit einem Atomschlag. Nach zwölf Tagen lenkt die UdSSR schließlich ein – die Gefahr eines Dritten Weltkrieges ist vorerst gebannt.

Chruschtschow je haben ausmalen können. Die Geschichte des Kommandanten von U-Boot „B-59" beispielsweise wird erst 40 Jahre später von einem der Augenzeugen an Bord enthüllt.

Trotz des enormen Glücks, das er in der Krise hat, sind diese zwei Wochen für Kennedy nicht nur die dramatischsten, sondern auch die souveränsten Tage seiner Präsidentschaft.

Seine Berater, selbst sein brillanter Bruder Robert, haben oft binnen Stunden ihre Meinung fundamental geändert. Seine Generäle wären sogar blind in einen Atomkrieg gestürzt – gleichgültig gegenüber den politischen Folgen ihres Vorgehens und ahnungslos, wie groß das sowjetische Arsenal auf Kuba wirklich war.

Kennedy aber, mit seinem Zögern, mit seinem Bemühen, Chruschtschow Raum für Verhandlungen zu gewähren, obwohl er den Mann für einen Lügner hält und ihm dessen Motive rätselhaft bleiben, hat beiden Seiten die Atempausen und die unkonventionellen Kontakte (über Agenten und Journalisten, mit geheimem Versprechen) verschafft, die notwendig waren, um einen Kompromiss auszuhandeln.

Er hatte die Autorität, seine Militärs, wenn auch mühsam, selbst in dramatischen Augenblicken wie nach dem Verlust der U-2 zurückzuhalten. Und er zeigte im richtigen Moment die Bereitschaft für einen Ausgleich sowie Mut und Geschick, einen unpopulären Beschluss in einem Moment höchster patriotischer Erregung und Kriegsfurcht durchzusetzen.

So wird die Kubakrise, in der zwei Männer die Welt an den Rand des Atomkrieges stoßen und dann wieder retten, schnell zur Legende. Wird die knapp abgewandte Katastrophe zum Mythos vom jungen, mutigen Präsidenten, der dem polternden Kremlherrn besonnen und unbeirrbar Einhalt gebietet.

Niemand spürt das besser als John F. Kennedy selbst. Noch am Abend des 28. Oktober 1962 sagt er zu seinem Bruder Robert: „Ich sollte ins Theater gehen."

Ein finsterer Scherz, der auf das Ende des legendären US-Präsidenten Abraham Lincoln anspielt. Der hatte knapp 100 Jahre zuvor unter unendlichen Opfern den Amerikanischen Bürgerkrieg gewonnen. Und war endgültig zum Mythos geworden, als er kurz nach dem Sieg in einem Theater von einem Attentäter ermordet wurde.

Gut ein Jahr später ist John F. Kennedy tot. ◊

Panik scheint US-Präsident John F. Kennedy zu treiben, als er am 21. April 1961 ein Memorandum an seinen Vize Lyndon B. Johnson schreibt: Es müsse doch möglich sein, die Sowjetunion irgendwie zu schlagen! Vielleicht mit einem Astronauten auf dem Mond? Denn es ist etwas geschehen: Der erste Mensch im All ist ein Russe; Jurij Gagarin hat in 89 Minuten mit der Raumkapsel „Wostok 1" einmal die Erde umrundet.

Um diese Schmach wettzumachen, wendet sich die US-Regierung an die Weltraumbehörde NASA und deren leitenden Raketeningenieur Wernher von Braun – jenen preußischen Freiherrn, der für Adolf Hitler die berüchtigte „Vergeltungswaffe" V2 entwickelt hat und nach Kriegsende vom amerikanischen Militär nach Texas geholt worden ist.

Von Braun erklärt, man könne noch vor Ende des Jahrzehnts einen Mann auf den Mond bringen – und so den mysteriösen Kopf des sowjetischen Weltraumprogramms übertrumpfen: Sergei Pawlowitsch Koroljow. Der arbeitet seit Jahren in einem Geheimlabor daran, den Vorsprung der UdSSR im Wettlauf um die Vormacht im All zu halten.

Bereits 1955 hat Kennedys Amtsvorgänger Dwight D. Eisenhower die Absicht verkündet, einen Forschungssatelliten in den Orbit zu bringen. Wernher von Braun hatte zuvor im Auftrag des US-Militärs eine Rakete konstruiert, die er nun zum Trägersystem für die Raumfahrt umbauen wollte.

Doch auch Koroljow tüftelte längst an einer Langstreckenrakete und dem Sprung ins All. Der Ingenieur war als angeblicher „Trotzkist" jahrelang in einem Lager interniert gewesen, nach seiner Entlassung 1944 aber zum Chefkonstrukteur des sowjetischen Raketenprogramms aufgestiegen. Die Arbeit von Brauns kannte er aus eigener Anschauung: Nach Kriegsende hatte er die Produktionsstätten der V2 in Deutschland inspiziert.

Mit dem Argument, ein aus dem All fotografierender Satellit sei das perfekte Spionagegerät, überzeugte Koroljow die Kremlführung, sein Raumfahrtprogramm zu starten – und triumphierte: Am 4. Oktober 1957 funk-

# WETTLAUF ZUM MOND

Weltraumpioniere: von Braun (l.), Koroljow

**Ihr Ziel ist der Erdtrabant: Zwei geniale Raketenkonstrukteure tragen den Kampf der Supermächte ins All**

TEXT: *Insa Bethke*

te der sowjetische Satellit „Sputnik" die ersten Signale aus dem All. Das „Space Race" der Supermächte hatte vor der Weltöffentlichkeit begonnen.

Erst Monate später konnte auch von Braun einen US-Satelliten in eine Umlaufbahn schießen. Bald darauf wechselte er zur neu gegründeten NASA – und arbeitete nun mit aller Kraft daran, als Erster ein bemanntes Raumschiff in den Orbit zu bringen. Doch wieder war Koroljows Team schneller. Im April 1961 flog Jurij Gagarin als erster Mensch durch das All.

Präsident Kennedy antwortet darauf nun mit einem milliardenschweren Anschub des kurz vor seiner Wahl ins Leben gerufenen „Apollo"-Programms: Es soll bis 1969 einen Amerikaner auf den Mond bringen. Hunderttausende Techniker und Wissenschaftler arbeiten für die NASA, von Braun ist verantwortlich für den Bau der „Saturn V", einer gigantischen Rakete, die imstande ist, ein Raumschiff bis zum Erdtrabanten zu transportieren.

Koroljow entwickelt ebenfalls eine solche Trägerrakete, die N1, muss aber gegen bürokratische Hindernisse und immer wieder um Geld für sein Vorhaben kämpfen: Die Sowjetführung schwankt in der Frage, welchen Wert sie der zivilen Raumfahrt beimessen soll, spaltet das Mondprogramm zudem in verschiedene, unkoordinierte Projekte auf.

Anfang 1965 stirbt der Raketenpionier überraschend. Die Parteiführung ahnt die Dimension dieses Verlusts: Sie ehrt den „Chefkonstrukteur" mit einem Staatsbegräbnis an der Kreml-Mauer – und gibt nun erst, da das ganze Land um ihn trauert, Koroljows Identität preis.

Ohne den genialen Wissenschaftler gelingen der Sowjet-Raumfahrt kaum noch Fortschritte, alle N1-Testflüge geraten zur Katastrophe. Und so steht am 20. Juli 1969 der Amerikaner Neil Armstrong als erster Mensch auf dem Mond – ins All getragen von der „Saturn V".

Die Sowjetunion versucht noch weitere fünf Jahre, mit den USA gleichzuziehen, dann stampft sie ihr Mondlandeprogramm ein.

Koroljows Raketen landen: auf dem Schrott. ◊

# Die WELT- VERNICH MASCH

Mehrmals entgeht die Erdbevölkerung während des Kalten Krieges knapp einem atomaren Waffengang. Doch was wäre geschehen, wenn in einem solchen Moment alles schiefgelaufen wäre? Die Kriegspläne beider Lager, die hochriskanten Mechanismen von Politik und Diplomatie, Geheimdienst und Militär, die tödlichen Waffensysteme: All das zusammen hätte leicht zur Katastrophe führen können

TEXT: *Martin Pfaffenzeller*

**M**ontag, 12. Oktober 1964, Moskau, Wohnkomplex am Kutusowskij Prospekt. Leonid Breschnew greift zum Telefonhörer und lässt sich mit einem Anschluss in Pizunda am Schwarzen Meer verbinden. Gemeinsam mit den anderen Verschwörern aus höchsten Kreisen der KPdSU sitzt Breschnew, Sekretär des Zentralkomitees und der zweite Mann der Sowjetunion, in seiner Moskauer Wohnung und leitet den Machtwechsel ein. Breschnews Putsch wendet sich gegen seinen langjährigen Förderer: den KPdSU-Parteichef Nikita Chruschtschow, der gerade Urlaub am Schwarzen Meer macht.

Breschnew sagt Chruschtschow am Telefon, dass er seinen Urlaub abbrechen und in die Hauptstadt kommen solle. Die Bauern in der Ukraine ernteten zu wenig Getreide. Die landwirtschaftliche Frage und andere Angelegenheiten duldeten keinen Aufschub, das Zentralkomitee müsse über die Lage beraten.

Doch das ist nur ein Vorwand: Tatsächlich wollen die Verschwörer Chruschtschow heimlocken, um ihn im Plenum des Zentralkomitees abzusetzen.

Breschnew muss sich eine Schimpftirade seines langjährigen Mentors anhören: Wieso er sich erdreiste, mitten im Urlaub zu stören – zumal diese Probleme durchaus warten könnten. Wenig später erfährt ein Vertrauter Breschnews jedoch,

**UNTERIRDISCHE** Kommunikationsstation der Nationalen Volksarmee der DDR in Brandenburg: NATO wie Warschauer Pakt hatten detaillierte Konzepte für einen Krieg ausgearbeitet. Sie sollten im Ernstfall Sicherheit geben – aber hätten die Lage auch rasant zuspitzen können

# TUNGS-INE

dass Chruschtschow ein Flugzeug bestellt hat, um am Morgen heimzufliegen.

**DIENSTAG 13. OKTOBER,** Milwaukee, Wisconsin. Die US-Präsidentschaftswahl am 3. November rückt näher, und die Kampagne des republikanischen Kandidaten Barry Goldwater ist in Schwierigkeiten. Er bereist Bundesstaaten, um seinen Rückstand auf Amtsinhaber Lyndon B. Johnson aufzuholen. Aber auch in Wisconsin merken die Leute, wie ungern er Hände schüttelt und Babys küsst.

Goldwater ist konservativ, wirbt für freie Märkte und niedrige Steuern. Außenpolitisch präsentiert er sich als Hardliner: „Wir sind im Krieg mit etwas Bösem, und das Böse ist der Kommunismus."

Doch er trifft die Stimmung der Wähler nicht. Viele Amerikaner trauern John F. Kennedy nach, der sie durch die Kubakrise gelotst hat und vor einem knappen Jahr ermordet worden ist. Nun folgen sie seinem Nachfolger, dem früheren Vizepräsidenten Johnson.

Andere Bürger sorgen sich um ihre Jobs und wünschen sich ein Ende der Rassenunruhen, die in New York, Chicago und anderen Städten in diesem Sommer wieder aufgeflammt sind. Kommunisten, die angeblich nach der Weltherrschaft streben, wie Barry Goldwater behauptet, haben mit ihrer Lebenswelt nichts zu tun.

Wieder andere fürchten die Atombombe, wollen eine Entspannungspolitik.

Amtsinhaber Johnson besitzt ein Gespür für diese Furcht – und er nutzt sie: Im September lässt er einen Werbespot ausstrahlen, in dem ein Mädchen die Blätter eines Gänseblümchens abzupft. Plötzlich ertönt eine Männerstimme im Off und zählt einen Countdown herunter. Die Kamera zoomt auf das Auge des Mädchens, dann explodiert eine Atombombe im Bild.

Der Spot endet mit den Worten: „Wählt am 3. November Johnson. Der Einsatz ist zu hoch." Die Botschaft: Wenn Goldwater an die Macht kommt, spielt er mit dem roten Knopf.

Der Werbespot scheint die Wähler zu überzeugen. In den Umfragen liegt der Republikaner deutlich zurück. Goldwater zweifelt an sich. Vertraute berichten, dass er nicht mehr an den Sieg glaubt.

**MITTWOCH, 14. OKTOBER,** Kreml. Seit fast zwei Tagen muss sich Chruschtschow nun schon anhören, wie die 23 Mitglieder des Präsidiums des Zentralkomitees einer nach dem anderen mit ihm abrechnen. Sie geben ihm die Schuld daran, dass die Landwirtschaft nicht genug produzieren kann. Sie werfen ihm vor, er sei schon mit der Berlinkrise falsch umgegangen und habe die Sowjetunion beim Kräftemessen um Kuba weltweit blamiert.

Am unzufriedensten aber sind die Verschwörer damit, dass Chruschtschow im Alleingang regiert und wie er mit verdienten Genossen umgeht. Manche hat er grundlos versetzt oder entlassen. Andere hat er beschimpft. Breschnew zählt in seiner Rede zu Beginn der Beratungen die Beleidigungen „Idiot", „Nichtsnutz", „Faulpelz", „Waschlappen", „Scheißkerl" und „Arschloch" auf, mit denen der KP-Chef Funktionäre bedacht hat.

Chruschtschow gibt auf. Am Ende seiner vierstündigen Entgegnung sagt er: „Ihr habt euch versammelt, schmiert mich mit Scheiße ein, und ich kann nicht widersprechen." Dann ersucht er das Plenum des Zentralkomitees schriftlich, ihn zu entlassen. Als Begründung gibt er an, dass sein Gesundheitszustand den Belastungen nicht mehr gewachsen sei.

**DIE PLÄNE** der Großmächte sahen Mitteleuropa als Hauptschlachtfeld eines nuklearen Konflikts – und Deutschland als Opfer der ersten Schläge. Das Resultat eines solchen Krieges: nie gekannte Zerstörung (Bunker des sowjetischen Oberkommandos südlich von Berlin)

Das am Abend einberufene Plenum stimmt zu, Chruschtschow ist fortan Rentner. Die Sowjetunion hat einen neuen Anführer: Leonid Breschnew.

Sonntag, 18. Oktober, Flugplatz Altengrabow, DDR, 14.50 Uhr. Ein Pilot der sowjetischen Luftwaffe spurtet zu einem Abfangjäger des Typs MiG-19. Während er in die Maschine klettert, erfährt er von seiner Mission. Ein US-Bomber ist 30 Kilometer in den Luftraum der DDR eingedrungen – und er soll ihn abschießen.

Damit seine MiG schneller Höhe gewinnt, startet der Pilot mit Nachbrenner. Wenige Minuten später hat er den US-Jet im Visier: eine Douglas RB-66C, ein Flugzeugtyp, der als Bomber gebaut wurde, nun aber meistens Aufklärungsflüge übernimmt. Die Sowjettruppen in der DDR halten gerade ein Manöver nahe der Grenze zur Bundesrepublik Deutschland ab, die US-Maschine fliegt genau über dem Trainingsgebiet.

Der Pilot schießt eine Luft-Luft-Rakete ab und trifft das linke Triebwerk der Douglas. Er feuert noch eine Salve mit Bordkanonen auf das rauchende Flugzeug, dreht dann ab.

Aus dem Augenwinkel sieht er, dass die drei US-Piloten ihre Schleudersitze ausgelöst haben und mit Fallschirmen zu Boden gleiten. Ihre Maschine zerschellt nahe dem Dorf Estedt.

Sechs Wochen zuvor hat die Sowjetluftwaffe bereits ein US-Flugzeug im Luftraum der DDR abgeschossen. Drei US-Piloten kamen damals ums Leben.

Die amerikanische Regierung verurteilte den Abschuss damals als brutalen Akt und vermutete, die Crew habe bei einem Übungsflug die Orientierung verloren. Doch die Militärs des Warschauer Paktes zweifelten diese Erklärung an.

Nun also der nächste Vorfall. Die Sowjetgeneräle in der DDR schreiben einen besorgten Bericht an den Generalstab in Moskau.

Dann erhöhen sie die Alarmbereitschaft der Truppen – und verlegen noch mehr Panzer in das Übungsgebiet nahe dem Eisernen Vorhang.

**MONTAG, 19. OKTOBER,** Belgrad, 11.34 Uhr. Ein kleines sowjetisches Passagierflugzeug dreht eine Schleife um die jugoslawische Hauptstadt und nähert sich der Landebahn. Der Pilot fliegt durch dichten Nebel – zu tief. Die Maschine kracht in den bewaldeten Avala-Berg und geht in Flammen auf. Alle 33 Insassen sterben.

Um den Absturz entspinnen sich in Moskau schnell Verschwörungstheorien. Denn unter den Toten befinden sich hochrangige Offiziere, die zur Feier der Befreiung Belgrads von den Nationalsozialisten anreisen wollten, darunter der Chef des Generalstabs Sergej Birjusow.

War der Höhenmesser manipuliert? Hat die CIA den Crash verursacht? Die Sowjetgeheimdienste sind alarmiert.

Zum Nachfolger Birjusows wird Matwej Sacharow ernannt. Der General hat unter Stalin gekämpft und leitete die sowjetische Militärakademie – nur wenige prägen die Strategie Moskaus im Kalten Krieg so sehr wie er.

Am selben Tag steht Lenoid Breschnew auf einem Podium an Moskaus Rotem Platz und ehrt mit einer Militärparade vor Zehntausenden drei aus dem All zurückgekehrte Kosmonauten.

Er nutzt seinen ersten öffentlichen Auftritt als Chef der KPdSU gleich für eine Grundsatzrede. „Die Menschen der Sowjetunion sehen es als ihre internationale Pflicht an, den Kampf der Völker gegen Imperialismus, Kolonialismus und Neokolonialismus und für Freiheit, Frieden und Sozialismus zu unterstützen", ruft Breschnew ins Mikrofon.

Schon jetzt finanziert die UdSSR Rebellen in Afrika, Lateinamerika und Südostasien, um die USA und Westeuropäer aus den Ländern der Dritten Welt hinauszudrängen.

**MITTWOCH, 21. OKTOBER,** Kaunas, Litauen. Tausende Demonstranten ziehen durch die baltische Stadt und skandieren „Freiheit für Litauen!" und „Nieder mit der Sowjetunion!".

Vier Tage zuvor hat sich ein junger Arbeiter Benzin über den Kopf gekippt und angezündet, direkt vor dem Musiktheater. In der Nähe fanden Passanten einen Notizblock mit seiner Handschrift: „Für meinen Tod ist das totalitäre politische System verantwortlich zu machen."

Viele Litauer empfinden die Herrschaft der UdSSR als fortgesetzte Besatzung, der 19-Jährige wird nun zur Symbolfigur ihres Protestes. Dazu kommt, dass die Behörden seine Familie gezwungen haben, zwei Stunden früher als geplant mit der Trauerfeier zu beginnen.

Für Freunde und Bekannte eine Provokation. Sie vermuten, dass die moskautreue Führung der litauischen Sowjetrepublik den Aufruhr um die Selbstverbrennung möglichst kleinhalten will. Tausende sind zusammengekommen, um gegen die Sowjetunion zu protestieren.

Die örtliche Polizei wird der Lage nicht Herr. Am folgenden Tag landen sowjetische Fallschirmjäger in Kaunas und knüppeln die anhaltende Revolte nieder. Sie nehmen 402 Menschen fest, sieben werden später wegen „Rowdytums" zu mehrjährigen Haftstrafen verurteilt.

Die Jugendlichen von Kaunas erinnern viele Litauer an den Widerstand der „Waldbrüder" nach dem Zweiten Weltkrieg. Im ganzen Baltikum führten Partisanen damals Anschläge gegen die sowjetische Besatzung aus.

Litauische Bauern unterstützten die Kämpfer mit Brot und Schlafplätzen, bis Moskau die Bewegung niederschlug. Doch immer noch harren einige bewaffnete Waldbrüder in ihren Verstecken aus.

**SONNTAG, 25. OKTOBER,** Stanleyville, Kongo. Im Radio verkündet ein Sprecher der aufständischen Simba-Kämpfer, sie hätten einen US-Major gefangen genommen. Paul Carlson soll spioniert haben, ein Tribunal werde ihn verurteilen.

Als 18-Jähriger ist Carlson einst für die US-Marine zur See gefahren, doch mittlerweile arbeitet der Mediziner im Nordkongo als Chirurg in einem Missionskrankenhaus. Die linksnationalistischen Simba – die vor allem im Osten

des Kongo aktiv sind und mit der Zentralregierung im Westen um die Macht kämpfen – haben Carlson gefoltert und in ihre Bastion Stanleyville verschleppt.

Er ist nun das Gesicht der Kongo-Krise – und des Ringens der Supermächte um Zentralafrika. Der Kongo ist reich an Diamanten, Uran und Kupfer: Rohstoffen, die gegen Waffenlieferungen getauscht werden können. Das Land hat zudem große geopolitische Bedeutung: Wer den Kongo kontrolliert, kontrolliert das Herz des Kontinents.

Die USA unterstützen einen prowestlichen Armeeführer mit Aufklärungsflugzeugen und Söldnertruppen. Die Sowjetunion dagegen hat dem politischen Erben des ermordeten Linksnationalisten Patrice Lumumba 250 000 Dollar geschickt. Und China liefert den Simba-Kämpfern Flugabwehrwaffen.

Donnerstag, 29. Oktober, Harrisburg. Barry Goldwater reist per Eisenbahn durch Pennsylvania und hält auf jedem Kleinstadtbahnhof eine kurze Rede. Endlich hat er sein Thema gefunden: wie der Amtsinhaber außenpolitisch versagt.

Er zählt die krisenhaften Ereignisse der letzten Monate auf: Im Kongo foltern Buschkämpfer einen amerikanischen Missionsarzt, in Deutschland schießen Sowjetjäger einen US-Jet ab. In Litauen knüppeln Militärs Proteste nieder. In amerikanischen Städten werfen schwarze Bürgerrechtler Flaschen auf Polizisten – vielleicht vom KGB angestachelt.

Dazu kommen noch weitere Tiefschläge, die die Amerikaner nach Goldwaters Auffassung beunruhigen sollten: Vor Vietnams Küste haben linke Vietcong Torpedos auf einen US-Zerstörer abgefeuert. In Südostasien verfolgt Indonesien einen aggressiven Kurs gegen Malaysien, das es für eine Marionette des Westens hält.

In Mittelamerika protestieren Studenten mit Gewalt gegen die Macht der USA über den Panamakanal, und Heckenschützen schießen dort auf patrouil-

**DIE NATO** wollte nach dem Ausbruch von Kämpfen sofort mit Nuklearraketen strategisch wichtige Orte im Osten angreifen: Städte in Polen, der Tschechoslowakei, der DDR – und Westberlin (Schlafraum eines Atomschutzbunkers unter dem Berliner Kurfürstendamm)

lierende GIs. Und vor wenigen Tagen, am 16. Oktober, haben chinesische Wissenschaftler erstmals erfolgreich eine nukleare Bombe gezündet; Mao Zedong verfügt damit über Atomwaffen.

Der Kommunismus rüste weltweit zum Endkampf, so Goldwater, und Präsident Johnson reagiere nicht. Er sei entweder naiv oder böswillig.

Die 1500 Zuschauer in Harrisburg jubeln dem Herausforderer zu.

**FREITAG, 30. OKTOBER,** Weißes Haus, Washington, D. C. Die Berater von Lyndon B. Johnson sorgen sich. Vor nicht einmal drei Wochen schien die Wahl entschieden und das Verhältnis zum Ostblock einigermaßen entspannt. Dann hat Breschnew geputscht, und in kürzester Zeit sind mehrere Krisen ausgebrochen. Vietnam, Panama, Indonesien und der Kongo haben wohl wenig miteinander gemein, aber sie alle schwächen die USA.

Die Strategen rätseln. Hat Breschnew seine Geheimdienste ermuntert, in der Peripherie neue Kriegsschauplätze zu schaffen? Oder hat er keine Kontrolle über seinen Apparat? Will er seinen innenpolitischen Konkurrenten Entschlossenheit demonstrieren? Oder sucht er vielleicht tatsächlich eine Konfrontation?

Wie dem auch sei: Die einzelnen Krisen setzen sich nach Einschätzung der meisten Berater Johnsons zu einer Bedrohung für die westliche Welt zusammen.

Wenn Panama und Indonesien kippen, verlieren die USA die Kontrolle über den Panamakanal und den Zugang zur Straße von Malakka. Im Fall einer Blockade dieser beiden Wasserstraßen würde der Welthandel zusammenbrechen – und mit ihm die US-Wirtschaft.

Panamas Polizei hat fast nichts gegen die gewalttätigen Studenten unternommen: Wird sie von Moskau bezahlt?

In Indonesien spricht Präsident Sukarno, ein überzeugter Antiamerikaner, sogar von einer Achse Beijing–Pjöngjang–Hanoi–Phnom Penh–Jakarta. Für die USA ein geostrategischer Albtraum.

Und sollten sich die Sowjetmilitärs erst einmal im Kongo etablieren, droht

auch in Schwarzafrika ein Flächenbrand. Breschnew hat vor einiger Zeit Marokko, Guinea, Ghana und Indien bereist. Anschließend war der indonesische Präsident Sukarno zu Besuch in Moskau. Haben die Sowjetunion und Indonesien ein Bündnis gegen die USA vereinbart?

Geheimdienstberichte aus Osteuropa mehren die Sorgen der Sicherheitsexperten – denn der Warschauer Pakt hat tags zuvor sein Manöver in Ostdeutschland ausgeweitet: Nun rollen auch in der Tschechoslowakei, Polen und Ungarn Hunderte Kettenfahrzeuge Richtung Westen. Ist das noch eine Übung, oder ist da etwas ganz anderes im Gang?

Die Chefs von Marine, Heer und Luftwaffe drängen den Präsidenten, die US-Atomstreitkräfte zu alarmieren.

B-52-Bomber mit Nuklearsprengköpfen befinden sich ohnehin ständig in der Luft, und U-Boote mit Atomraketen kreuzen vor den Küsten der UdSSR. Beides soll sicherstellen, dass die USA einen Erstschlag Moskaus jederzeit vergelten könnten – gleichgültig, wie verheerend sie getroffen würden.

Doch die Generäle wollen ihr ganzes Arsenal einsatzbereit haben, um der Sowjetführung zur Not zuvorzukommen. Sie raten zur Bereitschaftsstufe „Defense Condition 2" – zum ersten (und bislang einzigen) Mal geschah das zwei Jahre zuvor, während der Kubakrise.

DEFCON-2 bedeutet: Alle Raketen und Bomber der USA müssen binnen sechs Stunden kampfbereit sein.

Johnsons Wahlkampfmanager empfiehlt dem Präsidenten eine öffentliche Drohung an Moskau – vielleicht in einer Radioansprache. So könne er auch die Attacken Goldwaters abwehren, der in den Umfragen aufholt. In der Kubakrise habe sich Kennedy mit solchen Ansprachen als Mann der Tat inszeniert.

Doch Johnson scheut einen Kurswechsel vier Tage vor der Wahl. Auf die Bürger könnte die Radiosendung wirken, als ob er einen Fehler eingestehe oder Panik bekommen habe. Diesen Eindruck will er unbedingt vermeiden. Der Präsident hat eine andere Idee. Er will Breschnew persönlich davon überzeugen, dass es für beide Supermächte besser wäre, wenn er seine Verbündeten in der Dritten Welt zurückpfiffe, zumindest die nächsten vier Tage bis zur Wahl.

Danach könne man in Ruhe über weitergehende Schritte reden.

Damit sie nicht mehr wie in der Kubakrise über Mittelsmänner und Radioansprachen zu kommunizieren brauchen, haben die Supermächte ein Jahr zuvor eine sichere Fernschreiberverbindung zwischen Weißem Haus und Kreml eingerichtet: den „heißen Draht".

Johnson setzt auf ein Telefonat mit Breschnew, der sich nach Presseberichten bei Besuchen in Finnland und Jugoslawien als angenehmer Gesprächspartner erwiesen hat. Johnson lässt über den heißen Draht signalisieren, er wolle möglichst rasch mit dem KPdSU-Chef reden; einen Grund aber nennt er nicht.

Der US-Präsident folgt gleichzeitig aber auch dem Vorschlag der Generäle, die Nuklearstreitkräfte zu alarmieren – nicht etwa, weil er tatsächlich mit einem Krieg rechnet, sondern um Breschnew zu zeigen, dass er es ernst meint.

Bei der Kubakrise hat diese Form der Diplomatie vor zwei Jahren funktio-niert: Nach dem DEFCON-2-Befehl knickte Chruschtschow ein und zog die Atomraketen von der Insel ab. Allerdings entwickelte dieser Befehl seine Wirkung auf Moskau damals nur deshalb, weil der Chef der Atombomberstaffeln den Befehl im Klartext ausgab – als eindeutige Drohung an die Sowjetunion.

Vielleicht weisen die Generäle nicht noch einmal auf diesen Zusammenhang hin, jedenfalls versäumt Johnson es, den Klartext ausdrücklich zu befehlen. Also funken die Militärs die Order für DEFCON-2 verschlüsselt, wie es für solche Anweisungen üblich ist.

**SAMSTAG, 31. OKTOBER,** Moskau, 11.20 Uhr. Breschnew verweigert dem US-Präsidenten das Telefonat, er hält ihn hin.

Da Johnson zum ersten Mal überhaupt ein direktes Telefonat mit der Gegenseite wünscht, habe die Sowjetführung noch keine Erfahrung, wie damit umzugehen ist. Breschnew hält das erste Gespräch zweier Machtmenschen für entscheidend für ihre Beziehung: Wer sich auf den Zeitplan des anderen einlässt, verliert diplomatisches Gewicht.

Warum also nicht warten? Derzeit herrscht ja keine sofort zu lösende Krise.

Zudem hat er seinem inneren Zirkel versprochen, auf Alleingänge wie zu Zeiten Chruschtschows zu verzichten. Daher will er sich vor dem Telefonat mit dem Präsidium absprechen. Das Gremium trifft sich einmal wöchentlich – bis zur nächsten Sitzung sind es noch drei Tage.

Der KPdSU-Chef entscheidet, dass sich Johnson gedulden kann.

Sonntag, 1. November, Südvietnam, US-Stützpunkt Bien Hoa, 00.26 Uhr. Mörsergranaten prasseln auf den Flugplatz 25 Kilometer nordöstlich von Saigon, der Hauptstadt Südvietnams.

Die USA haben hier vor drei Jahren Bomber und Schulungsflugzeuge stationiert, um die mit ihnen verbündeten Truppen des Landes auszubilden. Seit kommunistische Vietcong im August 1964 einen US-Zerstörer mit Torpedos beschossen haben, fliegt die US-Luftwaffe auch selbst Angriffe gegen die Stellungen der Guerillakämpfer.

Der Granatenhagel dauert eine knappe halbe Stunde, er beschädigt 27 Flugzeuge und Helikopter und tötet vier GIs, 70 weitere werden verwundet.

Barry Goldwater hat im Wahlkampf gefordert, den US-Befehlshabern in Vietnam freie Hand für den Einsatz von Atomwaffen zu geben – eine Forderung, die mit jedem toten US-Amerikaner nun mehr Resonanz bekommt.

**MOSKAU,** Zentrale des sowjetischen Militärgeheimdienstes, 10.00 Uhr. Experten betrachten frisch entwickelte Satellitenfotos und stutzen: Auf den Bildern ist zu sehen, dass fast alle amerikanischen Atom-U-Boote ihre Häfen verlassen haben. Zudem stehen etliche Bomberstaffeln startklar auf den Flugfeldern. Und neben den Silos für die Langstrecken-Raketen parken mehr Lastwagen als sonst.

Die Bilder sind mindestens einen halben Tag alt. Der künstliche Erdtrabant ist mit den Filmrollen vor acht Stunden in der kasachischen Steppe gelandet, manche Fotos hat der Satellit zu Beginn seiner siebentägigen Mission im Orbit der Erde aufgenommen.

Vielleicht stehen die Bomber wieder in ihren Hangars – oder sie fliegen schon über die Arktis. Der Warschauer Pakt besitzt noch kein Radarsystem, das Langstreckenraketen und Tiefflieger frühzeitig erkennt. Er ist blind.

Immerhin vernimmt er etwas: Die Abhörstation der DDR auf dem Gipfel des Brocken fängt seit Tagen ungewöhnlich viele verschlüsselte Funksprüche der NATO-Kommandozentralen ab – und übermittelt die Aktivität nach Moskau.

Der Geheimdienstchef alarmiert General Matwej Sacharow, den neuen Generalstabschef der Sowjetunion.

Der pocht auf eine Eilsitzung des Verteidigungsrates.

**MOSKAU,** Haus des Zentralkomitees der KPdSU, 15.30 Uhr. In dem Gebäude am Staraja-Platz haben sich drei Dutzend Männer versammelt, darunter Leonid Breschnew, das Präsidium des ZK sowie Geheimdienstler und Generäle.

KGB-Chef Wladimir Semitschastnij berichtet von einem Spion mit Codenamen „George", den der KGB in einen US-Luftwaffenstützpunkt neben dem Pariser Flughafen Orly eingeschleust hat.

In der Poststelle des Stützpunktes entschlüsseln Nachrichtenoffiziere Botschaften für das europäische Hauptquartier der NATO in Rocquencourt bei Versailles. In der Nacht hat George eine Nachricht übermittelt: Die USA haben ihre Nuklearstreitkräfte in DEFCON-2

versetzt, Europas Armeen sollen sich auf einen möglichen Konflikt einstellen.

Semitschastnij erinnert an die Kubakrise. Damals habe ein US-General den DEFCON-2-Befehl unverschlüsselt gesendet: Er wollte offenbar, dass es die Sowjetführung erfährt.

Doch diesmal senden die Amerikaner den Befehl codiert – und das nur wenige Tage nachdem der Chef des sowjetischen Generalstabs bei einem mysteriösen Flugzeugabsturz ums Leben kam. Dazu die Aufklärungsflüge über Osteuropa. Ging es da vielleicht gar nicht um das Manöver, sondern darum, Ziele für den Erstschlag auszukundschaften?

Viele Männer im Verteidigungsrat haben die „Operation Barbarossa" miterlebt, den unerwarteten Überfall NS-Deutschlands auf die UdSSR 1941. Sie wollen nicht erneut überrumpelt werden.

Planen die USA und deren Verbündete einen überraschenden Luftschlag, um das Raketenprogramm der Sowjetunion auszuschalten? Die Erfolgsaussichten wären gar nicht schlecht: Die Panzerung der meisten Raketensilos kann einer Atombombe nicht widerstehen.

Oder bereitet die NATO gar einen Großangriff mit ihrer ganzen Streitmacht

**ABHÖRANLAGE** des amerikanischen Geheimdienstes NSA in der Nähe von Rosenheim: Die Supermächte sammelten unzählige Informationen über den Gegner. Doch die Interpretation des Materials war mitunter schwierig – und ließ Raum für fatale Missverständnisse

vor, um die UdSSR zu zerschlagen und die Bedrohung für immer zu beseitigen?

Moskaus Strategen fühlen sich eingekreist. Im Norden liegen nur gut 1000 Kilometer zwischen Oslo, Hauptstadt des NATO-Mitglieds Norwegen, und Leningrad. Im Süden trennt nur das Schwarze Meer die Krim vom NATO-Land Türkei.

Und in Mitteleuropa steht eine 420 000 Mann starke Armee, geführt von vielen früheren Offizieren der Wehrmacht: die Bundeswehr. Von Bonn sind es nur 2000 Kilometer nach Moskau.

Die Sowjetgeneräle glauben, dass sich ein Krieg der Supermächte in Europa entscheiden wird – so wie in den Weltkriegen 1918 und 1945. Dort kann die UdSSR ihre Armeen ins Feld werfen, ohne von den Flugzeugträgern und U-Booten der US-Marine blockiert zu werden. Dort stehen die größten NATO-Armeen außerhalb Nordamerikas.

Oberbefehlshaber Sacharow versichert, dass ein Sieg möglich sei. Dazu müsse sich die UdSSR allerdings der Logik des Nuklearzeitalters unterwerfen: wenn Krieg, dann Atomkrieg; wenn Atomkrieg, dann Weltkrieg. Und: Wer zuerst zuschlägt, ist im Vorteil.

Sacharow hält ein Plädoyer für einen Angriff, die Pläne dafür sind vorbereitet. Er garantiert, dass Luftabwehrtruppen den Großteil der gegnerischen Bomber und Raketen abfangen werden. Falls doch Sprengköpfe die UdSSR erreichen sollten, könnte sich das Land auf seine Bunker und Evakuierungspläne für die Zivilbevölkerung verlassen.

Doch Breschnew zögert. Er hat den Schrecken des Zweiten Weltkrieges erlebt. Als gelernter Ingenieur weiß er

genau, wie unaufhaltsam und zerstörerisch Atomraketen sind. Gibt es wirklich keinen Ausweg? Er will hören, was Präsident Johnson zu sagen hat.

Dann beginnt er plötzlich zu zittern – und bricht zusammen.

Breschnew leidet an Schlaflosigkeit und nimmt regelmäßig Beruhigungstabletten. Der Stress der Machtübernahme hat ihm zugesetzt. Die Krise ist zu viel für seine Nerven. Doch das Telefonat ist bereits vereinbart.

**W**ashington, 10.30 Uhr, (Moskau, 18.30 Uhr). Präsident Johnson ist überrascht, als ihm ein Mitarbeiter eröffnet, Breschnew sei nicht zu sprechen. Stattdessen warte Ministerratspräsident Alexej Kossygin am Telefon.

Johnson bezweifelt, dass Breschnew wirklich zu krank für ein Gespräch ist. Hat es in Moskau wieder einen Putsch gegeben? Ist das Gespräch deshalb verschoben worden? Schickt die Sowjetführung ihren Ministerratspräsidenten vor, um ihn zu täuschen? Immerhin hat Kossygin sich nach der Kubakrise als Brückenbauer zu den USA versucht.

Johnson nimmt den Hörer, die Simultanübersetzer lauschen. Der US-Präsident fordert, dass die UdSSR alle verdeckten Operationen in Asien, Lateinamerika und Afrika sofort abbricht.

Kossygin streitet ab, dass die Sowjetunion irgendetwas mit den Krisen zu tun habe. Er spricht umgekehrt von einem gegnerischen Kreis um die Sowjetunion, vom Absturz des Marschalls Birjusow, vom Aufruhr in Litauen. Die UdSSR

behalte sich vor, entsprechende Maßnahmen zu ergreifen, wenn die USA ihre Aggressionen nicht beendeten.

Der US-Präsident verlangt, Breschnew zu sprechen. Als Kossygin wiederholt, das sei unmöglich, legt Johnson auf.

Hat ihm der Ministerratspräsident tatsächlich mit Krieg gedroht? Die Krise ist viel schwerer, als er angenommen hat.

Plötzlich rückt der Wahlkampf gegen Goldwater in den Hintergrund. Was, wenn die Sowjetführung wirklich einen Großangriff plant und nicht nur Scharmützel an der Peripherie?

Der Präsident wird in Sicherheit gebracht. Per Hubschrauber fliegt er zum 100 Kilometer nördlich gelegenen Raven Rock Mountain. Dort liegt, tief im Granit des Berges, der Regierungsbunker.

**MOSKAU, 19.00 UHR.** Alexej Kossygin berichtet dem Parteipräsidium von dem angespannten Telefonat. Ratlosigkeit: Wieso redet Johnson über den Kongo, wenn er seine Atomwaffen scharf macht?

Da ergreift Michail Suslow das Wort. Obwohl er nicht in der ersten Reihe steht, ist der Chefideologe einer der mächtigsten Männer im Parteipräsidium.

Er sehe, wie sich der Imperialismus ausbreite, so wie von Lenin beschrieben. Er fordere das Präsidium daher zum Kampf auf – wenn die UdSSR jetzt nachgebe, sei sie verloren. Wenn sie aber siege, könne sie eine weltweite Epoche des Friedens und des Sozialismus einläuten.

Zumal die USA offenbar einen Angriff vorbereiteten – was sonst würden die Meldungen über DEFCON-2 und die in Bereitschaft versetzten Bomberstaffeln bedeuten? Soll sich die Führung

**IM KRIEGSFALL** sahen die NATO-Pläne vor, weite Gebiete in Nord- und Süddeutschland preiszugeben. Erbittert verteidigen hingegen wollte das Bündnis den Raum nördlich von Fulda, wo der Hauptangriff der Truppen des Warschauer Pakts erwartet

der KPdSU wehrlos den Imperialisten ergeben? Sich übertölpeln lassen wie einst von Hitlers faschistischen Truppen?

Ohne Breschnew sind die liberalen Mitglieder des Parteipräsidiums von dem 61-jährigen Suslow eingeschüchtert.

Zwar wissen sie, dass ein von Moskaus Erstschlag provozierter US-Gegenangriff Millionen ihrer Landsleute das Leben kosten würde. Die Abwehr von Flugkörpern ist noch nicht so gut wie gewünscht – erste Abfangraketen sollen zwar auf der nächsten Militärparade präsentiert werden, tatsächlich funktionieren die Systeme aber noch nicht. Und in den Bunkern ist nicht genug Platz für die Bewohner der Industriezentren.

Aber selbst wenn alles wie geplant gelingen sollte: Was will die Sowjetunion mit einem komplett zerstörten und verstrahlten Westeuropa?

Dennoch widerspricht keiner der Anwesenden dem groß gewachsenen Parteiideologen mit dem scharfen Blick.

Vielleicht fürchten sie, bei einer Gegenrede als Verräter hingerichtet zu werden – so wie es bei Stalin üblich war. Die Epoche Breschnews kollektiver Führung ist beendet, noch ehe sie begonnen hat.

Suslow sagt dem Generalstabschef Sacharow, er möge alles vorbereiten.

Der alarmiert nun die Truppen des gesamten Warschauer Pakts. Die sieben anderen Mitglieder des Bündnisses haben formal zwar eigene Generalstäbe – im Ernstfall unterstehen sie aber Sacharow.

Anschließend bricht das Parteipräsidium zur unterirdischen Bunkeranlage auf, die sich unweit des Kremls befindet.

**MONTAG, 2. NOVEMBER,** Zásmuky, Tschechoslowakei, 5.20 Uhr. Gut 3000 Sowjetsoldaten haben den Befehl zum Abmarsch erhalten und brechen nun in den Wäldern 50 Kilometer östlich von Prag auf. Eine Kolonne aus Hunderten Fahrzeugen rückt in Richtung Westen vor: die 35. Raketen-Brigade der UdSSR.

Auf Kettenfahrzeugen befinden sich Abschussvorrichtungen für Kurzstrecken-Raketen des Typs „Scud". Ihnen folgen eine mobile Wetterstation sowie Lastwagen, die knapp 50 Atomsprengköpfe geladen haben. Jeder von ihnen birgt so viel Zerstörungsenergie wie 50 Kilotonnen TNT – das ist viermal so viel wie bei der Bombe in Hiroshima.

Die Führung des Warschauer Paktes hat die Scuds für ihr Manöver aus der Westukraine in die Tschechoslowakei verlagern lassen.

Nun wird aus der Übung Ernst: Allein die Streitkräfte unter tschechoslowakischem Kommando sollen 41 nukleare Sprengköpfe in Richtung Süddeutschland abfeuern, um die Südflanke des Warschauer Paktes zu decken.

In den nördlichen Frontabschnitten, etwa um Hannover, sieht der Angriffsplan noch mehr Atomwaffen vor: Dort greifen die Elitearmeen der Sowjetunion an.

Auf den Rollbahnen im Westen der Sowjetunion starten die ersten Langstreckenbomber. Ihre Ziele sind Kommandozentralen und Kasernen, von denen sich viele mitten in den westdeutschen Städten befinden.

Eine Landstraße in Hessen, 7.20 Uhr. 120 Panzer rumpeln mit 45 km/h in Richtung Kassel. Die Panzerbrigade 6 ist Teil einer Division mit 200 Kampfpanzern und 250 Schützenpanzern. Der NATO-Verteidigungsplan von 1963 weist den Einheiten der Bundeswehr einen entscheidenden Auftrag zu: Sie sollen die 8. Gardearmee der Sowjetunion aufhalten, einen kampfstarken Eliteverband.

Und nun ist tatsächlich der Ernstfall eingetreten. Feindliche Panzerkolonnen, so hat die Luftaufklärung gemeldet, sind im Anmarsch auf die Grenze zur Bundesrepublik.

Die NATO-Strategen vermuten, dass der Gegner im Gebiet zwischen Kassel und Fulda angreift. Dort ragt die DDR in die Bundesrepublik hinein – der Rhein ist weniger als 200 Kilometer entfernt. Doch wenn die NATO hier zurückweicht, verliert sie mit ihrer Rhein-Main-Airbase bei Mainz einen wichtigen Flugplatz. Schlimmer noch: Ihre Front zerbricht in zwei Teile.

Die Mittelgebirge auf beiden Seiten der Grenze lassen für den Vorstoß der Sowjetpanzer nur eine Route zu: Sie startet auf der Höhe des ostdeutschen Eisenach und führt über die Grenze zwischen Fulda und Kassel. Anschließend windet sie sich nördlich und südlich um den Vogelsberg herum nach Frankfurt.

Im Süden der Bundesrepublik sollen sich Bundeswehr und Verbündete hingegen im Falle eines Angriffs zurückziehen. Nur schwache Kräfte würden sich Panzern des Ostblocks an der bayerisch-tschechischen Grenze entgegenstellen. Aufhalten will die NATO die angreifenden Armeen erst am Fluss Lech bei Augsburg. München würde kaum verteidigt.

In Norddeutschland liegt die geplante Abwehrlinie an der Weser – für den Schutz von Hamburg und Hannover sind kaum Truppen vorgesehen.

**RAVEN ROCK, 7.00 UHR** (in Deutschland 13.00 Uhr). CIA-Chef John McCone berichtet dem Präsidenten, dass ein Aufklärungsflugzeug mobile Abschussvorrichtungen für Scud-Raketen in der Tschechoslowakei fotografiert habe. Der Warschauer Pakt bereitet offenbar den Einsatz taktischer Atomwaffen vor.

In den Vereinbarungen unter den 15 NATO-Staaten ist ein Verfahren festgelegt, das für Abschreckung sorgen soll: Sobald der Ostblock Atombomben einsetzt, schlägt die NATO nuklear zurück.

Selbst bei einem konventionellen Großangriff will die Allianz sehr schnell mit kleinen Atomwaffen antworten – denn andernfalls fürchtet sie, überrollt zu werden: Über 30 000 Kampfpanzer hat der Warschauer Pakt in Mitteleuropa stehen, mehr als dreimal so viele wie die NATO. Dazu mehr Jagdflieger und mehr leichte Bomber.

Das letzte Wort über Atomwaffen in Europa hat der US-Präsident, nur er kann die *release hour* (Freigabe) auslösen und damit ihren Einsatz ermöglichen.

Sobald er das macht, setzt der NATO-Kommandeur in Europa den *strike plan* in Gang: Dutzende NATO-Bomber werfen Atombomben auf Kommandozentralen und Verkehrsknotenpunkte in Osteuropa ab. Viele der Ziele befinden sich auch im russischen Kernland. Der Krieg würde sich bis vor Moskau ausweiten; spätestens dann könnte niemand mehr mit einer besonnenen Reaktion der UdSSR rechnen – wer auch immer dort die Entscheidungen fällte.

Der US-Präsident muss davon ausgehen, dass die UdSSR mittlerweile über mehrere Hundert Interkontinentalraketen verfügt, die jeden Winkel der USA erreichen können. Während der Kubakrise zwei Jahre zuvor waren es nur 50.

Die US-Flugabwehr kann nur einen Bruchteil dieser Raketen abschießen. Zudem kreuzen Sowjet-U-Boote vor

**SOBALD DER US-PRÄSIDENT** den Einsatz von Atomwaffen freigegeben hätte, wäre der NATO-Oberbefehlshaber in Europa ermächtigt gewesen, den Abwurf zu befehlen. Damit wären alle NATO-Verbündeten zum Beistand verpflichtet gewesen (Hangar der britischen Royal Air Force)

Nordamerika, deren Atomraketen 1400 Kilometer weit reichen und nur wenige Minuten nach dem Abschuss über ihren Zielen explodieren würden. Die USA sind so verwundbar wie noch nie zuvor. Verweigert Johnson die *release hour*, kann er den Krieg vielleicht auf Europa beschränken. Opfert er Paris für New York?

Doch selbst das würde einen Nuklearkrieg kaum verhindern, denn Großbritannien hat auch Atomwaffen. Ist die Vernichtungsmaschine einmal angelaufen, kann sie keiner mehr stoppen.

Der Präsident lässt seinen Generälen mitteilen: Sobald die erste Detonation eines sowjetischen Atomsprengkopfs bestätigt ist, dürfen sie zurückschlagen.

Dies ist der Moment der *release hour*. In dem Augenblick, in dem die erste Bombe explodiert, herrscht Weltkrieg.

**EISENACH, DDR,** 14.00 Uhr. Auf dem von der NATO „Thüringer Balkon" genannten Gebiet, das in die Bundesrepublik hineinragt, warten Panzerkommandanten auf Befehle. Ihre Armeen haben nukleare Einsatzszenarien geübt: Sobald die westeuropäischen Kommandozentralen, Flugplätze und Kasernen atomar zerstört sind, preschen motorisierte Truppen durch das verstrahlte Mitteleuropa, nehmen Fallschirmjäger Stützpunkte und Brücken ein.

Die Sowjetstrategen gehen davon aus, dass die Fahrzeuge guten Schutz vor Strahlung und Hitze bieten. Die NATO-Truppen in Europa sollten dann ausgeschaltet sein – mit gegnerischen Luft- und Nuklearschlägen rechnen die Planer daher nicht.

Binnen sechs Tagen sollen die Armeen des Warschauer Paktes den Widerstand in Westdeutschland überwunden haben. Laut Plan erreichen tschechoslowakische Panzer Lyon am neunten Tag. Die DDR-Armee und die Sowjettruppen weiter nördlich sollen dann möglichst bis an den Ärmelkanal vorgerückt sein und Paris besetzt haben, so der Plan.

**NATO-HAUPTQUARTIER,** Rocquencourt, 15.30 Uhr. General Lyman Lemnitzer,

Oberkommandeur in Europa, ordnet an, mehrere Dutzend Kampfjets der Nuclear Strike Forces mit Atombomben zu bewaffnen – für den Fall, dass der Warschauer Pakt tatsächlich angreifen sollte.

NATO-Flugplatz Büchel, Eifel, 15.40 Uhr. Techniker montieren Atombomben aus US-Beständen an zwei Bundeswehr-Starfighter. Bonn hat der NATO zugesagt, binnen 15 Minuten nach einem Alarm vier Flugzeuge in der Luft zu haben. Die anderen beiden Maschinen starten in Nörvenich bei Köln.

Sie unterstehen direkt General Lemnitzer – der deutsche Verteidigungsminister und der Bundestag haben keine Mitsprache. Zusammen mit britischen und amerikanischen Kampfjets sollen die Starfighter zur Abschreckung dienen.

Das Kalkül lautet: Gerade weil der *strike plan* so vernichtend ist, wird der Warschauer Pakt schon nicht angreifen.

Was aber, wenn doch?

Dutzende Ziele für Atombomben befinden sich allein in der DDR: Stützpunkte der Nationalen Volksarmee, Brücken und Eisenbahnknoten – und Westberlin. Die NATO würde die Frontstadt des Kalten Krieges im Ernstfall aufgeben, um so zu verhindern, dass der Warschauer Pakt die Flugplätze Tegel und Tempelhof nutzt.

Hattenbach, bei Fulda, 15.50 Uhr. Zwei Pioniere der Bundeswehr tragen einen schweren Rucksack durch das Dorf. Sie gehen zu einer nahe gelegenen Autobahnauffahrt und schließen dort unter der Fahrbahn eine Tür auf. Der eine Pionier öffnet den Rucksack, gemeinsam wuchten sie einen 70 Kilogramm schweren Metallzylinder heraus und verkabeln ihn: eine Atommine.

Dann ziehen sich die Soldaten auf eine Hügelkette in der Nähe zurück und graben sich ein. Sie beobachten die Zufahrt. Einer hält einen Fernzünder für die Mine in seiner Hand. Drückt er auf den Knopf, explodiert ein Sprengsatz, der hundertmal mehr Energie freisetzt

als jede konventionelle Bombe. Von der Autobahnauffahrt bliebe nur ein glühender und verstrahlter Krater zurück.

40 Kilometer vor der DDR-Grenze stehen Raketenwerfer der US-Atomartillerie bereit. Sie sollen auf Zonen feuern, in denen die NATO vorrückende Panzer erwartet. Auf westdeutschem Gebiet verschießen die Raketenwerfer nur verhältnismäßig kleine Sprengköpfe. Doch klein heißt: Sie sind nur wenig schwächer als die Bombe von Hiroshima.

KLATOVY, Tschechoslowakei, 19.30 Uhr. Die sowjetischen Scud-Raketen befinden sich in den mobilen Abschussvorrichtungen. Meteorologen haben mit Ballons leichten Westwind gemessen, und die Techniker programmieren die Lenkwaffen nun auf ihre Ziele in Süddeutschland. Zwischen zwei Abschussrampen steht jeweils ein Kommandofahrzeug, in dem die Offiziere sitzen.

Jetzt richten sich die Rampen mit den gut elf Meter langen Raketen langsam auf, bis sie senkrecht stehen. Techniker reißen mit Seilen eine Isolationsdecke von den Raketenspitzen, die die Sprengköpfe vor Temperaturschwankungen geschützt hat. Dann rennen die Sowjetsoldaten 50 Meter in Sicherheit.

Um 19.40 Uhr empfängt das Kommandofahrzeug der Brigade den Befehl des Generalstabs in Moskau: Feuer frei.

Die Offiziere drücken den Knopf und leiten die Startsequenz ein. Zwölf Sekunden presst eine Pumpe Treibstoff und Oxidationsmittel in die Triebwerke.

Nun schaltet der Motor auf volle Energie: Die Raketen erheben sich mit einem Schweif. Ihre Flugbahn erreicht nach 80 Kilometern ihren Höhepunkt, dann brennen die Triebwerke aus – von nun an fallen die Projektile auf ihrem vorgegebenen Kurs zurück auf die Erde.

ULM, 19.43 UHR. Dutzende Motorsirenen zerreißen die Stille. Das Warnamt Rottenburg/Neckar des Zivilschutzes hat heranfliegende fremde Flugkörper registriert und Alarm für Süddeutschland ausgelöst. Menschen rennen in Panik Kellerstufen

hinab oder hetzen zu den Schutzräumen. Wenige Sekunden nachdem die Sirene verstummt ist, steht ein gleißend blauer Blitz am Himmel über Ulm.

Zum ersten Mal seit Nagasaki explodiert ein nuklearer Sprengkopf außerhalb eines militärischen Testgebietes.

Innerhalb von 0,1 Millisekunden wird der Sprengkopf zum Feuerball, 17 Meter breit und 300 000 Grad heiß. Eine Druckwelle rast mit einer Geschwindigkeit von 1500 km/h in alle Richtungen.

Im Umkreis von 900 Metern stürzt fast jedes Gebäude ein, das Ulmer Münster kippt auf den Delfinbrunnen. Noch in zwei Kilometer Entfernung werden Häuser schwer beschädigt. Bäume knicken um, ihre Stämme weisen wie die Speichen eines Rades weg vom Explosionsort. Selbst im 15 Kilometer entfernten Bibertal zerbersten Fensterscheiben. Die durch die Detonation entstandene Hitze entfacht einen gewaltigen Feuersturm.

Zehntausende Menschen sterben binnen Minuten: verdampft, verbrannt, von Trümmern erschlagen.

Fast zeitgleich explodieren Dutzende weitere Atomsprengköpfe über der Bundesrepublik Deutschland.

In Ulm vernichtet einer das Hauptquartier des 2. Korps, eines von drei Großverbänden der Bundeswehr. In Tauberbischofsheim verheert einer eine Kaserne der 12. Panzerdivision der Bundeswehr. In Heidelberg löscht einer die Kommandozentrale der 7. US-Armee aus.

Überall in Westdeutschland schrillen die Sirenen – zumindest jene, die noch funktionieren. Eine Minute Heulton, zweimal unterbrochen durch zwölf Sekunden Pause, dann 30 Sekunden Ruhe und wieder Heulton: ABC-Alarm.

NATO-Stützpunkte funken an das Hauptquartier in Rocquencourt, dass sie Atompilze sehen und die Strahlungsmesser ausschlagen.

Der Atomkrieg hat begonnen.

o

*Alle hier geschilderten militärischen Szenarien, Operationen und Befehle entspre-*

*chen tatsächlichen Plänen der Supermächte während des Kalten Krieges, soweit sie heute der Forschung bekannt sind: Wenn es zum Krieg gekommen wäre, hätte er sich mehr oder weniger so entwickeln können. In den 1960er Jahren wollten beide Supermächte auf einen Angriff mit massiver nuklearer Vergeltung reagieren – was zur völligen gegenseitigen Vernichtung geführt hätte.*

*Zu vielen der beschriebenen Vorfälle und Krisen ist es in jenen Wochen tatsächlich gekommen, so zum Absturz des sowjetischen Generalstabschefs, zu dem Angriff auf den Flugplatz in Vietnam, zu dem chinesischen Atombombentest, zu der Entführung im Kongo.*

*Andere Ereignisse haben sich ebenfalls so zugetragen, aber nicht – wie in diesem Text – auf einen so kurzen Zeitraum verdichtet. Sowjetische MiGs haben über der DDR tatsächlich US-Jets abgeschossen, aber schon Anfang 1964. Die panamaischen Studenten haben zu Beginn des Jahres 1964 protestiert. Die Lage in Indonesien hat sich bereits 1963 zugespitzt. Der Spion „George" arbeitete von 1961 bis 1963. Der litauische Arbeiter verbrannte sich erst 1972. Und auch Breschnews Tablettensucht wurde erst in den 1970er Jahren zum politischen Problem.*

*Dieser Text soll aufzeigen, wie ideologische Differenzen, mörderische Waffensysteme sowie zynische Kriegsszenarien einen globalen Vernichtungsmechanismus geschaffen hatten, der durch unglückliche Zufälle vielleicht tatsächlich hätte ausgelöst werden können.*

*Vermutlich hat die Welt einfach nur großes Glück gehabt.*

Nach Auswertung etlicher Studien hat die Redaktion das beschriebene Szenario von zwei führenden deutschen Experten der Militärgeschichte des Kalten Krieges auf seine Plausibilität prüfen lassen. Der Historiker Prof. Dr. Dieter Krüger hat unter anderem das Buch „Schlachtfeld Fulda Gap" herausgegeben, Dr. Martin Rinke ist Experte für die Geschichte der Bundeswehr.

IM ERNSTFALL hätten sich Staatsführungen und Generalstäbe in gewaltige, meist unterirdische Schutzanlagen zurückgezogen, um von dort aus das Geschehen zu lenken – während die Welt über ihnen im Dritten Weltkrieg untergegangen wäre (Regierungsbunker bei Bonn)

Dienstag, 11. Juli 1972, Reykjavík. Um 17 Uhr beginnt in der Sporthalle Laugardalshöllin einer der aufsehenerregendsten Schachwettkämpfe aller Zeiten. Boris Spasskij, Bürger der Sowjetunion, 35 Jahre alt und amtierender Weltmeister, zieht einen weißen Bauern auf d4 – und wartet.

Denn er sitzt allein am Brett. Sein Herausforderer, der 29-jährige Robert „Bobby" Fischer, ist nicht erschienen. Eine weitere von etlichen Allüren, mit denen der exzentrische Amerikaner schon in den Monaten vor dem Duell Schlagzeilen gemacht hat. So bemängelte er die Höhe des Tisches, die Beleuchtung, den Abstand zum Publikum. Unzufrieden mit dem Preisgeld, hatte er gar verkündet, nicht teilzunehmen. Schließlich rief Henry Kissinger, der Nationale Sicherheitsberater, bei Fischer an und ermunterte ihn, nach Reykjavík zu reisen.

Denn bei dem Wettkampf geht es um mehr als die Schach-WM. Es geht um den Kampf zwischen der UdSSR und den USA. Und die Frage: Welches System bringt den intelligenteren Menschen hervor – Kommunismus oder Kapitalismus? So jedenfalls sieht es die Weltöffentlichkeit, und deshalb steht für Moskau und Washington viel auf dem Spiel.

Mit Spasskij und Fischer wird das Ringen der Supermächte auf zwei Figuren verdichtet: auf der einen Seite der höfliche Russe, der Dostojewskij schätzt, auf der anderen der schillernde amerikanische Individualist, der bevorzugt Comic-Hefte liest.

Dass die beiden Männer eigentlich nicht in ihre Rollen passen, Spasskij kein sowjetischer Patriot ist und Fischer vielen seiner Landsleute wegen seiner Eskapaden als unamerikanisch gilt, gerät dabei in den Hintergrund.

In der Sporthalle vergeht nun die Zeit, und Spasskij sitzt noch immer allein am Brett. Dann, sechs Minuten nach Spielbeginn, erscheint Fischer auf der Bühne, schüttelt Spasskij die Hand und macht seinen Zug.

Eine Zeit lang ist das Spiel ausgeglichen, bis der Amerikaner einen Anfängerfehler begeht; er zieht seinen Läufer auf eine Position, auf der die Figur blockiert ist.

# DUELL AM
## BRETT

Kontrahenten: Spasskij (l.) und Fischer

**Im Kalten Krieg wird die Schach-WM zwischen einem Russen und einem Amerikaner zum Kampf der Systeme**

TEXT: *Astrid Hansen*

Das Geräusch einer Kamera habe ihn irritiert, beschwert sich Fischer beim Schiedsrichter – und gibt die Partie am nächsten Tag auf. Nun liegt er einen Punkt hinten (ein Sieg bringt einen Punkt, ein Remis einen halben; um die Weltmeisterschaft zu gewinnen, benötigt man 12,5 Punkte). Aus Protest gegen die angebliche Ablenkung tritt Fischer zur zweiten Partie nicht an. Nun hat er schon zwei Punkte Rückstand.

Beim dritten Spiel ist er wieder da, auf seinen Wunsch hin ist das Duell in einen kleineren Raum verlegt worden. Und fortan dominiert er den Wettkampf: Fünf Siege und drei Remis folgen. Nach einem besonders verdienten Erfolg Fischers applaudiert ihm Spasskij, der faire Sportsmann.

Doch seine Betreuer werden misstrauisch: Wieso wirkt Spasskij so unkonzentriert? Man lässt die Bühne und selbst die Spielfiguren untersuchen, vermutet Geräte, mit denen Spasskij gestört werde, vielleicht mittels Funk- oder Röntgenstrahlen. Gefunden werden aber laut Presseberichten nur zwei tote Fliegen.

Nach weiteren neun Spielen, zumeist Unentschieden, ist Fischers Gesamtsieg in der 21. Partie zum Greifen nahe. Kurz vor der geplanten Fortsetzung am nächsten Tag gibt Spasskij am 1. September auf. Fischer ist neuer Schachweltmeister, als zweiter Amerikaner überhaupt.

Überhebliche Freude aber löst sein Sieg in den USA nicht aus. Tatsächlich ist der bescheiden auftretende Spasskij vielen Amerikanern im Laufe des Duells sympathischer geworden als ihr eigener Mann. Bald nach seinem Triumph zieht Fischer sich vollständig aus der Öffentlichkeit zurück. Als er sich 1975 bei der Weltmeisterschaft mit den Organisatoren über den Ablauf des Wettkampfes nicht einigen kann, tritt er nicht an und verzichtet damit auf seinen Titel.

Erst 20 Jahre später, im September 1992, kommt es zu einer weiteren Partie; Fischer gewinnt erneut. Doch ein vergleichbares Interesse löst die Begegnung nicht aus.

Der Kalte Krieg ist beendet – und ein Wettkampf zwischen Fischer und Spasskij nicht mehr als das Duell zweier Schachveteranen. ◊

# Der
# KALTE
# KRIEG

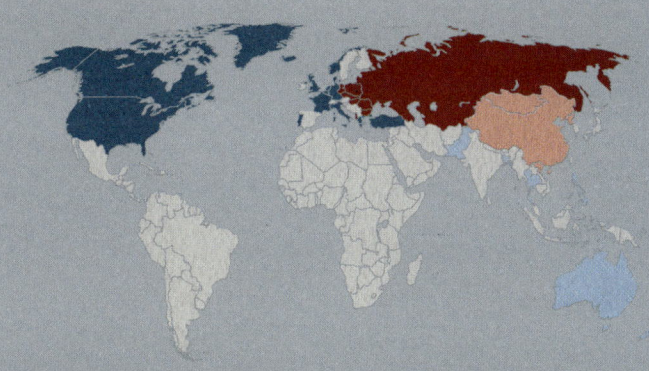

**DER KAMPF DER SYSTEME** verläuft weltweit. 15 NATO-Staaten (dunkelblau) sowie deren Verbündete (hellblau) stehen 1958 gegen acht Länder des Warschauer Pakts (dunkelrot) und deren ideologische Mitkämpfer (hellrot)

Mehr als 40 Jahre lang prägt der Gegensatz zweier Machtblöcke die Weltgeschichte: auf der einen Seite die kommunistischen Regimes um die UdSSR, auf der anderen die kapitalistischen Staaten des Westens

**TEXT**: *Olaf Mischer, Andreas Sedlmair*; **KARTE**: *Stefanie Peters*

*Daten, zu denen in diesem Heft ein Beitrag zu lesen ist, sind rot markiert* ●

Seit der Oktoberrevolution 1917 steht Sowjetrussland (ab 1922 die Union der Sozialistischen Sowjetrepubliken) im Gegensatz zum kapitalistischen Westen. Das Land ist geprägt durch eine sozialistische Produktionsweise, die Einparteienherrschaft der kommunistischen Bolschewiki – und das Streben nach der Weltrevolution. Nach vergeblichen Versuchen, das neue Regime zu stürzen, akzeptieren die westlichen Mächte den Sowjetstaat widerstrebend, ohne jedoch die Ablehnung des kommunistischen Systems aufzugeben. Während des Zweiten Weltkriegs nähern sich die beiden Seiten einander an: Ab 1941 steht die UdSSR mit den Westmächten Großbritannien und USA gemeinsam gegen NS-Deutschland. Doch mit dem Sieg der Alliierten tritt der Systemkonflikt wieder in den Vordergrund: Dem Streben des Sowjetdiktators Josef Stalin nach der Etablierung abhängiger Regime in Osteuropa steht der Wille des Westens entgegen, die Ausbreitung der kommunistischen Ideologie zu verhindern.

*Lesen Sie dazu die Geschichte ab S. 20*

### 1945

**8. 5.** Um 23.01 Uhr tritt die am Tag zuvor erklärte bedingungslose Kapitulation der deutschen Wehrmacht in Kraft. Der Zweite Weltkrieg ist damit in Europa beendet. (Auf dem pazifischen Kriegsschauplatz beschließt ihn jedoch erst die japanische Kapitulation am 2. September 1945.)

● **5. 6. Berlin.** Mit der „Berliner Deklaration" übernehmen die Siegermächte des Weltkriegs die Regierungsgewalt in Deutschland. Der „Alliierte Kontrollrat" wird höchstes Machtorgan in dem besetzten Land. Das deutsche Territorium westlich der Oder-Neiße-Linie teilen sie in vier Zonen auf, die jeweils von einer Siegermacht kontrolliert werden (die westlichen Alliierten werden ihre Gebiete jedoch bald zu einer „Trizone" zusammenlegen). Berlin, die in der sowjetischen Zone liegende einstige Hauptstadt des Deutschen Reiches, wird gleichfalls in vier Besatzungszonen unterteilt. Systematisch gehen nun Moskaus Funktionäre daran, in ihren

deutschen Einflussbereichen eine sowjetfreundliche Einparteiendiktatur zu errichten.

**6. 8. Hiroshima.** Ein US-Flugzeug wirft über der japanischen Großstadt eine Atombombe ab, drei Tage später fällt eine weitere auf Nagasaki. Mehr als 200 000 Menschen sterben sofort oder in den folgenden Monaten. US-Präsident Harry S. Truman will durch die Bombardierung einen für die Amerikaner verlustreichen Kampf auf japanischem Boden vermeiden. Daneben sind die Abwürfe aber auch als Drohung gegenüber der Sowjetunion zu verstehen.

**WJATSCHESLAW MOLOTOW**
**1890–1986**
Im Weltkrieg organisiert er als Stalins Außenminister die Allianz mit dem Westen – nach dem Weltenbrand befördert Molotow die Entfremdung der Lager. Hart wettert er gegen die »unersättlichen Imperialisten«

**19. 10. London.** In einem Essay verwendet George Orwell den Begriff „Kalter Krieg". Darin prophezeit der Schriftsteller die geopolitischen Folgen des beginnenden Atomzeitalters: Nuklearwaffen seien so teuer und technisch so anspruchsvoll, dass höchstens zwei oder drei Großmächte sie erwerben könnten. Die seien damit in der Lage, die Welt unter sich aufzuteilen und in einem „Kalten Krieg" ihre Einflusssphären zu verteidigen. Bald darauf nutzt auch der US-Journalist Walter Lippmann dieses Schlagwort für den Konflikt zwischen den USA und der UdSSR.

### 1946

**11. 1. Tirana.** In der albanischen Hauptstadt ruft die Nationalversammlung die Volksrepublik Albanien aus. Das einstige Königreich, in dem sich nach der Befreiung von der deutschen Besatzung im November 1944 schnell die Kommunistische Partei durchsetzen konnte, ist eines der ersten Länder Osteuropas, die nach sowjetischem Vorbild umgestaltet werden. Bis 1949 entstehen im gesamten Einflussbereich der Sowjetunion stalinistisch geprägte Regimes.

**22. 2. Moskau.** George F. Kennan, US-Botschaftsrat in der Sowjethauptstadt, sendet ein Memorandum nach Washington, in dem er vor der als aggressiv eingeschätzten Außenpolitik der Sowjetunion warnt. Stalin, so der Diplomat in dem als „Langes Telegramm" bekannten Dokument, beabsichtige, die westlichen Demokratien zu schwächen und den eigenen Einfluss auszudehnen. Kennans Schlussfolgerung, dass ein Konflikt zwischen den einstigen Verbündeten unausweichlich sei, findet in der US-Regierung weitgehend Zustimmung. Eine Eindämmung (*containment*) des sowjetischen Expansionsbestrebens wird mehr und mehr zur Maxime der US-Außenpolitik.

**5. 3. Fulton.** Im US-Staat Missouri spricht Winston Churchill in einem Vortrag von einem „Eisernen Vorhang", der Europa zerteile. Stalin, so Großbritanniens ehemaliger Premier, schirme die östliche Hälfte des Kontinents konsequent ab, um dort seine Machtinteressen ohne Einmischung des Westens durchsetzen zu können. Die Formulierung wird bald zu einem wichtigen Kampfbegriff im Kalten Krieg.

● **1947**

**12. 3. Washington.** In einer Rede über den Bürgerkrieg in Griechenland verkündet US-Präsident Truman, die Bedrohung „freier Völker" durch „totalitäre Regime" sei eine Bedrohung der nationalen Sicherheit der USA; daher müsse Washington den Völkern überall in der Welt zu Hilfe kommen („Truman-Doktrin").

● **5. 6. Washington.** US-Außenminister George C. Marshall kündigt ein Programm für den Wiederaufbau der im Krieg zerstörten europäischen Volkswirtschaften an. Im Rahmen des (auch „Marshall-Plan" genannten) „European Recovery

*Lesen Sie dazu die Geschichte auf S. 38*

**GEORGE F. KENNAN**
**1904–2005**
Die Sicht des Diplomaten, Moskau strebe nach Expansion und Weltrevolution und könne nur mit militärischem Druck gebändigt werden, prägt nach dem Krieg die »Eindämmungspolitik« der USA

**J. EDGAR HOOVER**
**1895–1972**
Der FBI-Chef amtiert fast 50 Jahre lang und jagt schon vor 1945 kommunistische Spione in den USA. Später überwachen seine Agenten linke Aktivisten und arbeiten dem unerbittlichen Senator Joseph McCarthy zu

Program" versorgen die USA den Kontinent mit Krediten, Lebensmitteln, Rohstoffen und anderen Waren für mehr als zwölf Milliarden Dollar (heutiger Wert: 118 Milliarden Dollar), um eine kommunistische Einflussnahme auf die von den Westmächten dominierten Gebiete zu verhindern (und sie zum Absatzmarkt für eigene Industrieprodukte zu machen). Die vorgesehene Teilnahme der osteuropäischen Staaten verhindert Stalin.

**26. 7. Washington.** Truman gründet den Auslandsgeheimdienst „Central Intelligence Agency" – wichtiges Kampfinstrument im sich zuspitzenden Konflikt mit der UdSSR, die 1954 mit dem KGB einen mächtigen Spionage- und Überwachungsapparat aufbaut.

**22. 9. Szklarska Poręba.** In der polnischen Stadt treffen sich die Führer von neun kommunistischen Parteien, um die Gründung eines „Informationsbüros der kommunistischen und Arbeiterparteien" zu beschließen, das die Gleichschaltung im Ostblock beschleunigen soll. In einer Rede während der Konferenz propagiert der sowjetische Politiker Andrej Schdanow die „Zwei-Lager-Theorie", nach der sich in der Welt ein „imperialistisch-antidemokratisches" Lager unter Vorherrschaft der USA und ein „antiimperialistisch-demokratisches" unter Führung der UdSSR unversöhnlich gegenüberstehen. Schdanow liefert damit das sowjetische Pendant zur „Truman-Doktrin".

**IMRE NAGY**
**1896–1958**
Nagy baut nach 1945 das kommunistische Regime in Ungarn mit auf, wird gar Premier, gerät dann aber in Widerspruch zu Moskaus Linie. Als Galionsfigur des gescheiterten Volksaufstands von 1956 wird er schließlich hingerichtet

**JOSIP BROZ TITO**
**1892–1980**
Jugoslawiens Staatschef gelingt es, Stalins Truppen aus seinem Land fernzuhalten. Er propagiert einen moderaten Sozialismus, wird 1961 Mitbegründer der Bewegung der Blockfreien Staaten

## 1948

**6. 3. London.** Die Westalliierten beschließen ohne Beteiligung der Sowjetunion, die Gründung eines deutschen „Weststaates" in die Wege zu leiten und ihn in den Marshall-Plan einzubeziehen. Aus Protest tritt die UdSSR am 20. März aus dem Alliierten Kontrollrat aus, der daraufhin seine Tätigkeit einstellt.

**24. 6. Berlin.** Die UdSSR riegelt alle Transportwege in den Westteil der Stadt ab – eine Reaktion auf die Ausdehnung einer Währungsreform in den Westzonen auf Westberlin. Um die rund 2,1 Millionen Einwohner zu versorgen, richten Washington und London eine Luftbrücke ein, über die Lebensmittel, Medikamente, Rohstoffe und andere Güter nach Berlin gelangen. Am 12. Mai 1949 bricht Moskau die erfolglose Blockade ab.

## 1949

**25. 1. Moskau.** Vertreter Polens, Bulgariens, Ungarns, der Tschechoslowakei, Rumäniens sowie der Sowjetunion gründen den „Rat für gegenseitige Wirtschaftshilfe". Die Organisation soll die osteuropäischen Volksdemokratien stärker aneinander und an die Sowjetunion binden und ihnen einen Ausgleich für den erzwungenen Verzicht auf die Teilhabe am Marshall-Plan bieten.

**4. 4. Washington.** Mit der Gründung der „North Atlantic Treaty Organization" (NATO) gehen die USA, Kanada und die meisten westeuropäischen Staaten ein militärisches Bündnis ein, das sich gegen eine mögliche Bedrohung durch die Sowjetunion richtet.

**23. 5. Bonn.** Konrad Adenauer, Präsident des Parlamentarischen Rats der Trizone, einer von den Länderparlamenten der drei westlichen Besatzungszonen gewählten Versammlung, verkündet das „Grundgesetz für die Bundesrepublik Deutschland". Damit ist der westliche Teil Deutschlands ein demokratischer, weitgehend souveräner Staat.

**29. 8. Kasachstan.** Die Sowjetunion zündet ihre erste Atombombe und bricht so das Nuklearmonopol der USA. Moskau und Washington beginnen nun ein atomares Wettrüsten.

*Lesen Sie dazu die Geschichte ab S. 40*

**7. 10. Ostberlin.** Mit Genehmigung Stalins formiert sich die „Provisorische Volkskammer der Deutschen Demokratischen Republik": Damit ist der zweite deutsche Staat auf dem Gebiet des früheren Deutschen Reiches gegründet. Die innerdeutsche Grenze ist fortan eine bedeutende Frontlinie des Kalten Krieges.

## 1950

**9. 2. Wheeling.** In der US-Stadt erklärt der republikanische Senator Joseph McCarthy auf einer politischen Veranstaltung, kommunistische Mitarbeiter im US-Außenministerium würden Verrat an die UdSSR betreiben. Später übernimmt er den Vorsitz einer Senatskommission, die bis Mitte des Jahrzehnts zahlreiche

*Lesen Sie dazu die Geschichte ab S. 62*

Regierungsbeamte einer Gesinnungsprüfung unterzieht. McCarthy erreicht durch immer neue Anschuldigungen, dass Tausende Amerikaner unter fadenscheinigen Begründungen ihre Jobs verlieren.

**7. 4. Washington.** Mitarbeiter des Nationalen Sicherheitsrats übergeben Präsident Truman das Memorandum NSC 68, das eine Vervierfachung der US-Verteidigungsausgaben empfiehlt. NSC 68, eine Erweiterung der Truman-Doktrin, wird zur Blaupause der künftigen US-Außenpolitik: stetige Erhöhung des Militärhaushalts sowie Unterstützung von demokratischen Regierungen, aber auch von Diktatoren, um deren Staaten vor sowjetischer Subversion zu schützen.

● **25. 6. Pjönjang.** Der von Stalin protegierte nordkoreanische Staatschef Kim Il-sung befiehlt den Angriff auf den von den USA unterstützten Süden des nach Kriegsende geteilten Landes, um Korea unter seiner Führung zu einen. Die US-Regierung entsendet bald darauf erste Soldaten. Als es ihnen im Verbund mit UN-Streitkräften gelingt, die Truppen des Nordens weit auf ihr eigenes Territorium zurückzudrängen, greift China in den Krieg ein, der am 27. Juli 1953 in einen Waffenstillstand und eine neue Grenzziehung mündet. Schätzungen zufolge sterben bis zu 4,5 Millionen Menschen in der ersten großen militärischen Auseinandersetzung des Kalten Krieges, darunter zahllose Zivilisten sowie knapp 37 000 US-Soldaten.

*Lesen Sie dazu die Geschichte ab S. 50*

**1952**

**10. 3. Moskau.** In einer diplomatischen Note an die drei Westmächte schlägt Josef Stalin die Gründung eines wiedervereinigten Deutschlands vor, das keinem Bündnis angehört. Die Westalliierten und der bundesdeutsche Kanzler Adenauer wollen jedoch nicht auf die Integration der Bundesrepublik in die NATO verzichten; die Initiative scheitert.

**1. 11. Eniwetok-Atoll.** Im Pazifik zünden die USA ihre erste Wasserstoffbombe. Die Kraft der Explosion entspricht etwa 10,4 Megatonnen TNT und ist damit fast 1000-mal stärker als bei der Hiroshima-Bombe.

**1953**

**5. 3. Kunzewo.** Stalin stirbt an den Folgen eines Schlaganfalls in seiner Datscha nahe Moskau. Unter seinen engsten Mitarbeitern entbrennt ein Machtkampf um die Nachfolge, den schließlich Nikita Chruschtschow für sich entscheidet, der Sekretär des Zentralkomitees der KPdSU, des nominell höchsten Gremiums der KP außerhalb der Parteitage.

**17. 6. Ostberlin.** Ein am Vortag begonnener Streik von Bauarbeitern, die gegen die Erhöhung der Arbeitsnormen protestieren, weitet sich zu einem Volksaufstand gegen das SED-Regime aus. Nur mithilfe sowjetischer Panzer können die Machthaber die Revolte niederwerfen. Mindestens 40 Menschen kommen ums Leben, mehr als 10 000 werden verhaftet.

**1954**

**12. 1. New York.** US-Außenminister John Foster Dulles erläutert eine neue Militärstrategie, die *massive retaliation* („Massive Vergeltung"). Demnach soll jede Aggression mit einem schweren Gegenschlag beantwortet werden, um den Gegner zum Frieden zu zwingen. Im Dezember übernimmt die NATO diese Strategie.

**7. 4. Washington.** Dwight D. Eisenhower, seit 1953 Präsident der USA, erwähnt erstmals öffentlich die „Domino-Theorie", die schon länger die US-Außenpolitik beeinflusst: Wenn in einer Weltregion ein Land an die Kommunisten fällt, so der Gedanke, können auch benachbarte Staaten wie Spielsteine kippen. Dem gelte es, durch Eingreifen im ersten betroffenen Land entgegenzuwirken.

**27. 6. Guatemala-Stadt.** Der guatemaltekische Präsident Jacobo Árbenz erklärt seinen Rücktritt, nachdem die CIA mit Genehmigung Eisenhowers einen Putsch organisiert hat. Der zuvor mit kommunistischer Unterstützung ins Amt gekommene Offizier hat unter anderem bei einer umfangreichen Agrarreform Besitztümer eines US-Konzerns enteignet – Grund genug für Washington, Árbenz im Sinne der Domino-Theorie zu stürzen.

**1955**

**6. 5. Brüssel.** Die Bundesrepublik Deutschland tritt der NATO bei. Acht Tage später gründet die UdSSR das Mili-

tärbündnis „Warschauer Pakt", dem Polen, Bulgarien, Ungarn, Rumänien, Albanien, die Tschechoslowakei und die DDR beitreten.

● **11. 5. Berlin.** Die CIA nimmt gemeinsam mit dem britischen SIS in der geteilten Stadt einen Spionagetunnel in Betrieb, der vom amerikanischen Sektor in den Ostteil der Stadt reicht und dem Anzapfen der dort verlaufenden Telefonleitungen des Hauptquartiers der sowjetischen Besatzungstruppen dient. Zwar hat der KGB schon früh durch einen Doppelagenten von dem Vorhaben erfahren, lässt das Abhören aber lange zu, um seinen Informanten zu schützen. Erst im April 1956 enttarnt er das Spionageprojekt, eines der größten des Kalten Krieges, offiziell.

*Lesen Sie dazu die Geschichte ab S. 70*

**1956**

**25. 2. Moskau.** Chruschtschow rechnet in einer Geheimrede auf dem 20. Parteitag der KPdSU mit Stalins Verbrechen ab. Der Staatschef leitet damit eine Periode größerer politischer Freiheit innerhalb der Sowjetunion ein. Außenpolitisch setzt er zunehmend auf das Prinzip der „friedlichen Koexistenz": Der kommunistische und der kapitalistische Machtblock sollen ihre Auseinandersetzung künftig als gewaltlose Konkurrenz der Systeme austragen.

**28. 6. Posen.** Während Chruschtschow in der UdSSR eine Periode des „Tauwetters" einleitet, fordern die Bürger der Ostblockstaaten Reformen. So gehen in Polen 100 000 unzufriedene Arbeiter auf die Straße – und werden von der Armee bedrängt: Mindestens 53 Menschen kommen ums Leben, etwa 300 werden verletzt.

**23. 10. Budapest.** Tausende Ungarn demonstrieren für Demokratie und die Unabhängigkeit ihres Landes vom Sowjetregime. Um die Lage zu beruhigen, setzt das ZK den Reformkommunisten Imre Nagy als Regierungsführer ein, der nun Wahlen ankündigt, bei denen mehrere Parteien antreten dürfen. Zudem erklärt er den Austritt Ungarns aus dem Warschauer Pakt. Als die Sowjetunion daraufhin Truppen aufmarschieren lässt, bittet Nagy die westlichen Saaten um Hilfe. Vergebens: Sowjetische Truppen schlagen den Aufstand nieder; etwa 2500 Ungarn und 650 Sowjetsoldaten sterben.

*Lesen Sie dazu die Geschichte auf S. 115*

### 1957

**4. 10.** Eine sowjetische Rakete trägt den ersten Satelliten in den Orbit: „Sputnik 1". Damit hat die UdSSR das Zeitalter der Raumfahrt eröffnet. Ihr Erfolg befeuert die USA, den Gegner beim Wettlauf ins All zu übertreffen.

### 1958

**27. 11. Moskau.** Chruschtschow verlangt den Abzug aller Besatzungstruppen aus Berlin sowie den Abschluss eines Friedensvertrages mit Deutschland binnen eines halben Jahres. Der Westteil Berlins soll eine „freie und entmilitarisierte"

Stadt werden: Anderenfalls werde die UdSSR der DDR-Führung die Kontrolle über die Zufahrtswege nach Westberlin überlassen. Als die Westmächte das Ultimatum verstreichen lassen, bleibt eine Reaktion aber aus.

### 1959

**16. 2. Havanna.** Nach dem Sturz des von den USA gestützten Diktators Fulgencio Batista durch linke Guerillatruppen wird der Revolutionär Fidel Castro Ministerpräsident Kubas. Als er beginnt, US-Eigentum zu verstaatlichen, und zudem engere Kontakte zur UdSSR knüpft, verhängt

Washington ein weitgehend bis heute gültiges Handelsembargo gegen Kuba.

### 1960

**1. 5. Swerdlowsk.** Ein US-Aufklärungsflugzeug wird über sowjetischem Territorium abgeschossen. Der Pilot der U-2 rettet sich mit seinem Schleudersitz, gerät aber in sowjetische Gefangenschaft. Wegen der Luftspionage verweigert die Sowjetunion die Teilnahme an einer Gipfelkonferenz der einstigen Alliierten in Paris. 1962 wird der inhaftierte Pilot in Berlin gegen einen enttarnten sowjetischen Spion ausgetauscht – ein Vorgang, der sich

**LEONID BRESCHNEW**
**1906–1982**
Innerhalb des Warschauer Paktes begegnet der Sowjetführer jeder Abweichung mit Härte, so 1968 in der Tschechoslowakei. Kurz darauf erklärt Breschnew das Eingriffsrecht in Bruderstaaten zur Doktrin

während des Kalten Krieges mehrfach wiederholen wird.

### 1961

**30. 1. Washington.** Der neue US-Präsident John F. Kennedy erklärt den Kampf gegen den Kommunismus zum Kern seiner Außenpolitik. Die USA beginnen die größte Aufrüstung ihrer Geschichte in Friedenszeiten, zudem leitet Kennedy eine Veränderung der militärischen Strategie ein: Nicht mehr allein Drohungen mit massiver atomarer Vergeltung sollen den Kommunismus in Zukunft eindämmen, sondern, sofern nötig, flexible militärische Einsätze von US-Soldaten weltweit.

**17. 4. Kuba.** Von der CIA militärisch ausgebildete Exil-Kubaner landen mit Unterstützung des US-Geheimdienstes in der Schweinebucht an der kubanischen Südküste. Sie sollen einen Aufstand gegen das revolutionäre Regime auf der Insel auslösen. Doch Castro ist vom sowjetischen Geheimdienst gewarnt worden, kubanische Soldaten erwarten die Invasoren. Die meisten Kämpfer geraten in Gefangenschaft.

**25. 5. Washington.** Kennedy kündigt an, dass die USA einen Menschen zum Mond schicken werden. Den Etat des schon unter Eisenhower gestarteten „Apollo"-Raumfahrtprogramms lässt er um mehr als acht Milliarden Dollar erhöhen.

**3. 6. Wien.** Kennedy und Chruschtschow treffen zusammen, um über das Vorgehen ihrer Staaten in Deutschland zu debattieren. Der Russe stellt erneut ein Ultimatum für den Abzug der Truppen aus Berlin. Kennedy entgegnet, dass die USA unter keinen Umständen ihre Präsenz in Berlin aufgeben werden. Das Treffen endet mit gegenseitigen Drohungen.

**13. 8. Berlin.** Einheiten der ostdeutschen Polizei riegeln Westberlin vom Osten der Stadt und dem Umland ab und beginnen zwei Tage später mit dem Bau einer Mauer, die schließlich weite Teile Westberlins umschließt. Die Westmächte reagieren zurückhaltend auf den von Moskau gedeckten Mauerbau, weil sie eine militärische Konfrontation mit der Sowjetunion fürchten. Fortan erkennen USA und UdSSR stillschweigend den Status quo an: Ostberlin wird de facto Teil der DDR, Washington kontrolliert weiterhin mit London und Paris den Westteil der Stadt.

**1. 9. Belgrad.** Jugoslawiens Präsident Josip Broz Tito, der sein Land nach Kriegsende auf einen eigenen sozialistischen Weg geführt hat und dafür aus der Kominform ausgeschlossen wurde, versammelt die Staats- und Regierungschefs von 25 meist asiatischen und afrikanischen Ländern, um eine Bewegung der Blockfreien Staaten zu gründen: als Gegenkraft zur bipolaren Weltordnung von Washington und Moskau. Die Staatsmänner fordern die Unabhängigkeit aller Völker, Abrüstung und ein Verbot von Atomwaffen sowie wirtschaftliche Gerechtigkeit.

**WALTER ULBRICHT**
**1893–1973**
Der Stalin-treue Funktionär baut das SED-Regime auf, lässt 1961 die Mauer errichten. Doch als Anfang der 1970er Jahre eine Ära der Entspannung anbricht, sorgt Moskau für seine Absetzung

**HENRY KISSINGER**
**geb. 1923**
Gegenüber der UdSSR setzt der spätere US-Außenminister auf eine flexible Strategie – und auf Verhandlungen: 1972 etwa über die Begrenzung von Atomwaffen

*Lesen Sie dazu die Geschichte ab S. 84*

**30. 10. Nowaja Semlja.** Über der arktischen Insel zündet die UdSSR die „Zar"-Bombe – und erzeugt die stärkste Explosion der Geschichte. Der Test der Wasserstoffbombe soll den USA die Stärke Moskaus demonstrieren.

**15. 11. Washington.** Kennedy arbeitet mit Sicherheitsexperten eine neue Strategie für Vietnam aus. Im Norden des seit 1954 geteilten südostasiatischen Landes herrscht mit Hilfe Chinas die kommunistisch dominierte Partei Vietminh, während die USA das autoritäre Regime des Präsidenten Ngo Dinh Diem im Süden stützen. Mit wachsendem Erfolg führt hier jedoch die vom Norden unterstützte Nationale Befreiungsfront einen Guerillakrieg gegen die Regierung. Ihr Ziel: ein vereintes, kommunistisches Vietnam. Die USA setzen neben Geld und Waffenlieferungen nun immer mehr „Militärberater" ein, die die südvietnamesischen Soldaten ausbilden, selbst aber offiziell nicht in die Kämpfe eingreifen. Ende 1961 befinden sich rund 3200 US-Militärs in Südvietnam, ein Jahr später sind es bereits 11300.

**1962**

*Lesen Sie dazu die Geschichte ab S. 95*

**15. 10. Washington.** Aufnahmen eines US-Spionageflugzeugs beweisen, dass die Sowjetunion auf Kuba Abschussanlagen für atomare Mittelstreckenraketen errichtet. Am 22. Oktober fordert Präsident Kennedy den sofortigen Abzug der Raketen und kündigt an, dass die US-Marine jedes Schiff mit militärischer Fracht daran hindern werde, Kuba anzulaufen. Zwei Tage später nähern sich sowjetische Schiffe der Seeblockade – und drehen bei. Der Bau der Abschussbasen aber geht weiter. In den folgenden Tagen gelingt es Unterhändlern, durch Geheimverhandlungen die drohende atomare Konfrontation zwischen den Supermächten abzuwenden. Am 28. Oktober sendet das sowjetische Radio eine Erklärung des Kremlchefs: Chruschtschow lässt die Raketen aus Kuba abziehen; die USA versprechen im Gegenzug, jede militärische Intervention auf der Insel zu unterlassen. Damit ist die wohl gefährlichste Krise des Kalten Krieges beendet.

## 1963

**14. 6. Beijing.** China erklärt, eine friedliche Koexistenz mit kapitalistischen Ländern sei unmöglich – und beendet damit die ohnehin spätestens seit Moskaus Nachgeben in der Kubakrise bröckelnde Freundschaft mit der UdSSR. Vor allem über den Weg zur Weltrevolution haben sich ihre Führer entzweit: Anders als Chruschtschow will Mao sie gewaltsam erzwingen.

**20. 6. Genf.** Vertreter Moskaus und Washingtons vereinbaren eine direkte Telegraphenverbindung zwischen dem Weißen Haus und dem Kreml. Dieser „heiße Draht" soll helfen, Kommunikationsprobleme zu vermeiden, wie sie während der Kubakrise aufgetreten sind. Zugleich ist seine

**WILLY BRANDT**
**1913–1992**
Brandt, Bundeskanzler von 1969 bis 1974, verfolgt gegenüber dem Osten eine Versöhnungspolitik. Ergebnis unter anderem: ein Vertrag über die Anerkennung der Nachkriegsgrenzen

**MARGARET THATCHER**
**1925–2013**
Die britische Premierministerin verschärft gemeinsam mit US-Präsident Ronald Reagan in den 1980er Jahren den Ton gegen Moskau – und hält an Großbritanniens Rolle als Nuklearmacht fest

Einrichtung das erste Zeichen einer Wiederannäherung der Supermächte.

**15. 7. Tutzing.** Auf einer Veranstaltung erläutert der westdeutsche SPD-Politiker Egon Bahr ein Konzept zur friedlichen Koexistenz der zwei deutschen Staaten, die schließlich zu einer Wiedervereinigung führen könne: „Wandel durch Annäherung". Anstelle der konfrontativen Politik solle der Ausgleich mit der DDR-Führung gesucht werden, um die deutsch-deutsche Grenze durchlässig zu machen.

**5. 8. Moskau.** Die Außenminister von Großbritannien, der Sowjetunion und den USA unterzeichnen einen Vertrag über das Verbot von Atomwaffentests in der Atmosphäre, im Weltraum und unter Wasser. Das Abkommen hat zwar kaum Auswirkungen auf das nukleare Wettrüsten, da die Großmächte weiterhin unterirdische Versuche ansetzen, verhindert aber, dass der radioaktive Niederschlag in der Atmosphäre weiter zunimmt.

## 1965

**8. 3. Da Nang.** Nahe der vietnamesischen Hafenstadt landet die erste offizielle US-Kampfeinheit im Konflikt um Vietnam. Immer stärker engagieren die USA sich in einem offenen Krieg gegen die Rebellen im Süden und das von Moskau unterstützte Nordvietnam. Doch trotz ihres massiven Einsatzes gelingt es Washington nicht, die Guerillakämpfer des Gegners zu besiegen.

**1. 10. Jakarta.** In der indonesischen Hauptstadt putschen Verschwörer gegen die Regierung des Diktators Sukarno – so jedenfalls die offizielle Darstellung. Tags darauf schlägt die Armee die Erhebung, die der KP Indonesiens zugeschrieben wird, nieder und tötet in den folgenden Monaten Hunderttausende angebliche Kommunisten. Historiker vermuten, dass die CIA den Putsch inszeniert hat, um einen Vorwand für die Verfolgung linker Oppositioneller zu liefern.

## 1968

**5. 1. Prag.** Alexander Dubček wird zum Chef der tschechoslowakischen KP gewählt, nachdem die Bevölkerung mehrfach gegen dessen autoritären Vorgänger demonstriert hat. An Moskau vorbei gewährt er den staatlich gelenkten Gewerkschaften und Kulturorganisationen mehr Autonomie und hebt die Zensur auf.

**1. 7.** Mit der Unterzeichnung eines „Atomwaffensperrvertrags" versichern sich die Regierungen der USA, Großbritanniens und der UdSSR, dass ihre Länder keine Kernsprengköpfe mehr exportieren und über die Verschrottung ihrer nuklearen Arsenale verhandeln werden. Anschließend erklären Vertreter 59 weiterer Staaten, darunter Diplomaten aus der DDR, den Verzicht ihrer Regierungen auf Atomwaffen.

**20. 8. Prag.** Truppen von fünf Warschauer-Pakt-Staaten rücken in die Tschechoslowakei ein, um die als „Prager Früh-

ling" bezeichneten Reformen Dubčeks gewaltsam zu beenden; Moskau fürchtet, dass sonst auch in anderen Ostblockstaaten die Forderung nach einem Wandel lauter werden könnte. Der Parteichef wird in die Sowjetunion verschleppt. Zwar wehrt sich die Bevölkerung durch zumeist passiven Widerstand gegen die Besetzung ihres Landes, doch am 26. August müssen die Reformkommunisten vor der militärischen Übermacht kapitulieren – zumal die Sowjetunion erklärt, sie werde ihre Soldaten nicht wieder abziehen.

**12. 11. Warschau.** Auf einem Parteitag der polnischen Kommunisten stellt der neue KPdSU-Chef Leonid Breschnew eine Doktrin vor, nach der die UdSSR berechtigt ist, die Souveränität ihrer Satellitenstaaten einzuschränken, wenn dort das sozialistische System in Gefahr ist – etwa durch Reformen wie Anfang des Jahres in der Tschechoslowakei.

## 1969

**20. 7. Houston.** Der Amerikaner Neil Armstrong betritt um 21.56 Uhr als erster Mensch den Mond. Damit ist den USA der entscheidende Sieg im „Space Race" mit der Sowjetunion geglückt.

**28. 9. Bonn.** Bei den Bundestagswahlen erringen SPD und FDP gemeinsam knapp 50 Prozent der Stimmen – und bilden bald darauf eine Koalitionsregierung. Schwerpunkt der Politik des neuen Kanzlers Willy Brandt ist die Ostpolitik. So

erkennt er etwa die von den Alliierten des Zweiten Weltkriegs provisorisch festgelegte deutsch-polnische Westgrenze an und handelt mit der UdSSR einen Vertrag über gegenseitigen Gewaltverzicht aus. Für seine Entspannungspolitik, die zunehmend auch der konservative US-Präsident Richard Nixon übernimmt, wird Brandt mit dem Friedensnobelpreis ausgezeichnet.

## 1972

**21. 2. Beijing.** Als erster US-Regierungschef besucht Richard Nixon die Volksrepublik China, um über den Abbau der Spannungen zwischen beiden Staaten zu verhandeln. Die Staatsführungen vereinbaren, normale Beziehungen anzustreben; Nixon verspricht im Gegenzug, Truppen aus Taiwan abzuziehen. Die Annäherung der Großmächte wird in Moskau mit Argwohn beobachtet.

**26. 5. Moskau.** Nixon und Breschnew unterzeichnen zwei Abkommen zur Einschränkung strategischer Rüstung: einen Vertrag zur Begrenzung von Abwehrsystemen gegen ballistische Raketen (Anti-Ballistic Missiles = ABM) und ein auf fünf Jahre befristetes Abkommen zur Begrenzung strategischer Offensivwaffen. Diese SALT I genannten, Langstreckenraketen betreffenden Vereinbarungen sind das Ergebnis jahrelanger Gespräche. 1979 erfolgt eine weitere Abmachung, die das befristete Abkommen ersetzen soll (SALT II), die der US-Kongress jedoch nicht ratifiziert.

**21. 12. Ostberlin.** Mit dem „Grundlagenvertrag", dem Kernstück der Deutschlandpolitik von Willy Brandt, vereinbaren die beiden deutschen Staaten, „normale gutnachbarliche Beziehungen zueinander auf der Grundlage der Gleichberechtigung" zu pflegen, sichern sich die Unverletzlichkeit der bestehenden Grenze zu und vereinbaren die Eröffnung „Ständiger Vertretungen" in der Hauptstadt des jeweils anderen Landes. Zwar erkennt die Bundesrepublik die DDR nicht ausdrücklich an, doch von nun an schließen Bonn und Ostberlin Verträge, wie sie mit anderen Staaten bestehen (etwa über Post und Telekommunikation) und vereinbaren den Bau einer Autobahn nach Westberlin.

## 1973

**27. 1. Paris.** Die Außenminister der USA und der zwei vietnamesischen Staaten sowie Vertreter der Nationalen Befreiungsfront unterzeichnen ein Abkommen über die Beendigung des Krieges in Südostasien. Der Militäreinsatz hat die USA mehr als 160 Milliarden Dollar und rund 58 000 Menschenleben gekostet – ohne sein Ziel, die Verteidigung Südvietnams, zu erreichen: 1975 nehmen Truppen des Nordens die Hauptstadt Saigon ein. Nach Schätzungen sind im Verlauf des Krieges etwa zwei Millionen Vietnamesen getötet worden.

## 1975

**1. 8. Helsinki.** Staats- und Regierungschefs aus den USA, Kanada und 33 europäischen

Staaten unterzeichnen die „Helsinki-Schlussakte" und beenden damit die Verhandlungen der ersten blockübergreifenden „Konferenz über Sicherheit und Zusammenarbeit in Europa" (KSZE). Sie bekennen sich darin zur Anerkennung der bestehenden Grenzen auf dem Kontinent, zum Prinzip der Nichteinmischung und zur Einhaltung der Menschenrechte. Oppositionelle in osteuropäischen Staaten können sich von nun an darauf berufen.

**11. 11. Luanda.** Agostinho Neto, Arzt und Dichter, erklärt die Kolonialherrschaft Portugals für beendet und ruft die Volksrepublik Angola aus. Doch Netos von Kuba und der UdSSR unterstützte Rebellenorganisation MPLA kämpft gegen zwei weitere Unabhängigkeitsbewegungen, die von der CIA unterstützt werden. Erdölvorkommen in Angola sowie die Nähe zu wichtigen Seerouten machen das Land zum Streitobjekt, ohne dass sich UdSSR und USA direkt bekämpfen. Rund 170 solcher „Stellvertreterkriege", bei denen etwa 22 Millionen Menschen umkommen, fechten die Großmächte vornehmlich in Staaten der Dritten Welt aus. Für den Kampf um Angola liefern die USA Waffen und Militärtechnik im Wert von rund 100 Millionen Dollar; die Sowjetunion schickt 11000 Soldaten.

**1979**

**12. 12. Brüssel.** Angesichts der Aufrüstung sowjetischer Mittelstreckenraketen verab-

schieden die Außen- und Verteidigungsminister der NATO-Staaten den „NATO-Doppelbeschluss". Der fordert zum einen Verhandlungen mit der UdSSR über den Abbau der Raketen mittlerer Reichweite – enthält aber zum anderen für den Fall des Scheiterns der Gespräche die Drohung, Ende 1983 atomare Mittelstreckenraketen in Europa zu stationieren. Der Beschluss führt in vielen westeuropäischen Ländern zu einem Erstarken der Friedensbewegung, die gegen die angedrohte Nachrüstung protestiert.

**25. 12. Kabul.** Soldaten Moskaus marschieren in die afghanische Hauptstadt ein und errichten ein neues, dem Kreml genehmes Regime. Die Invasion wird vom Westen als Ausdruck des sowjetischen Expansionsstrebens interpretiert und beendet die Phase der Entspannung, die die internationalen Beziehungen zuvor über Jahre geprägt hat. In Afghanistan formiert sich mit massiver Unterstützung der USA eine zunehmend radikale islamische Widerstandsbewegung gegen die Invasoren, die das Land in den folgenden Dekaden zu einem Zentrum des islamistischen Terrors macht.

**1980**

**4. 11. Washington.** Ronald Reagan, ein früherer Schauspieler und einstiger Gouverneur von Kalifornien, gewinnt die Präsidentschaftswahl in den USA. Der konservative Republikaner sieht in der Sowjetunion ein „Reich des Bösen", mit

dem es einen „Kampf um die Welt" auszufechten gelte. In den folgenden Jahren unterstützt Reagan deshalb antikommunistische Guerillas mit Waffen, Geld und Militärberatern – etwa in Angola, Kambodscha und Nicaragua.

**1981**

**10. 10. Bonn.** In Westdeutschlands Hauptstadt protestieren 300 000 Menschen gegen den NATO-Doppelbeschluss. Es ist die erste große Protestveranstaltung der Friedensbewegung.

**1982**

**12. 11. Moskau.** Jurij Andropow, ehemaliger Leiter des KGB, wird zum Chef der KPdSU. Bald darauf erkrankt er, erscheint seither nicht mehr in der Öffentlichkeit. Nachfolger wird sein Rivale Konstantin Tschernenko.

**1983**

**23. 3. Washington.** Präsident Reagan kündigt den Aufbau eines Abwehrschirms gegen feindliche Interkontinentalraketen an: Mit Laserkanonen ausgestattete Raum- und Bodenstationen sollen einen undurchdringlichen Schutzschild über Amerika bilden. Die USA investieren 32 Milliarden Dollar in die „Strategic Defense Initiative" (SDI) – bis das Projekt unter Reagans Nachfolger als technisch unbrauchbar fallen gelassen wird.

**26. 9. Nahe Moskau.** Der Sowjetoberst Stanislaw Petrow

verhindert einen Atomschlag: In der Nacht zeigt ein Computer im Luftüberwachungszentrum bei Moskau den Anflug von fünf US-Raketen an. Doch Petrow misstraut dem Rechner (denn bei einem nuklearen Erstschlag würden die USA, so seine Einschätzung, Hunderte Raketen abfeuern) und meldet seinen Vorgesetzten einen Fehlalarm. Erst zehn Jahre später berichtet eine russische Zeitung über den Vorfall.

**1985**

*Lesen Sie dazu die Geschichte ab S. 162*

**11. 3. Moskau.** Nach dem Tod des Sowjetführers Tschernenko wird Michail Gorbatschow Chef der KPdSU. Ziel seiner Politik ist eine „echte Rückkehr der Entspannung". Denn die UdSSR kann im Rüstungswettlauf mit den USA nicht mehr mithalten – wegen der Kosten des Afghanistankriegs, vor allem aber weil sie die eigene Bevölkerung kaum noch ausreichend versorgen kann. Deshalb verabredet er schon für November ein erstes Treffen mit dem US-Präsidenten. Unterdessen reagieren Bürgerrechtler vor allem in den baltischen Sowjetrepubliken auf Gorbatschows liberale Versprechen und fordern die Unabhängigkeit von der UdSSR.

**1986**

**25. 2. Moskau.** Auf dem 27. Parteitag der KPdSU kündigt Gorbatschow eine neue Politik an: Zur Bewältigung der Probleme in der Sowjetunion seien ein umfassender Umbau des gesellschaftlichen, politischen und wirtschaftlichen Systems

(Perestroika) und Offenheit im Umgang mit der Bevölkerung (Glasnost) nötig.

**11. 10. Reykjavík.** Gorbatschow und Reagan treffen sich auf Island, um über Abrüstung zu beraten. Doch die Verhandlungen bringen zunächst kein Ergebnis, weil sich die USA dem Vorschlag Moskaus verweigern, die Entwicklung ihres SDI-Programms für zehn Jahre auf Forschungen im Labor zu beschränken.

## 1987

**29. 5. Ostberlin.** Der Warschauer Pakt veröffentlicht erstmals seit Bestehen Leitlinien seiner Militärdoktrin. Das neue, wesentlich von Gorbatschow entwickelte Konzept sieht vor, dass das Bündnis keine Angriffskriege führen und nicht als Erster Atomwaffen einsetzen wird – und unterstreicht die neue Abrüstungsbereitschaft des Ostblocks.

## 1988

**8. 2. Moskau.** Gorbatschow kündigt den Abzug aller sowjetischen Truppen aus Afghanistan an. Denen ist es in den acht Jahren zuvor nicht gelungen, das Land zu kontrollieren; große Teile Afghanistans sind nun in der Hand aufständischer Islamisten, die mit Guerillataktiken die Besatzer zermürben. Mitte Februar 1989 verlassen die letzten sowjetischen Truppen das Land, nachdem mehr als 15 000 sowjetische Soldaten und bis zu eine Million Afghanen ums Leben gekommen sind.

**JURIJ ANDROPOW**
1914–1984
Der KGB-Chef wird 1982 Führer der Sowjetunion – und sieht sich schon bald durch das amerikanische Raketenabwehrprojekt SDI herausgefordert

**LECH WAŁĘSA**
geb. 1943
Der Arbeiter treibt ab 1980 den Systemwandel in Polen voran. 1989 gewinnt die Partei der von ihm geführten Gewerkschaft Solidarność freie Wahlen – im Jahr darauf wird Wałęsa Staatspräsident

## 1989

**15. 1. Leipzig.** Nach einem Aufruf der „Initiative zur demokratischen Erneuerung unserer Gesellschaft" versammeln sich 500 Oppositionelle, um an die 70 Jahre zuvor ermordeten sozialistischen Vordenker Rosa Luxemburg und Karl Liebknecht zu erinnern – und für das Recht auf freie Meinungsäußerung, Pressefreiheit sowie Versammlungs- und Vereinigungsfreiheit zu demonstrieren. Auch wegen zunehmender wirtschaftlicher Probleme und Versorgungsengpässen wächst im Laufe des Jahres die Protestbewegung gegen die SED-Diktatur in fast allen Städten der DDR an. Zudem beantragen immer mehr Ostdeutsche ihre Ausreise oder fliehen.

**2. 5. Ungarn.** Soldaten beseitigen das erste Teilstück des Eisernen Vorhangs: Nach einem Beschluss der reformkommunistischen Regierung Ungarns demontieren sie den elektrischen Zaun, der die Grenze zu Österreich sichert. Anders als seine Vorgänger, die jede Freiheitsbewegung in ihrem Einflussgebiet unterdrückt haben, greift Gorbatschow nicht ein – und setzt damit ein Signal für Reformbewegungen in anderen kommunistischen Ländern. Im Sommer reisen Zehntausende DDR-Bürger in der Hoffnung nach Ungarn, von dort in den Westen fliehen zu können.

**9. 11. Ostberlin.** Aufgrund einer missverständlichen Verlautbarung aus dem Politbüro über eine neue Reiseregelung verkünden Fernsehsender die sofortige Öffnung der Grenze. Die DDR-Grenztruppen in Ostberlin sehen sich schon bald Zehntausenden Menschen gegenüber, die in den Westteil der Stadt gelangen wollen. In der Nacht beginnen sie, die Übergangsstellen zu öffnen. Die Berliner Mauer, das wohl wichtigste Symbol des Kalten Krieges, ist damit gefallen – auch weil die sowjetischen Truppen in dieser Nacht in ihren Kasernen bleiben.

**17. 11. Prag.** Demonstranten fordern das Ende der Einparteienherrschaft. Nach weiteren Protesten und Verhandlungen der Oppositionellen mit kommunistischen Funktionären tritt die Regierung zurück und überlässt das Land mehrheitlich der Bürgerbewegung angehörenden Ministern unter Leitung des Kommunisten Marian Calfa. Zum neuen Staatspräsidenten wählt das Parlament im Dezember einstimmig den Bürgerrechtler Václav Havel.

**3. 12. Malta.** Gorbatschow erklärt nach einem Treffen mit dem neuen US-Präsidenten George H. W. Bush auf die Frage eines Journalisten, ob der Kalte Krieg beendet sei: „Wir beide haben festgestellt, dass die Welt eine Epoche des Kalten Krieges verlässt und in eine andere Epoche eintritt. Wir stehen am Anfang unseres langen Weges zu einer dauerhaften, friedvollen Periode."

**25. 12. Targoviste.** In der rumänischen Kleinstadt stirbt der Diktator Nicolae Ceaușescu im Kugelhagel eines Exekutionskommandos, nachdem zuvor

wochenlange Massenproteste zu seinem Sturz geführt haben.

**29. 12. Warschau.** Das Parlament hebt bei nur einer Gegenstimme den Verfassungsartikel auf, der den Kommunisten die „führende Rolle" im Staat garantiert. Zudem erklären die Abgeordneten Polen zur Republik. Vorangegangen sind den Beschlüssen Demonstrationen und Gespräche zwischen Regierung und außerparlamentarischer Opposition an „Runden Tischen". Im folgenden Monat wird sich die kommunistische Arbeiterpartei auflösen.

### 1990

**11. 3. Vilnius.** Das kurz zuvor gewählte Parlament erklärt die Unabhängigkeit Litauens. Zwei Monate später proklamiert sich auch Lettland als zweite der 15 Sowjetrepubliken zum unabhängigen Staat, kurz darauf folgt Estland.

**18. 3. Ostberlin.** Bei den ersten freien Volkskammerwahlen in der DDR erhält ein Wahlbündnis unter Führung der CDU fast 50 Prozent, die Nachfolgeorganisation der Staatspartei SED nur 16 Prozent der Stimmen. Auf die Neuwahl hatten sich oppositionelle Gruppen mit der nach dem Fall der Mauer geschwächten DDR-Regierung geeinigt.

**10. 6. Sofia.** Erstmals seit 1931 bestimmen die Bulgaren in freien Wahlen über die Zusammensetzung ihres Parlaments und machen die sozialistische Partei BSP, die Nachfolgeor-

ganisation der Kommunisten, zur stärksten Kraft. Mit dem Zerfall des Ostblocks dämmert das Ende des Systemkampfs zwischen der westlichen und der kommunistischen Staatenwelt endgültig herauf.

**3. 10. Berlin.** Nachdem die Volkskammer kurz zuvor den Beitritt der DDR zur Bundesrepublik beschlossen hat, vollzieht die Staatsführung in einer feierlichen Zeremonie um Mitternacht die Wiedervereinigung der beiden deutschen Staaten.

### 1991

**12. 6. Moskau.** Boris Jelzin, ein im Jahr zuvor aus der KPdSU ausgetretener Gegner Gorbatschows, wird in einer freien Wahl als erster Präsident der Sowjetrepublik Russland vom Volk gewählt.

**1. 7. Prag.** Auf einem Gipfeltreffen des Warschauer Pakts erklären Vertreter der Mitgliedsstaaten das Militärbündnis für „nicht existent". Moskaus Truppen verlassen nun nach und nach die Territorien der ehemaligen Mitgliedsstaaten. 1994 etwa ziehen sie sich endgültig vom Gebiet der untergegangenen DDR zurück.

**19. 8. Krim.** Ultrakonservative Kommunisten und KGB-Beamte isolieren Staatschef Gorbatschow an seinem Urlaubsort, lassen in Moskau Panzer auffahren und rufen den Vizepräsidenten Gennadij Janajew zum neuen Machthaber aus. Doch Boris Jelzin klettert auf einen Panzer und mobilisiert mit einer Rede Zehntausende

zum Widerstand: Drei Tage später scheitert der Putsch.

**25. 12. Moskau.** Michail Gorbatschow tritt als Präsident der Sowjetunion zurück. Zum Rechtsnachfolger der UdSSR wird die Russische Föderation unter Boris Jelzin.

Mit dem Untergang der Sowjetunion und der übrigen kommunistischen Regimes in Osteuropa, dem Übergang zu demokratischen Strukturen in diesen Ländern und dem Ende der militärischen Konfrontation zwischen den einstigen Machtblöcken geht der Kalte Krieg 1991 zu Ende. Russland gibt sich zwei Jahre später eine Verfassung, die das Land zu einem „demokratischen, föderativen Rechtsstaat mit republikanischer Regierungsform" erklärt.

Die Welt scheint einer Epoche des Friedens entgegenzustreben, doch bereits einige Jahre später nehmen die Spannungen zwischen den USA und dem allmählich wieder erstarkenden Russland zu. Jelzins Nachfolger, der frühere KGB-Offizier Wladimir Putin, vergrößert die Machtfülle des Präsidenten, indem er etwa die mehr als 80 Republiken und Gebiete zu zunächst sieben Bezirken zusammenfasst, deren regionale Verwaltungen er von Gesandten überwachen lässt. Ein derart straff organisierter Staatsaufbau ist eine gute Voraussetzung für die kriegerische Erweiterung des eigenen Territoriums.

Spätestens seit der Annexion der Krim durch Russland 2014 sprechen zahlreiche Beobachter daher von einem neuen Kalten Krieg. ◊

Jetzt müssen sie nur noch die Zeit herunterspielen. 15 Sekunden. Ein Tackle an der Bande. Die Kufen eines Spielers der *sbornaja* graben sich ins Eis. Zehn Sekunden. Pass. Noch immer haben die USA den Puck. Fünf Sekunden. „Do you believe in miracles?", brüllt ein US-Kommentator in sein Mikrofon und schreit die Antwort gleich mit hinaus: „YES!" Kurz danach endet das olympische Halbfinale zwischen der UdSSR und den USA im Eishockey mit 3 : 4 – und der 22. Februar 1980 wird zum Tag des „Wunders auf dem Eis".

Es ist wie ein Filmdrehbuch: Im Olympiazentrum von Lake Placid im Bundesstaat New York treffen Amateure auf Spitzensportler, Außenseiter auf eine Weltmannschaft, David auf Goliath. Und es gewinnt: der Underdog.

Niemand hätte vor dem Turnier auf die Amerikaner gesetzt, eine Truppe unerfahrener Collegespieler, denn die Profis aus der National Hockey League sind bei Olympia generell nicht zugelassen. Ein Testspiel kaum zwei Wochen zuvor hat die US-Auswahl mit 3 : 10 gegen die sowjetische Auswahl, die Sbornaja, verloren.

Das Duell der beiden Teams fällt in eine Zeit, in der der Kalte Krieg wieder einmal heiß zu werden droht: Acht Wochen zuvor ist die Rote Armee in Afghanistan einmarschiert, die von den USA unterstützten Mudschaheddin sind geschwächt. Und im Iran hat eine Revolution das US-treue Schah-Regime hinweggefegt. Während die UdSSR so ihre Einflusssphäre scheinbar vergrößert, droht den USA eine innere Krise. Die Wirtschaft wird geplagt von Inflation, Arbeitslosigkeit, geringem Wachstum. Die Weltmacht scheint verletzlich.

Und ausgerechnet jetzt stehen die Amerikaner im Halbfinale gegen die übermächtige Eishockeymannschaft der UdSSR.

Immer schon war der Sport auch eine Bühne der Machtpolitik und jeder Medaillengewinn ein Propagandaerfolg. Vor allem die sowjetischen Athleten werden mit militärischem Drill zu Bestleistungen getrieben. Die Sportschulen der UdSSR sind bekannt für ihr hartes Training – und für mehr: Staatliche Doping-Mediziner sorgen mit unerlaubten Mitteln für Höchstleistungen.

Eishockey zählt in beiden Ländern zu den beliebtesten Disziplinen der Winterspiele. Bei den Duellen in den nationalen Ligen kommen Zehntausende. Fair ist die Ausgangslage vor dem Match in Lake Placid nicht.

Während die USA den olympischen Regeln gemäß mit Amateuren antreten, besteht die Auswahl der Sowjetunion faktisch aus Profis. Nur auf dem Papier sind ihre Stars Universitätsstudenten oder Soldaten.

Die Mannschaft gilt unter dem langjährigen Coach Wiktor Tichonow als unbesiegbar. Sowjetische Teams haben die letzten vier Olympiaturniere gewonnen, seit 1963 fast alle Weltmeisterschaften.

Und so reist die Auswahl der UdSSR Anfang 1980 siegesgewiss zum Klassenfeind.

Doch nachdem die Schiedsrichter im Stadion von Lake Placid das Spiel angepfiffen haben, kommt es so, wie es sich der US-Coach Herb Brooks erhofft hatte: Durch ausgesprochen robuste körperliche Präsenz stören die kräftigen US-Boys das technisch anspruchsvolle Spiel des Gegners – und sie können sich auf ihren jungen Torhüter verlassen, der an diesem Tag das Spiel seines Lebens abliefert.

Nach der Schlusssirene stürmen Auswechselspieler und Betreuer der Amerikaner aufs Eis. Hinter der Bande steht wie versteinert Wiktor Tichonow. Es ist die bitterste Niederlage seiner Karriere.

In der Moskauer „Prawda" wird der Ausgang des Spiels am nächsten Tag mit keinem Wort erwähnt. In den USA dagegen kennt der patriotische Überschwang kaum Grenzen. Die Presse feiert den nationalen Triumph. Kurz darauf gewinnt das US-Team sogar die Goldmedaille.

Und die neuen Helden? Sie müssen sich an ihre Rolle erst gewöhnen. Als sie nach dem Spiel gegen die UdSSR in den Katakomben des Stadions das „God Bless America" anstimmen wollen, stolpert die Mannschaft schon über die zweite Zeile. Niemand weiß, wie der Text der Hymne lautet. ◊

# TRIUMPH
# AUF DEM
# EIS

US-Boy (r.) und Sowjetspieler beim Bully

**Bei Olympia 1980 demütigt ein unerfahrenes US-Eishockeyteam die Favoriten aus der UdSSR**

**TEXT:** *Robert Pausch*

# 5000 METER

Als im Frühjahr 1968 ein sowjetisches U-Boot im Pazifik sinkt, sucht Moskaus Marine vergebens nach ihrem verlorenen Gefährt. Doch amerikanische Experten orten das Wrack – und die US-Geheimdienste ersinnen unter dem Codenamen »Project Azorian« einen beispiellosen Plan, um im Technikwettbewerb der Systeme zu brillieren. Sie wollen einen Teil des mit mehreren Atomsprengköpfen bestückten feindlichen Bootes aus der Tiefe heben. Mithilfe einer waghalsigen Konstruktion – und einer noch waghalsigeren Lüge

TEXT: *Philipp Mattheis*

# UNTER DEM MEER

E in Dreimaster aus Stahl? Oder eher ein futuristisches Bergwerk auf dem Wasser? Wie sollen die Bewohner im kalifornischen Long Beach das sonderbare Schiff beschreiben, das am 20. Juni 1974 kurz nach Mitternacht ihren Hafen verlässt?

In der Mitte des fast 200 Meter langen Stahlungetüms ragt eine Art Förderturm 60 Meter hoch empor, von dem aus eine gewaltige Rutsche abwärts führt. Rechts und links davon stehen zwei weitere Türme, ringsherum schlingen sich Metallrohre und Leitungen, dazwischen stehen Ladekräne.

Das ganze Schiff ist labyrinthartig von Aufbauten bedeckt; am Heck lassen sich im Dunkeln schemenhaft Kabinen mit Fensterreihen erkennen, die Brücke sowie eine Hubschrauberlandefläche.

Was also ist dieses Gefährt?

In der Presse können die Menschen Folgendes lesen: Der bekannte Unternehmer und etwas exzentrische Milliardär Howard Hughes wolle mit dem Schiff auf dem Meeresboden in großer Tiefe nach Manganknollen suchen. Ein Aufwand, der sich lohnen könnte. Denn die natürlich vorkommenden metallenen Klumpen enthalten neben Mangan noch andere wertvolle Elemente wie Kobalt, Kupfer und Nickel.

Eigens für die Förderung dieser Rohstoffe habe Hughes das Spezialschiff "Hughes Glomar Explorer" bauen und von der Ostküste der USA um die Südspitze des Doppelkontinents fahren lassen, denn für den Panama-Kanal ist das Gefährt mit 35 Metern zu breit.

Das geplante Tiefsee-Abenteuer, von dem die Journalisten berichten, ist eine typisch amerikanische Story von Risikobereitschaft, Pioniergeist und der Aussicht auf große Gewinne. Sie hat nur einen Haken: Sie ist frei erfunden.

In Wahrheit soll die "Hughes Glomar Explorer" im Auftrag der CIA ein gesunkenes sowjetisches U-Boot bergen.

o

**SEIT MEHREREN JAHRZEHNTEN** tobt nun schon der stille Krieg der Geheimdienste. Beide Supermächte setzen beim Kampf gegen das andere Lager auf streng geheime Kommandoaktionen – auf Putschversuche, Sabotageakte, Attentate. Der US-Geheimdienst CIA stürzt unbequeme Regierungen, etwa 1953 die des iranischen Premiers Mossadegh. Der sowjetische KGB unterstützt Terrorgruppen wie die IRA. Die meisten dieser Aktionen verstoßen gegen geltendes Recht, sind moralisch verwerflich, dreckig.

Vor allem aber sind diese Methoden, bei denen Menschen auf geheime Missionen geschickt werden, für die USA in den streng abgeriegelten Ostblockstaaten nur schwer anwendbar.

Daher verfolgt die US-Regierung bald mit Nachdruck eine Strategie, die effizientere und sauberere Erfolge verspricht: die Beobachtung und Überwachung des Feindes mithilfe modernster Technik. Es ist ein Feld, in dem die USA ihre wissenschaftliche Überlegenheit ausspielen können.

So schicken die Amerikaner Flugzeuge vom Typ Lockheed U-2 in die Stratosphäre, um mit Spezialkameras aus einer Höhe von 18 000 Metern das Gebiet der UdSSR, Chinas, Kubas und anderer Staaten zu fotografieren.

Ab Mitte der 1960er Jahre sammeln die USA ihre Daten immer häufiger mithilfe von Satelliten. Nach und nach setzt sich in der CIA die Überzeugung durch, man könne vor allem mittels dieser Techno-Spionage den Wettkampf mit dem KGB gewinnen, sich zumindest einen entscheidenden Vorteil verschaffen.

Zum wichtigen Element der antisowjetischen Strategie wird ein komplexes Frühwarnsystem: Radaranlagen auf Schiffen sowie in Beobachtungsposten an Land erfassen Daten, die an Kommandozentralen übermittelt werden. Die dort eingesetzten Computer schlagen Alarm, sobald ein unbekanntes Flugobjekt in den US-Luftraum eindringt.

**DAS BERGUNGSSCHIFF**, die »Hughes Glomar Explorer«, ist höchst auffällig – wird aber mit einer ausgetüftelten CIA-Legende getarnt: Ein exzentrischer US-Milliardär suche damit wertvolle Metalle auf dem Meeresgrund, heißt es

**EIN SYSTEM,** das eigens für das Projekt entwickelt worden ist: An einem Rohrgestänge wird aus der „Glomar Explorer" eine Apparatur mit Greifern, Scheinwerfern und Kameras hinuntergelassen. Sie verschwindet später, zusammen mit dem Wrack, wieder im Schiffsbauch

Ein weiteres Warnsystem überwacht die Meere, deren strategische Bedeutung mit der Entwicklung von atomgetriebenen U-Booten, die mehrere Wochen ununterbrochen tauchen können, deutlich zugenommen hat. Hochsensible Mikrofone, am Meeresboden verankert, registrieren jedes Geräusch vorbeifahrender Schiffe. Von Flugzeugen abgeworfene Horchbojen, Sensoren an Satelliten und

Aufklärungsschiffe liefern zusätzliche Informationen.

o

**NEBEN DEM ATLANTIK** liegt vor allem der Nordpazifik, wo sich die Einflusssphären der Supermächte direkt berühren, im Blick der Amerikaner. Ende der 1960er Jahre erstreckt sich ein Schutzgürtel aus

künstlichen Augen und Ohren von der US-Westküste über Hawaii bis nach Alaska und zu den japanischen Inseln.

Kaum ein sowjetisches Schiff kann noch von den USA unentdeckt den Pazifik befahren.

Und so haben die Amerikaner wohl auch bemerkt, dass in den frühen Stunden des 25. Februar 1968 ein sowjetisches U-Boot seinen Stützpunkt auf der Halb-

**DIE USA** setzen im Kalten Krieg verstärkt auf Hightech-Spionage, etwa auf Satelliten und Überwachungsflugzeuge. Mit den Kameras dieses Überschalljets vom Typ SR-71 »Blackbird« erkundet die US-Luftwaffe ab 1966 Feindesland aus mehr als 20 Kilometer Höhe

insel Kamtschatka verlassen hat und sich auf dem Weg nach Südwesten befindet.

„K-129" ist offenbar auf einer Patrouillentour in Richtung Hawaii, in die Nähe der Gewässer des amerikanischen Feindes. Das U-Boot, das zur Golf-Klasse zählt, gilt als veraltet. Es hat, anders als die Atom-U-Boote, noch einen klassischen Diesel/Elektromotor: Einmal abgetaucht, schiebt der elektrische Antrieb das Boot voran, doch nach vier Stunden muss der Diesel einspringen, um die Batterien wiederaufzuladen. Das U-Boot hat dann auf Schnorcheltiefe zu steigen, um Frischluft für den Motor anzusaugen und die giftigen Abgase abzuleiten.

Bei einem solchen Manöver wohl kommt es Anfang März 1968 an Bord der „K-129" mitten im Pazifik zu einem verhängnisvollen Unfall. Durch einen Defekt dringt gasförmiger Wasserstoff aus der Batterie in das Innere des Bootes. Es kommt zu einer Explosion, die die Außenwände beschädigt. Wasser strömt ein, der Dieselmotor hört auf zu arbeiten. Die Elektronik ist beschädigt, die Lichter

fallen aus. Das 100 Meter lange Schiff sinkt – und schlägt bald darauf in 5000 Meter Tiefe auf dem Meeresboden auf. Ein stählernes Grab.

Als die Funksprüche der „K-129" ausbleiben, beginnt die sowjetische Marine mit der Suche nach dem U-Boot. Aufklärungsschiffe, als Fischkutter getarnt, folgen dem Weg des U-Boots und tasten mit Sonarsignalen das Meer ab.

Doch das Areal ist sehr weiträumig, die See gerade jetzt extrem stürmisch – und die sowjetische Technik kaum fähig, ein Wrack unter diesen Bedingungen in fünf Kilometer Tiefe aufzuspüren.

Im Juni 1968 stellen Moskaus Militärs ihre Suche ein.

Was sie nicht wissen: Die Amerikaner kennen den Unglücksort. Die US Navy hat die Suchaktion der sowjetischen Flotte nämlich beobachtet und ist neugierig geworden. Technikspezialisten des US-Militärs haben in den Daten ihres Überwachungssystems nach Unregelmäßigkeiten gesucht. Mit Erfolg: Für den 11. März konnten sie eine Explosion aus-

machen – genau 2944 Kilometer nordwestlich von Hawaii.

Als die Navy sich sicher ist, dass Moskaus Marine die Suche aufgegeben hat, schickt sie eines ihrer modernsten Aufklärungsschiffe zur Unglücksstelle. Fast zwei Monate lang untersucht die „Mizar" mit Sonar, Spezialkameras und Magnetsensoren den Meeresgrund. Und hat Erfolg: Im Sommer 1968 ist die havarierte „K-129" gefunden.

Aufnahmen, die ein US-U-Boot bald darauf von der Stelle macht, bestimmen die präzise Lage auf dem Grund. Sie zeigen auch, dass „K-129" in zwei Teile zerbrochen ist, die etwa 30 Meter voneinander entfernt liegen.

o

**BALD DARAUF TREFFEN SICH** US-Geheimdienstleute, Regierungsvertreter und Militärs zu Gesprächen über den Fall – und entwickeln einen verwegenen Plan: Sie wollen prüfen, ob es möglich ist, einen Teil des U-Boots und der Waffen an Bord zu bergen. Sollte das gelingen, wäre es ein beispielloser Coup.

Welche Erkenntnisse eine Bergung von „K-129" erbringen könnte, erhellt ein Report, den die CIA kurz darauf für das Verteidigungsministerium anfertigt. Die Schlussfolgerungen des Berichts sind beeindruckend: Höchstwahrscheinlich befinden sich ballistische Atomraketen samt dem dazugehörigen Abschusssystem an Bord. Selbst mit Teilen dieser Raketen könnten die Experten wichtige Informationen über den Stand von Moskaus Atomprogramm gewinnen.

Zudem sei es wohl auch möglich, in den Besitz sowjetischer Torpedos mit Nuklearsprengköpfen zu gelangen.

All das wäre einen hohen Preis wert. Und so entscheidet die Regierung unter Präsident Richard Nixon, das geheime Projekt tatsächlich anzugehen.

Die Bergung eines 2000 Tonnen schweren Wrackteils aus 5000 Meter Tiefe ist eine nie da gewesene technische Herausforderung. Allenfalls den hochqualifizierten Wissenschaftsabteilungen der CIA trauen die Verantwortlichen die Planung zu. Doch auch die Geheimdienstleute, die nun beauftragt werden, holen sich bald Unterstützung von Spezialfirmen für Marinetechnik.

Die Planer einigen sich darauf, für die Aufgabe ein neues Schiff zu konstruieren, ein gewaltiges schwimmendes Bergungsgerät. Ein solches Projekt ist aber zu aufwendig und zu groß, um es vollständig zu verheimlichen. Irgendwann würden US-Presse und sowjetischer Geheimdienst darauf aufmerksam werden.

Eine Legende muss her, eine Story, die nicht völlig unrealistisch ist und gleichzeitig verrückt genug, um ein Unternehmen dieses Ausmaßes glaubwürdig erscheinen zu lassen. Ein Strohmann soll dem Riesenprojekt ein Gesicht und eine passende Geschichte geben.

Einer wie Howard Hughes. Der verschrobene Multimilliardär aus Texas hat schon häufig erfolgreich mit der CIA zusammengearbeitet – und beschäftigt zudem zahlreiche ehemalige Geheimdienstmitarbeiter.

Seine Flugzeug- und Rüstungsfirmen gelten als Hoflieferanten des Pentagon und der CIA: 90 Prozent des Umsatzes macht „Hughes Aircraft" mit Regierungsaufträgen.

Und noch einen Vorteil hat der einst glamouröse Frauenschwarm Hughes: Als ihn die CIA kontaktiert, lebt der inzwischen zunehmend von Zwängen geplagte 64-Jährige in einer von der Außenwelt nahezu völlig abgeschirmten Hotelsuite in Las Vegas. Mit seinem Personal – Hughes stellt häufig Mormonen ein, da er sie für weniger korrupt hält – kommuniziert er meist nur über handschriftliche Notizen. Das Risiko, dass der Unternehmer sich verplappert und mit der Presse spricht, geht gegen null.

Nach wie vor hat Hughes auch den Ruf, ein Pionier zu sein: 1947 etwa hat er ein riesiges hölzernes Flugboot bauen lassen, mit einer unerreichten Spannweite von fast 100 Metern. Ein schwimmendes Bergwerk, mit dem er die Rohstoff-Reichtümer der Ozeane ausbeuten will (so nun die Idee für die Tarnlegende), ist dem Milliardär durchaus zuzutrauen.

Unter seinem Namen beauftragt die CIA mehrere Unternehmen mit dem Bau des Schiffes und der Bergungstechnik.

„Project Azorian", so der Codename der Geheimoperation, kann beginnen.

Gut zwei Jahre später, im November 1972, läuft die „Hughes Glomar Explorer" in einer Werft an der amerikanischen Ostküste vom Stapel, ein technisches Meisterstück. Ihr entscheidendes Merkmal verbirgt sich in ihrem Bauch: der

*Moon Pool*, das „Mondbecken" – eine rechteckige, nach unten zeigende Öffnung im Rumpf, mit einer Fläche von gut 1100 Quadratmetern, verschlossen von zwei gewaltigen Stahlluken.

Am Einsatzort wird durch die Öffnung, so der Plan, eine Bergevorrichtung an einem Rohrgestänge ins Wasser hinuntergelassen. In fünf Kilometer Tiefe soll die gewaltige Vorrichtung das Wrackteil der „K-129" mit acht Greifern fassen, anheben und nach oben ziehen.

Für die Mannschaft heuert die CIA Spezialisten von Bohrinseln an, weil deren Tätigkeit auf hoher See der geforderten Arbeit ähnelt. Erst im späteren Verlauf der Anwerbung erfahren die Crew-Mitglieder den wahren Zweck der Mission und müssen Verschwiegenheit zusichern. Die Arbeiter lernen Russisch, wohl um Beschriftungen auf dem Wrack entziffern zu können, und müssen sich Grundkenntnisse über U-Boote und Atomwaffen aneignen.

Immer wieder trainieren die Männer technische Abläufe. Nach mehreren Testfahrten an der Atlantikküste bricht das Bergungsschiff im Sommer 1973 schließlich Richtung Pazifik auf.

Unterdessen hat die Presseabteilung von Hughes das Projekt offiziell angekündigt. Und der Plan der CIA scheint aufzugehen: Kein Journalist zweifelt an der Tarnlegende.

Doch dann gibt es Unregelmäßigkeiten: Anfang Juni 1974, noch ehe das Schiff seine eigentliche Arbeit aufgenommen hat, brechen Unbekannte in die Firmenzentrale von Hughes ein, durchsuchen mehrere Büroräume und verschwinden mit 68 000 Dollar Bargeld sowie diversen Dokumenten.

Die Polizei von Los Angeles glaubt anfangs, dass Hughes den Einbruch fingiert hat, um Unterlagen vor dem Zugriff der Steuerbehörde zu schützen. Doch sind bei dem Einbruch auch Dokumente verschwunden, die eine Verbindung des Unternehmers zum CIA-Projekt belegen. Der Geheimdienst informiert die Polizei, dringend nach einem ungewöhnlichen Schriftstück Ausschau zu halten.

Es taucht nicht mehr auf; auch wird der Einbruch nie aufgeklärt. Um diese Zeit jedoch wird der sowjetischen Botschaft in Washington eine Notiz zugespielt, dass die Amerikaner das gesunkene U-Boot bergen wollen. Moskaus Marineexperten schenken dem Hinweis allerdings kaum Glauben – zu unrealistisch erscheint es ihnen offenbar, ein Wrack aus diesen Tiefen zu heben.

°

**AM 4. JULI 1974** erreicht die „Glomar Explorer" ihren Einsatzort. An Bord: 172 sorgfältig trainierte Seeleute und Arbeiter sowie Vorräte für 80 Tage.

In dieser Zeit muss die Bergung gelingen, auch wenn gerade jetzt Stürme zu erwarten sind – immerhin verfügt das Schiff über eine hochmoderne Steuerautomatik, die es selbst bei bis zu acht Windstärken und haushohen Wellen nie weiter als 50 Meter abdriften lässt.

Doch kaum hat die „Glomar Explorer" ihre Position eingenommen, zieht ein so starker Sommersturm auf, dass die Technik überfordert ist. Am 18. Juli

taucht dann auch noch ein sowjetisches Schiff auf: Die „Chazhma" nähert sich der „Glomar Explorer", schickt einen Hubschrauber, der gefährlich nahe über dem Bergungsschiff kreist. Provokativ offen fotografieren sowjetische Crew-Mitglieder das US-Schiff.

Stellt der gegnerische Geheimdienst also doch der „Glomar Explorer" nach? Kennt er ihren wahren Auftrag?

Was die Mission der „Glomar Explorer" sei, lässt der Kapitän der „Chazhma" per Funk fragen. Tiefseebohrung, lautet die Antwort der Amerikaner. Was sie mit sich führe? Bohrmaterial.

„Ich wünsche euch alles Gute", funkt der Seemann zurück. Dann dreht das sowjetische Schiff ab. Wieder ist die Legende offenbar glaubhaft. (Die Besatzung der „Chazhma" hatte zuvor den Auftrag, die Flugbahn des am 3. Juli gestarteten Raumschiffs Sojus 14 zu beobachten, und ist auf der Heimfahrt zufällig auf das amerikanische Schiff aufmerksam geworden.)

Am 20. Juli kann das eigentliche Manöver beginnen. Das „Mondbecken" öffnet seine stählernen Luken. Dann wird

die Greifvorrichtung, ein 2000-Tonnen-Koloss von 55 Meter Länge und zehn Meter Breite, durch die rechteckige Öffnung zu Wasser gelassen. Anschließend senken die Seemänner das Rohrgestänge ab, an dem der Greifer hängt – in jeweils neun Meter langen Teilstücken, die nach und nach aneinandermontiert werden. Mehrere Tage braucht die Mannschaft für den Vorgang.

Das Manöver ist anspruchsvoll – und trotz guter Vorbereitung und genauer Ortung des Wracks kann niemand sicher sein, dass die Methode, die ja eigens für diesen Fall entwickelt worden ist, tatsächlich funktioniert. Immerhin sind die Bedingungen ideal, die Stürme haben sich gelegt, das Meer ist ruhig.

Doch es gibt Probleme, zwischenzeitlich hakt das Gestänge, dann verliert das Hydrauliksystem der Apparatur Druck. Aber die Defekte können behoben werden, und so erreicht die Bergevorrichtung schließlich den Meeresboden. Die eingebauten Kameras liefern scharfe Bilder des Wracks, lassen im grünblauen Licht der Thalliumiodid-Scheinwerfer sogar Fische und Krebse auf den Monitoren oben im Kontrollzentrum des Schiffs erkennen.

Jetzt beginnt der schwierigste Teil: die eigentliche Bergung des Zielobjekts, des vorderen, etwa 40 Meter langen Wrackteils, in dem sich die Atomwaffen befinden. Die Greifer müssen ihre Beute wie ein Käfig umschließen, damit das Stück von „K-129" zwischen ihnen wie eine Art riesige Zigarre lagern kann.

Mit großem Druck rammen die Techniker per Fernsteuerung die Zinken der Greifer nun beidseitig unmittelbar neben dem Zielobjekt in den harten Meeresgrund und schließen sie um den U-Boot-Rumpf. Dann das entscheidende Kommando: Anheben!

Das Gestänge der „Glomar Explorer" ächzt unter der gewaltigen Last von etwa 4000 Tonnen, die Wrack und Greifkonstruktion zusammen wiegen. Aber die Technik funktioniert: Meter für Meter bewegt sich das Wrackteil Richtung Wasseroberfläche – jedenfalls für einige

**EIN SPEZIALFLUGZEUG** fängt eine Kapsel mit umfangreichen Daten ein, die von einem Spionagesatelliten abgeworfen worden ist. Die Erkenntnisse aus der etwa 500 Millionen Dollar teuren Bergungsaktion der »K-129« sind dagegen eher begrenzt

**SATELLITEN HELFEN** der »Glomar Explorer«, punktgenau zu navigieren. Dieses Exemplar eines künstlichen Erdtrabanten soll allerdings heimliche Atombombentests der Gegenseite aufspüren – indem es vom Weltall aus radioaktive Gammastrahlung misst

Zeit. Doch nach gut 2000 Metern durchzieht plötzlich ein Zittern die gesamte Apparatur bis hinauf zum Schiff.

Ein Desaster: Einer der Greifer hat sich gelockert, das Wrackteil dreht sich in der Bergevorrichtung – und zerreißt.

Wenig später rauscht der größte Teil der Beute wieder zurück in die Tiefe. Wie sich später zeigen wird, ausgerechnet das Segment mit den Atomraketen.

Trotz der Enttäuschung arbeiten die Männer weiter. Und heben schließlich ein gut zehn Meter langes Stück des Bugs von „K-129" in den Bauch des Bergungsschiffs. Am 12. August fährt die „Glomar Explorer" mit ihrer Fracht zurück nach Kalifornien. Noch während der Fahrt beginnt an Bord die Untersuchung des Wracks. Spezialisten in Schutzanzügen nehmen Gegenstände, Materialien und die Sprengköpfe der in dem gehobenen Teil gefundenen Nukleartorpedos in Augenschein. Ende August werden die Fundstücke schließlich in Long Beach ans kalifornische Festland gebracht.

Bis Anfang 1975 erfährt die Öffentlichkeit nichts von der wahren Fracht der „Glomar Explorer". Im Februar jenes Jahres aber publiziert die „Los Angeles Times" einen Beitrag, der sich auf Informanten im Sicherheitsapparat beruft und von der geheimen Bergungsaktion eines sowjetischen U-Boots berichtet.

Daraufhin wird der CIA-Chef persönlich aktiv, um weitere Berichte zu verhindern – doch vergebens. Im März 1975 spricht auch der Investigativ-Journalist Jack Anderson in einer Radiosendung über das Azorian Project. Neue Zeitungsartikel folgen.

Von dem tatsächlichen Geschehen weichen die veröffentlichten Versionen allerdings teils erheblich ab, widersprechen sich gegenseitig: Mal liegt der Schauplatz der Geschehnisse im Atlantik, mal handelt es sich um ein Atom-U-Boot, mal soll „K-129" als Ganzes geborgen worden sein, mal waren es nur einzelne Teile.

Die CIA dagegen schweigt – jahrzehntelang. Erst 2010 erfährt die Öffentlichkeit ihre Version der Vorgänge. Doch in dem freigegebenen Bericht ist rund ein Drittel des Textes geschwärzt.

Groß scheinen die Erkenntnisse der Mammutaktion in jedem Fall nicht gewesen zu sein. Zwar haben die geborgenen Nukleartorpedos sowie einige

**LITERATURTIPPS**

**N. POLMAR AND M. WHITE**
»Project Azorian:
the CIA and the raising
of the K-129«
Neueste Rekonstruktion
dieses Falls (Naval Institute).

**RICHARD HACK**
»Hughes«
Biografie des beteiligten
US-Milliardärs
(New Millennium).

Dokumente aus dem Wrack den US-Militärs wohl brauchbares Detailwissen erbracht. Doch die ersehnten Informationen über die Atomraketen konnte das Azorian-Projekt nicht liefern – die waren ja beim Hebevorgang mit dem abgebrochenen Teil wieder in die Tiefe gesunken.

Die Kosten für das Projekt verschweigt die CIA bis heute. Schätzungen gehen von bis zu 500 Millionen Dollar aus – damals etwa so viel wie für eine bemannte Mondmission.

Und die Sowjetführung? Moskau scheint kaum beunruhigt, als die Presse von der Bergung berichtet. Denn die Militärexperten der UdSSR sind sich sicher, dass die Amerikaner keiner ihrer Atomraketen habhaft geworden sind – und die anderen technischen Vorrichtungen von „K-129" zählen bereits zu einer älteren Generation von Ausrüstung, die gerade ohnehin in der Sowjetmarine ausgetauscht wird. Zu einem Konflikt zwischen Moskau und Washington kommt es wegen des U-Boots auch deshalb nie.

Die Amerikaner setzen am Ende des Azorian-Projekts sogar eine Geste des Respekts für den Gegner. Einigen sowjetischen Seeleuten verhelfen sie zu einem würdigen Ende: 1992 überreichen die Amerikaner dem russischen Präsidenten Boris Jelzin einen Film, in dem zu sehen ist, wie eine US-Ehrengarde sechs sowjetische Matrosen feierlich bestattet. Die Kamera fängt ein, wie die aus der untergegangenen „K-129" geborgenen Leichen in einen roten Stahlbehälter gebettet und langsam hinabgelassen werden.

Zurück in die Tiefen des Meeres. ◊

# BLAUPAUSEN *AUS* MOSKAU

Mit allen Mitteln versuchen die Supermächte an Informationen über die gegnerische Rüstung zu gelangen. 1977 dient sich der CIA in Moskau der Ingenieur Adolf Tolkatschow an: Jahrelang verrät der Spion Details über die sowjetische Luftverteidigung. Dann kommt ihm der KGB auf die Spur

**TEXT:** *Curt Schneider*

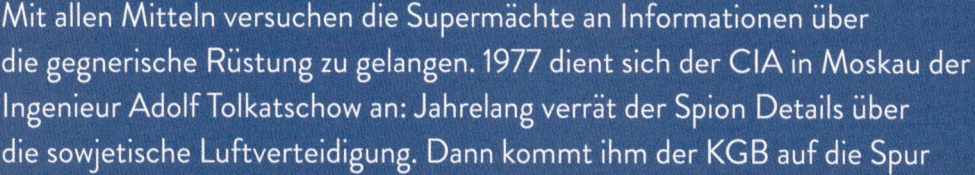

**TOLKATSCHOW ARBEITET** in einem Moskauer Militärinstitut als Radar-Experte. Sein von der CIA gefälschter Betriebsausweis (l.) hilft ihm zeitweise, Papiere aus der dortigen Bibliothek auszuleihen. Er schmuggelt Tausende Dokumente hinaus und fotografiert sie dann ab

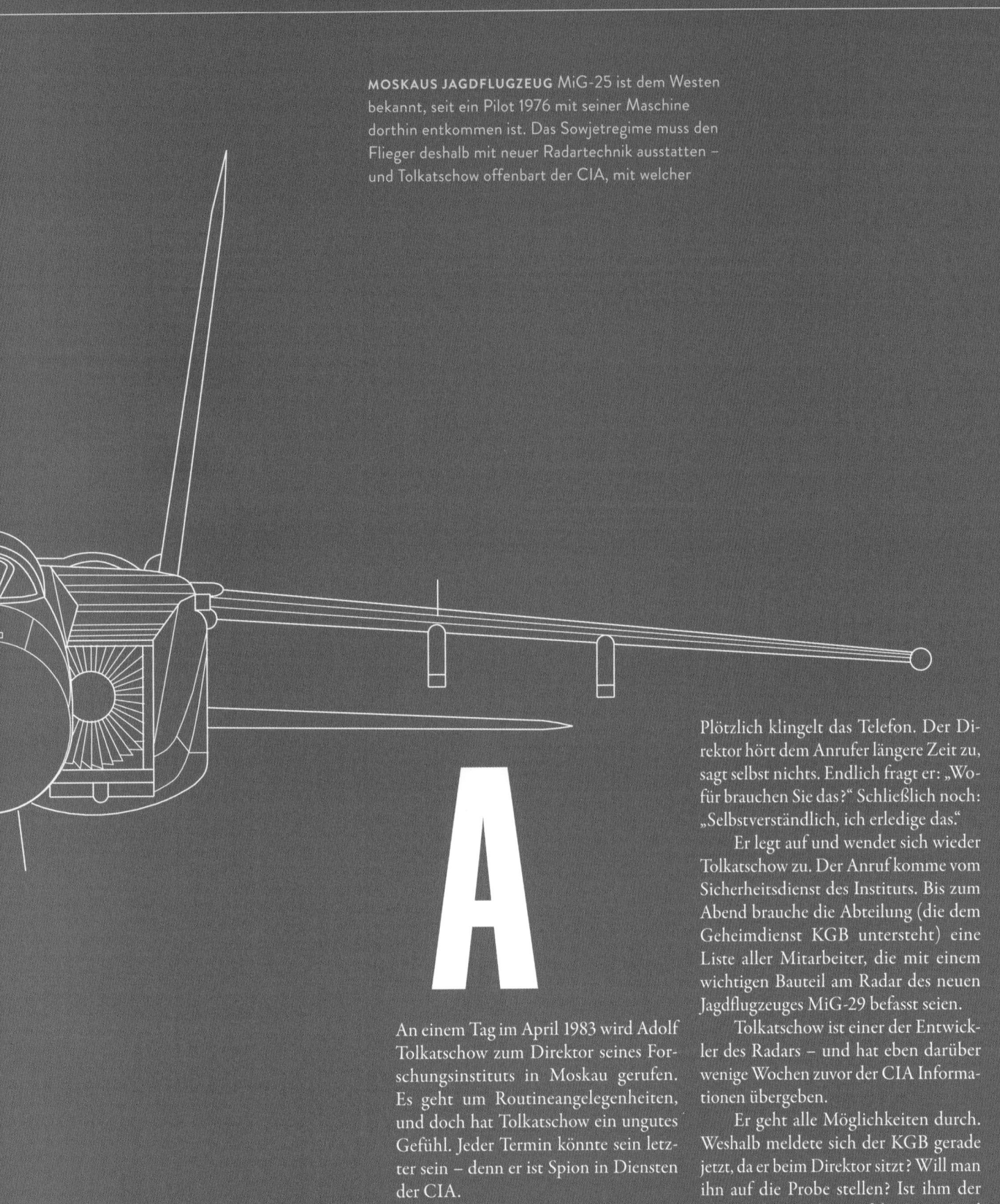

**MOSKAUS JAGDFLUGZEUG** MiG-25 ist dem Westen bekannt, seit ein Pilot 1976 mit seiner Maschine dorthin entkommen ist. Das Sowjetregime muss den Flieger deshalb mit neuer Radartechnik ausstatten – und Tolkatschow offenbart der CIA, mit welcher

**A**n einem Tag im April 1983 wird Adolf Tolkatschow zum Direktor seines Forschungsinstituts in Moskau gerufen. Es geht um Routineangelegenheiten, und doch hat Tolkatschow ein ungutes Gefühl. Jeder Termin könnte sein letzter sein – denn er ist Spion in Diensten der CIA.

Anfangs dreht sich das Gespräch wie erwartet um Belanglosigkeiten.

Plötzlich klingelt das Telefon. Der Direktor hört dem Anrufer längere Zeit zu, sagt selbst nichts. Endlich fragt er: „Wofür brauchen Sie das?" Schließlich noch: „Selbstverständlich, ich erledige das."

Er legt auf und wendet sich wieder Tolkatschow zu. Der Anruf komme vom Sicherheitsdienst des Instituts. Bis zum Abend brauche die Abteilung (die dem Geheimdienst KGB untersteht) eine Liste aller Mitarbeiter, die mit einem wichtigen Bauteil am Radar des neuen Jagdflugzeuges MiG-29 befasst seien.

Tolkatschow ist einer der Entwickler des Radars – und hat eben darüber wenige Wochen zuvor der CIA Informationen übergeben.

Er geht alle Möglichkeiten durch. Weshalb meldete sich der KGB gerade jetzt, da er beim Direktor sitzt? Will man ihn auf die Probe stellen? Ist ihm der Geheimdienst schon auf der Spur? Sind womöglich seine handschriftlichen Notizen für die CIA abgefangen worden? Und selbst wenn der KGB ihn bislang noch nicht in Verdacht haben sollte, suchen die Geheimdienstler offensichtlich nach einer undichten Stelle – und sie sind ihm bedrohlich nahegekommen.

Der 56-Jährige beschließt, alles belastende Material zu vernichten. Vor allem will er dem KGB nicht lebend in die Hände fallen. Er verrät seit Jahren Informationen von ungeheurer strategischer Bedeutung, und er weiß, wie die Spionageabwehr mit Leuten wie ihm umgeht.

Er fährt heim und holt am nächsten Tag aus einem Zwischengeschoss in seiner Wohnung sein Handwerkszeug: eine Spiegelreflexkamera, ein Heft mit Notizen über Radargeräte sowie die Discus, eine Art frühes Mobiltelefon, mit dessen Hilfe er seinem CIA-Kontaktmann über einige Hundert Meter Entfernung abhörsicher kurze Nachrichten schreiben kann.

Schließlich steckt er auch noch die Zyankali-Kapsel ein, die er bei einer Verhaftung zerbeißen würde. Mit Glück wird ihn die Blausäure binnen Sekunden töten. Wenn nicht, kann es qualvolle Minuten dauern, bis ihm das Gift Magen und Darm von innen zerfrisst.

Aus dem Fenster seiner Wohnung sieht er die nahe gelegene US-Botschaft. Doch was hilft ihm das? Ohne Frau und Sohn will er nicht weg. Er packt die Kamera, die Discus sowie alle Unterlagen in seinen Wagen und fährt in Richtung Norden. Nach 80 Kilometern hat er das Wochenendhaus der Familie erreicht.

Tolkatschow schürt den Holzofen an. Alles kommt ins Feuer: Kamera, Notizen, Discus. Einige Metallteile verschmoren nicht im Ofen. Die Reste der Discus muss er auf der Rückfahrt aus dem Autofenster entsorgen. So endet das modernste Kommunikationsgerät der Amerikaner im Straßengraben vor Moskau.

Außer der Giftkapsel besitzt er nun nichts mehr, was ihn verraten könnte.

Tags darauf ist er zurück am Arbeitsplatz. Was wird ihn dort erwarten? Die Giftkapsel hält er in seiner Jackentasche parat. Angst um sein Leben: nein.

Grauen vor den Verhörmethoden des KGB: ja.

Am Schreibtisch im Großraumbüro, unter den Augen der Kollegen, werden sie ihn wohl nicht verhaften. Das wird diskreter geschehen, wahrscheinlich im Büro des Direktors. Und dorthin wird Tolkatschow nun tatsächlich beordert. Gut möglich, dass die Greifer hinter der Tür lauern und ihm sofort die Arme auf den Rücken drehen. Es wird keine Zeit bleiben, in die Jackentasche zu greifen.

Er nimmt die Zyankali-Kapsel unter die Zunge. Am Zerbeißen der Kapsel im Mund, so rechnet er sich aus, werden sie ihn nicht hindern können.

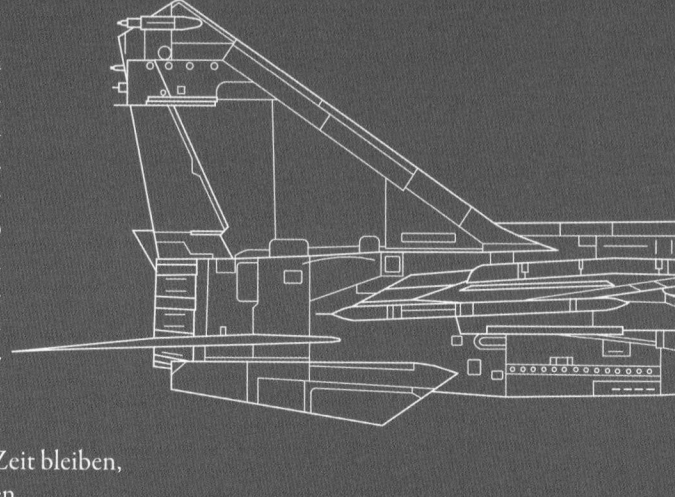

**B**egonnen hat alles knapp sechs Jahre zuvor an einer Tankstelle in Moskau. Am 12. Januar 1977 um sechs Uhr abends spricht Tolkatschow mit den Worten „Sind Sie Amerikaner?" Robert Fulton an, den Leiter der CIA in der US-Botschaft. Das Autokennzeichen zeigt seinen Diplomatenstatus an. Fulton zögert, hinter ihm warten fünf Autos.

Da lehnt sich der Unbekannte gegen die offene Tür und lässt aus seiner Faust einen Zettel ins Auto fallen, dann ist er verschwunden. Keine 15 Sekunden hat es gedauert. Auf dem Zettel: ein Angebot zu einem Treffen an einer Metro-Station, bei dem man „Angelegenheiten" besprechen könne. Weiter nichts, kein Name, kein Grund.

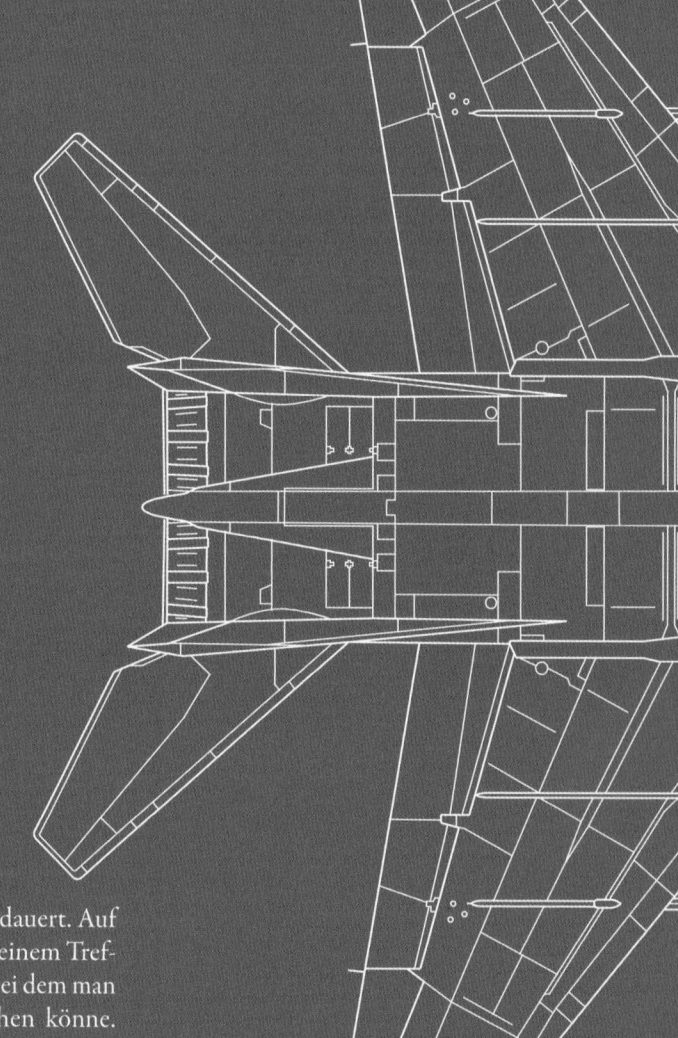

Die CIA reagiert nicht. Es kommt oft vor, dass Sowjetbürger Botschaften oder Bitten durchs Autofenster stecken. Aber weshalb hat der Unbekannte gerade den CIA-Mann angesprochen? Eine Falle?

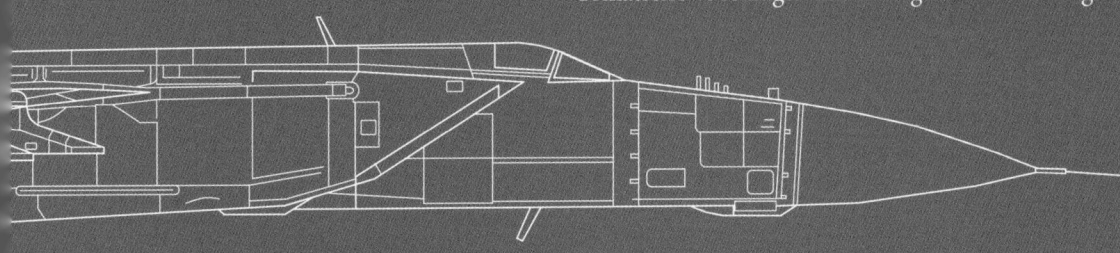

**ZWAR KÖNNEN** Jäger wie die MiG-25 in großer Höhe operierende Flugzeuge der USA orten, nicht aber amerikanische Marschflugkörper: Das dafür erforderliche spezielle Radarsystem befindet sich, wie das Pentagon durch Tolkatschow erfährt, noch in der Entwicklung

**DAS SOWJETMILITÄR** stellt 1981 eine MiG in Dienst, deren Ortungssystem erstmals durch einen Bordcomputer gesteuert wird. Den Hinweis darauf liefert der Spion in Moskau dem US-Geheimdienst – in Form von Blaupausen und Skizzen

Sollte Fulton am Treffpunkt erscheinen, könnte der KGB ihn verhaften und des Landes verweisen. Deshalb die Vorgabe aus Washington: äußerste Vorsicht.

Drei weitere Annäherungsversuche Tolkatschows schlagen in den folgenden Monaten fehl. Er sucht nach Fahrzeugen, deren Kennzeichen mit D-04 beginnt, das sind die Wagen der US-Botschaftsangehörigen. Diplomatenfahrzeuge mit sowjetischen Chauffeuren meidet er allerdings – er hält sich an die Autos mit amerikanischen Fahrern. Das sind die mit ungebügelten Hosen.

Im Dezember 1977 wartet er vor einem Straßenmarkt. Endlich hält ein Amerikaner, diesmal der Verwalter der Botschaftsresidenz. Tolkatschow nähert sich ihm und steckt ihm einen Umschlag zu. In einigen englischen Worten bittet er um Weiterleitung. Woher kann er wissen, dass der Amerikaner den Umschlag an die CIA weiterreicht? Er weiß es nicht. Er hat keine andere Chance.

Doch Gus Hathaway, seit dem Sommer Robert Fultons Nachfolger als Leiter der Moskauer CIA-Station, erhält tatsächlich die Nachricht.

Darin verrät der Unbekannte, er habe Zugang zur Entwicklung eines *Look-down/shoot-down*-Radars. Und er schlägt ein Treffen am 9. Januar vor.

Hathaway informiert sich bei einem Militärattaché der Botschaft: „Was in aller Welt ist ein Look-down/Shoot-down-Radar?" Darauf der Attaché: „Bist du verrückt? Das ist eines der verdammt wichtigsten Dinge auf der Welt."

Er erklärt, dass es sich um die Radar-Erfassung von tieffliegenden Objekten handele. Die gilt es von den Konturen der Erdoberfläche zu unterscheiden. Die Amerikaner haben das über viele Jahre entwickelt, und sie gehen davon aus, dass das Sowjetmilitär noch nicht über diese Technik verfügt. Aber ist der Unbekannte vielleicht ein Lockvogel des KGB?

Hathaway schätzt die Informationen als viel zu brisant für einen Köder ein. Er will den Mann unbedingt treffen. Doch das Hauptquartier entscheidet: Selbst wenn der Moskauer guten Willens sei, könnten seine Annäherungsversuche den KGB alarmiert haben. Der CIA-Direktor verfügt: „Do nothing." Tolkatschows kühner Plan droht zu scheitern.

o

**EIN JAHR LANG** hat er nun alles versucht, jeder Kontaktversuch war lebensgefährlich. Wie viele Abende hat er nach seiner Arbeit rund um die Tankstellen und Straßenmärkte nahe der Botschaft ausgeharrt – überall dort, wo US-Diplomaten ab und zu anhalten. Und wenn dann mal das richtige Auto stoppte, näherte er sich oft nicht, weil er Entdeckung durch den KGB befürchtete, der US-Diplomaten oft und CIA-Leute eigentlich immer beschattet.

Wie viel Kraft gehört dazu, eine Gelegenheit fahren zu lassen, wenn die Situation nicht ganz sicher zu sein scheint, nach vielen Stunden des Wartens bei im Winter 20 Grad unter null? Und nun muss er auch noch gegen die Bedenkenträger der CIA kämpfen.

Ein anderer hätte längst aufgegeben. Tolkatschow aber steigert jetzt den Einsatz. Denn er hat einen Zwölfjahresplan zur maximalen Schädigung der Sowjetunion entwickelt. Die CIA ahnt nicht, dass Tolkatschow Geheimnisse des sowjetischen Militärs verraten kann und will.

Dass er tödlich entschlossen ist, die nötige Intelligenz hat – und gute Nerven.

○

**AM 16. FEBRUAR 1978** ist Hathaway im Wagen mit seiner Frau in Moskau unterwegs, als an einer Kreuzung plötzlich jemand ans Autofenster klopft. Als die Frau das Fenster einen Spalt herunterkurbelt, steckt Tolkatschow rasch einen Umschlag hindurch. Darin seine private Telefonnummer bis auf die letzten zwei Ziffern.

Die, so schreibt er, werde er nächste Woche an einer bestimmten Bushaltestelle auf einem Schild in die Höhe halten. Hathaways Frau fährt an dem Tag an der Haltestelle vorbei und notiert die beiden fehlenden Ziffern. Nun könnte Hathaway von sich aus Kontakt aufnehmen, aber lässt man ihn auch?

Den Ausschlag gibt letztlich eine Anfrage des Pentagon an die CIA: Man benötige dringend Informationen zur sowjetischen Luftverteidigung. Nun erst gibt das CIA-Hauptquartier sein Okay.

Von der US-Botschaft aus anrufen kann Hathaway nicht, vermutlich sind alle Leitungen überwacht. Von einer Telefonzelle? Ein Anruf aus einer Zelle erregt gleich Verdacht. Zudem sind alle Kabinen nummeriert, jeder Anruf ist leicht nachzuverfolgen. Als es einmal doch gelingt, den KGB abzuschütteln, meldet sich an Tolkatschows Telefon dessen (nicht eingeweihte) Frau Natascha. Der CIA-Agent legt auf.

Am Abend des 1. März 1978 steht Hathaway an seinem Auto, als er den Unbekannten auf sich zukommen sieht. Er streckt seine linke Hand aus. Der Mann lässt im Vorübergehen einen Umschlag in die Hand des Amerikaners gleiten. „Poschalujsta", sagt er noch, „bitte sehr".

Mit den Informationen im Umschlag gibt sich der Mann vollständig zu erkennen. Mit seinem Klarnamen, seiner Adresse, seiner Arbeit: Adolf Tolkatschow, 51 Jahre alt, arbeitet im Moskauer Institut Phasotron, das Radargeräte für das Militär entwirft. Als Chefentwickler ist er die Nummer zwei in der Hierarchie.

Detaillierte Konstruktionsskizzen von Radargeräten liegen ebenfalls im Umschlag. Wird das endlich die CIA überzeugen? Der Geheimdienst untersucht das Material und meldet zurück, allein diese Informationen gingen bereits weit über das hinaus, womit ein KGB-Agent die Amerikaner locken würde.

Andererseits: Manche Informationen seien so neu, dass man sie derzeit noch gar nicht verifizieren könne.

Hathaway bestimmt John Guilsher zum Kontaktmann. Guilsher spricht perfekt Russisch. Für die nächsten zwei Jahre wird er für Tolkatschow die Stimme und bald auch das Gesicht der CIA sein. Im August 1978 setzen sie sich in Verbindung, gut anderthalb Jahre nach dem ersten Versuch an der Tankstelle.

In einem Bauarbeiterfäustling hinter einer Telefonzelle versteckt Guilsher die erste Nachricht. Dann ruft er Tolkatschow an und beschreibt ihm den Weg zum Fäustling. Darin liegen Anleitungen, wie der Spion Informationen zu Papier bringen soll – mit Geheimtinte. Seine Antwort schickt Tolkatschow per Brief an eine Deckadresse.

Am Neujahrsabend 1979 sind die KGB-Agenten vermutlich noch übermüdet von der Silvesternacht, und so beschließt die CIA, dass Guilsher erstmals Tolkatschow persönlich treffen soll. Nach einem Anruf kommt es an einer

AUCH MIT der zweistrahligen MiG-29 ist Tolkatschow an seinem Institut befasst. Dank seiner Berichte gewinnen die Amerikaner genaue Kenntnis von entscheidenden Details der Maschine, die US-Kampfjets der jüngsten Generation ebenbürtig ist

Telefonzelle im Zentrum von Moskau zum ersten direkten Rendezvous des Agenten mit seinem Spion.

„Nikolaj?" – das ist der verabredete Deckname für Guilsher. Tolkatschow schaut sich nicht nervös um, ob ihm jemand folgt, er ist ruhig und konzentriert. Anrufe daheim seien ungünstig, meint er, da oft seine Frau oder sein Sohn Telefonate annähmen.

Tolkatschow übergibt Guilsher eine Kladde mit 91 eng beschriebenen Seiten, darunter die Daten des neuen Kampfflugzeugs Suchoj Su-27, über das im Westen noch nichts bekannt ist.

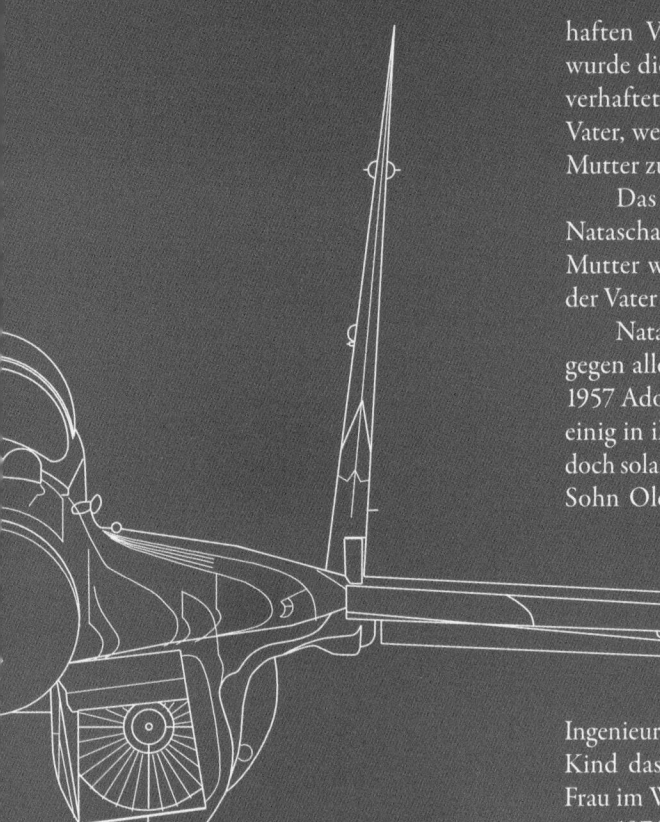

Hoch geheime Nachrichten wie diese übersetzt die Moskauer CIA-Abteilung ins Englische und kombiniert sie dann mit anderen Dokumenten, damit etwaige Mitleser die Spur zur Quelle schwerer zurückverfolgen könnten. Erst dann geht die Nachricht verschlüsselt an das US-Hauptquartier ab.

Guilsher und Tolkatschow sehen sich fortan alle paar Monate, fast immer am späten Abend. Selten dauern die Treffen länger als 15 oder 20 Minuten – zu gefährlich scheint es, wenn zwei Männer um diese Zeit durch die Straßen gehen. Jede Polizeikontrolle wäre das Ende.

Dennoch besprechen die beiden auch persönliche Fragen. Guilsher erfährt Tolkatschows Motive. Geld? Als Anerkennung für seine Verdienste: ja. Aber es treibt ihn nicht an. Sein wahres Motiv liegt viel tiefer: „Ich bin ein Regimegegner von ganzem Herzen", sagt er.

Seine Familie ist ein Opfer der Sowjetdiktatur. 1937, während der massenhaften Verfolgung unter Josef Stalin, wurde die Mutter seiner Frau Natascha verhaftet, sechs Tage später auch der Vater, weil der sich geweigert hatte, die Mutter zu denunzieren.

Das einzige Kind, die zweijährige Natascha, kam in ein Waisenhaus. Die Mutter wurde noch 1937 hingerichtet, der Vater überlebte acht Jahre Straflager.

Natascha, von Kindheit an immun gegen alle Sowjetpropaganda, heiratete 1957 Adolf Tolkatschow. Sie waren sich einig in ihrer Opposition zum Regime, doch solange ihr 1965 geborener einziger Sohn Oleg noch klein war, wollte der Ingenieur nichts unternehmen – um dem Kind das gleiche Schicksal wie seiner Frau im Waisenhaus zu ersparen.

1974/75 erhält der Oppositionsgeist der Tolkatschows neue Kraft durch das Wirken der Dissidenten Alexander Solschenizyn und Andrej Sacharow – doch was könnten sie tun, so fragen sich die Eheleute, Flugblätter verteilen?

Die Wende dann 1976 mit einer Weltsensation: Ein sowjetischer Jagdpilot entkommt mit seiner MiG-25 aus der Sowjetunion und landet in Japan. Die mit Tokyo verbündeten Amerikaner haben nun ein komplettes sowjetisches Luftwaffenradar in Händen.

**T**olkatschow erfährt davon durch heimliches Hören des Radiosenders „Voice of America". Da wird ihm klar, wie er sein Land maximal schädigen kann: durch Weitergabe von Geheimnissen. Er hat Zugang zu Informationen der höchsten Geheimhaltungsstufe. Er entwirft seinen Plan. Am Ende wird seine Verhaftung stehen oder der Suizid, das ist Tolkatschow klar. Sterben wird er in jedem Fall. Diesen Preis ist er bereit zu zahlen.

John Guilsher legt mögliche Treffpunkte und Zeiten Monate im Voraus fest. Nie sehen sie sich zweimal am gleichen Ort. Jeder Treffpunkt bekommt einen eigenen Codenamen. Dabei kann es leicht sein, dass ein Treffen misslingt, etwa weil sich Guilsher nicht sicher ist, ob er seine Verfolger losgeworden ist. Tolkatschow bestätigt einen vereinbarten Termin am Tag des Treffens durch eine erleuchtete Lampe in seiner Wohnung, später durch ein geöffnetes Oberlicht.

Aus der Bibliothek von Phasotron darf er sich Dokumente ausleihen – und in einer Spezialabteilung dort kann er dank seiner Stellung selbst geheimste Unterlagen einsehen. Allerdings dürfen die Dokumente nur im Institut verwendet werden und müssen bis 17 Uhr am gleichen Tag zurückgegeben werden.

Doch dem Spion gelingt es jahrelang, die Papiere in der Mittagspause aus dem Institut zu schmuggeln. Aktentaschen sind zwar verboten und Einkaufsbeutel werden durchsucht. Aber er versteckt die Dokumente einfach unter seinem Mantel, und niemand merkt es.

20 Minuten Fußweg hat er nach Hause, dort ist er mittags allein. Von Guilsher hat er die Kamera bekommen, dazu große Mengen Filme. Es ist ein handelsüblicher, ziemlich schwerer Apparat mit 35-Millimeter-Objektiv. Eine kleine Spionagekamera will er nicht – es wäre sein Todesurteil, wenn man sie fände.

Er braucht auch keine Spionagekamera, er fotografiert ja nicht heimlich von fremden Schreibtischen. Die Kamera könnte er gegenüber dem KGB noch rechtfertigen, auf dem Schwarzmarkt kann man sie kaufen. Lieber als eine Minikamera ist sie ihm obendrein, denn sie ist weitaus robuster: Er klemmt sie oben auf der Stuhllehne fest und legt die

Dokumente Seite für Seite auf die Sitz-fläche des Stuhls. Klick, nächste Seite.

Zum Ende der Pause um halb eins bringt er die Papiere zurück ins Institut. So geht das über Wochen, Monate, Jahre.

Bei einem Treffen übergibt er Guil-sher 179 Filme mit 6400 abfotografier-ten Seiten. Weil der Amerikaner nur eine Plastiktüte dabei hat, die nicht so viele Filme fassen kann, drückt ihm Tolka-tschow kurzerhand seine Aktentasche mit allen Filmen in die Hand.

**E**s ist Guilshers letztes Treffen mit Tolka-tschow. Der Agent wird in die USA zu-rückbeordert. Fortan übernimmt der CIA-Mann David Rolph die Treffen.

Die US Air Force schätzt den Wert von Tolkatschows Unterlagen auf min-destens zwei Milliarden Dollar – so viel habe man allein an Entwicklungskosten gespart. Und dank ihres Spions können die USA nun ein Jahrzehnt voraus in die Zukunft der sowjetischen Rüstung bli-cken, denn was Phasotron jetzt aufs Reiß-brett wirft, wird später in Serie gehen.

Von großer strategischer Bedeutung ist vor allem die Erkenntnis, dass Moskau keine Verteidigung gegen die neu ent-wickelten Cruise Missiles der USA hat.

Die sowjetische Militärmaschine ist machtlos gegen diese unbemannten Flug-körper, die nur wenige Meter über Grund fliegen und sich ihren Weg selbst suchen. Moskau hat kein Look-down/Shoot-down-Radar. Das muss Tolkatschow in seinem Institut erst entwickeln. Bis dahin werden noch Jahre vergehen.

Solange könnten die Amerikaner mit 100 Cruise Missiles gleichzeitig Mos-kau angreifen – und dort würde man es erst merken, wenn sie im Kreml einschlü-gen. Das weiß die Sowjetführung, aber dank Tolkatschow erfahren es nun auch

die Amerikaner. Eine breite strategische Lücke in der so-wjetischen Verteidigung.

∘

**WIE GELINGT ES** den CIA-Agenten, ihre Kollegen vom Sowjetgeheimdienst vor den Treffen mit Tolkatschow ab-zuschütteln – hier, in der Hauptstadt des KGB, fast in Sichtweite des Kreml?

Natürlich bedarf es akribischer Vorbereitung durch die CIA, am Ende jedoch scheitert der KGB auch an seiner eigenen Waschanlage. Denn die Verfolgerautos des Geheimdienstes sind für die Amerikaner leicht erkennbar: Viele tragen ein Dreieck aus Straßen-schmutz vorn auf der Küh-lerhaube – dort, wo die Autowaschanlage des KGB nicht ganz hinreicht.

Solange die CIA-Män-ner also ein Schmutzdrei-eck im Rückspiegel sehen, ist der KGB ihnen auf der Spur. Aber auch dann ist es noch eine Kunst, die Verfol-ger abzuwimmeln.

Am 14. Oktober 1980 geht das so: David Rolph, der Tolkatschow an diesem Tag zum ersten Mal tref-fen soll, kommt mit seiner Gattin spätnachmittags in die US-Botschaft, beide angezogen wie für eine Din-nerparty. Die sowjetische Wache vor dem Gebäude wird dem KGB vermutlich Folgendes melden: „Agent Rolph und Ehefrau be-treten in Abendkleidung Botschaft." Die Amerikaner wissen, dass der KGB die CIA-Leute genau kennt, viele sowjetische Geheimdienstler arbei-ten als Angestellte in der US-Botschaft.

Wenig später steigt Rolph als unauf-fälliger Mitarbeiter der US-Botschaft mit

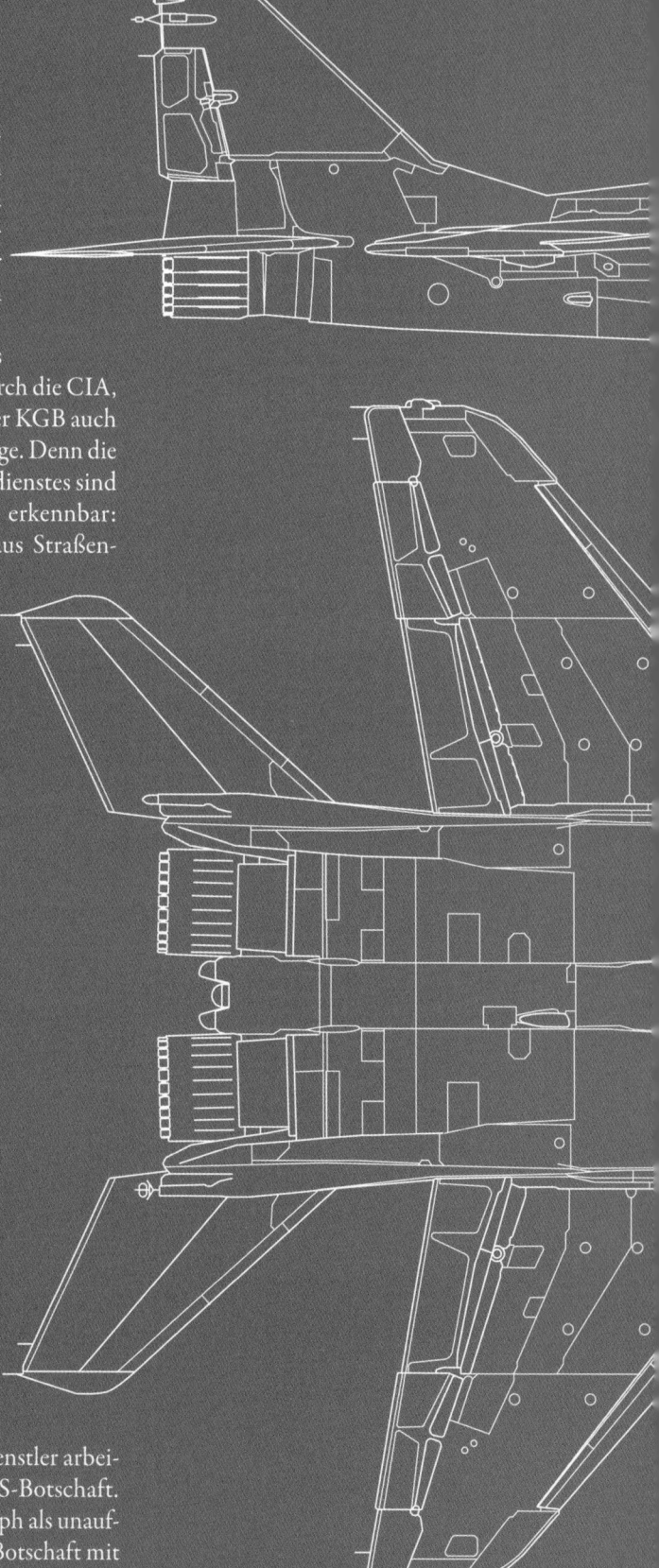

Vollbart im Hof auf den Beifahrersitz eines Wagens. Der Fahrer, ein Techniker aus der Botschaft, hat den KGB über Monate abgelenkt mit nichtssagenden Fahrten zu Buchläden, Flohmärkten oder zum Gassigehen mit dem Hund. Was die Verfolger im Moskauer Winterdämmer durch beschlagene Scheiben nicht sehen:

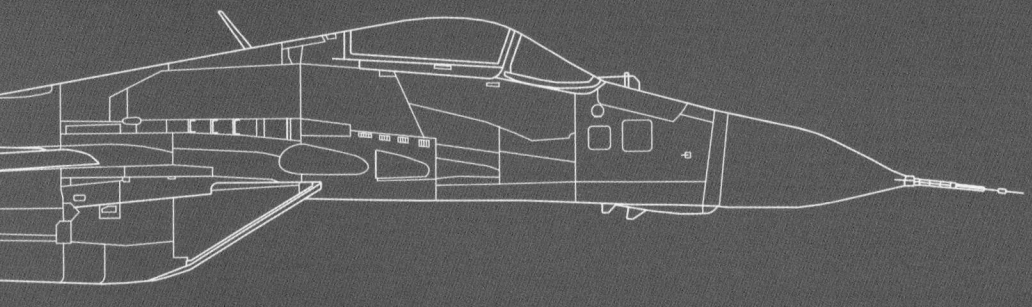

**RUND ZWEI MILLIARDEN DOLLAR**
Entwicklungskosten spart die US-Luftwaffe durch Tolkatschows Berichte: Sie kann die Konstruktionsweise ihrer Flugzeuge nun gezielt anpassen, sodass diese für den Gegner schwer auffindbar sind – etwa durch die Entwicklung der Tarnkappentechnik

Der Beifahrer trägt eine Perücke, der Vollbart ist angeklebt. Der KGB soll davon ausgehen, dass David Rolph nach wie vor in der Botschaft weilt.

Gewöhnlich setzt der KGB zur Verfolgung drei oder vier Fahrzeuge ein. Wenn die Geheimdienstler aber merken, dass man sie abhängen will, können sie im Nu ein Dutzend Verfolgerautos hinterherschicken, und man sieht nie dasselbe Auto im Rückspiegel.

Rolphs Vorteil: Er bestimmt, wohin die Reise geht. Die anderen müssen folgen. Jeder Zug ist vorausberechnet und dutzendfach geprobt. Der Wagen biegt

**1983 WIRD DER KGB** misstrauisch: Moskaus Geheimdienstleute haben offenbar entdeckt, dass das US-Militär plötzlich seine Flugzeuge überarbeitet, und beginnen, nach einer undichten Stelle in Tolkatschows Rüstungslabor zu suchen

überraschend ab, ein paar Sekunden Zeit, im gleichen Moment Perücke und Vollbart ab, der Agent springt aus dem Auto, der Fahrer gibt Gas, eine Puppe sitzt nun an Rolphs Stelle. Und der schlurft wie ein Moskauer Passant davon.

Dann hinein in einen Trolleybus, wieder heraus, ehe die Türen schließen. Springt jemand hinterher? In ein Hochhaus und die Treppen hinauf. Dann durch einen dunklen Park, immer den Knopf im Ohr, eingestellt auf die Funkfrequenz des KGB. Nach mehr als vier Stunden nähert sich Rolph schließlich dem vereinbarten Treffpunkt mit Code-

namen „Olga". Vor sich, auf der Straße, sieht er einen Mann gehen, der Tolkatschow sein könnte, Guilsher hat ihn Rolph beschrieben. Ist er es tatsächlich?

Rolph schließt zu dem Mann auf und sagt: „Grüße von Katja." Der antwortet: „Richte ihr Grüße von Boris aus." Das ist die Parole. Bald darauf kehrt Rolph mit dem Wagen in die Botschaft zurück, jetzt wieder mit Vollbart. Wenig später verlässt er mit seiner Frau das Gebäude, die Party ist zu Ende.

Bei mehr als 20 Treffen mit Tolkatschow gelingt es der CIA stets, den KGB abzuschütteln. Davon gehen jedenfalls die Amerikaner aus. Oder lässt der KGB Tolkatschow nur zum Schein gewähren?

Der hat inzwischen um eine Selbstmordkapsel gebeten. Doch die CIA zögert. Zu groß ist die Gefahr, dass sich ihr Mann irrtümlich umbringt, etwa wenn nur eine Routineuntersuchung angesetzt wird. Die Kapsel könnte ihn auch zu noch weniger Vorsicht ermutigen.

Tolkatschow besteht auf dem Zyankali. Zu groß ist seine Angst vor dem KGB. Schließlich gibt die CIA nach und beschafft eine Giftkapsel, versteckt in der Kappe eines Füllers. Dazu für den Sohn Langspielplatten von Pink Floyd, Zeichenstifte, Lernkassetten für Englisch. Und für Tolkatschow Medikamente gegen sein Magenleiden.

In Washington erfahren nun immer mehr Abteilungen von der Quelle in Moskau, darunter Air Force, Navy und der Geheimdienst NSA, und wünschen sich die Beschaffung immer weiterer Dokumente, die immer weiter über Tolkatschows Ressort hinausgehen.

Wie steht es um die Stealth-Technik der sowjetischen Luftwaffe, die Flugzeuge für Radar fast unsichtbar macht?

Wie um Raketen, wie um Laser? Und wäre es möglich, auch Materialien zu beschaffen, etwa Schaltkreise oder Metalllegierungen von Flugzeugen?

Es scheint, als wolle der gesamte US-Militärapparat diese einmalige Gelegenheit nutzen, um möglichst alles über den Gegner zu erfahren. Die CIA bremst – sie will ihren besten Mann vor der Gier der eigenen Generäle schützen.

Zudem muss der Geheimdienst Tolkatschow auch vor sich selbst in Schutz nehmen. Für die CIA läuft er zu hohes Risiko. Die Beschaffung von Unterlagen ist riskant genug; zweifellos würde er versuchen, alle amerikanischen Wünsche zu erfüllen. Er will maximalen Schaden anrichten, er ist nicht zu bremsen, er droht zu überhitzen.

Die CIA mahnt ihn dringend zur Vorsicht. Die obersten Geheimdienstler in der Zentrale in Langley wissen, dass der Spion für sie in Washington „die Miete zahlt" – er ist die Geheimwaffe gegen Beschwerden über das hohe CIA-Budget. Solange er liefert.

Tolkatschow hingegen ist ein Getriebener, er ist bereit zu sterben, weshalb sollte er besonders vorsichtig sein?

Sein Ausleihzettel in der Bibliothek ist inzwischen randvoll. Bei einer auch nur flüchtigen Kontrolle müsste sofort auffallen, dass niemand so viele Dokumente ausleiht wie er – noch dazu etliche, die nicht in seinen Aufgabenbereich fallen. Die CIA fälscht daraufhin den Ausleihzettel.

Die Kontrollen bei Phasotron werden schärfer, das Mitnehmen von Dokumenten wird riskanter. Schöpft jemand Verdacht? Eine Zeit lang sind Dokumente aus der Bibliothek nur noch gegen Hinterlegung des Betriebsausweises auszuleihen. Das heißt: In seiner Mittagspause kann Tolkatschow nicht mehr heimgehen, weil er ohne Ausweis nicht mehr ins Institut zurückkäme.

Ein Jahr lang versucht die CIA, auch seinen Betriebsausweis zu fälschen, scheitert aber lange am Braunton des Papiers.

Doch was vermögen alle Kontrollmaßnahmen schon gegen die Unbilden des real existierenden Sozialismus: Die Bibliothekarinnen können wegen der vielen hinterlegten Betriebsausweise mittags das Haus selbst nicht mehr verlassen, um wie üblich auf Beschaffungstour für die kargen Konsumgüter zu gehen. Das sorgt für großen Unmut im Institut.

Und so hebt der entnervte Direktor die Anordnung schließlich wieder auf.

D

ennoch: Die Gefahr für den Verräter nimmt jetzt immer weiter zu. Ganze Abteilungen bei US-Rüstungsfirmen ahnen inzwischen, dass es da eine Quelle in der sowjetischen Radarentwicklung geben muss. Woher sollten die Blaupausen der gegenerischen Radargeräte sonst stammen? Und der militärischen Führung in Moskau wird es kaum entgehen, dass die Amerikaner dank Tolkatschow ihre eigenen Radargeräte neu entwickeln und ihre Kampftaktik ändern.

Kummer macht der CIA ein Bericht im US-Fachmagazin „Aviation Week" über sowjetische Radargeräte: Das spezifische Wissen darin, fürchten die Agenten, müsste sich letztlich bis zur Quelle in Moskau zurückverfolgen lassen.

Tolkatschow fühlt, dass er das Tempo steigern muss, wenn er seinen Plan noch erfüllen will. Er will ihn durchziehen um absolut jeden Preis.

Der Spion wird nachlässiger. Eines Tages findet seine Frau die Kamera in der Wohnung. Er hat sie nach der Mittagspause nicht wie üblich in den Verschlag gelegt, sondern in eine Schublade, da er in Eile war. Natascha ahnt, wozu sie dient, und stellt ihren Mann zur Rede. Nun erst erfährt sie von seinem Plan. Er muss ihr versprechen, damit aufzuhören. Doch er macht weiter.

Und dann der Anruf der Sicherheitsabteilung bei seinem Direktor. Als Tolkatschow danach seine Kamera verbrennt, ist sein bestes Werkzeug dahin. In den folgenden Tagen wird er mehrfach zum Chef gerufen. Jedes Mal nimmt er die Zyankali-Kapsel unter die Zunge. Ob der Direktor merkt, dass Tolkatschow etwas im Mund hat? Bloß nicht kauen. Und wenn er wirklich zubeißen muss: Möge das Gift in Sekunden wirken.

Aber Tolkatschow muss die Kapsel nicht zerbeißen. Der KGB stellt zwar Nachforschungen an, aber sehr gezielt scheint die Suche nicht zu sein. Auch die bei Tolkatschows Chef in Auftrag gegebene Liste liefert offenbar keine entscheidenden Hinweise.

Nur dass da irgendwo ein Leck ist, das wird der sowjetische Geheimdienst wohl ahnen. Tolkatschow muss nun auf der Hut sein, denn Kontrolleure überprüfen die Schreibtische der Mitarbeiter daraufhin, ob Unterlagen herumliegen, die dort nicht hingehören.

Das Ausleihen von Dokumenten wird fast unmöglich: Die Bibliothek hat einen eigenen neuen Ausweis nur für die Ausleihe eingeführt.

Ohnehin hinterlässt die dauernde Anspannung bei Tolkatschow Spuren. Abends ist er zu müde, um weiter seine Kladde vollzuschreiben. „Seine besten Tage hat er hinter sich", befindet ein CIA-Analyst. Eine Weile erwägt die Geheimdienstspitze, ihren Topspion samt Familie außer Landes zu schmuggeln.

Doch der lehnt ab – Natascha würde krank werden vor Heimweh. Ohne sie aber würde er niemals fortgehen.

Beim 20. Treffen im Oktober 1984 teilt Tolkatschow seinem Verbindungsmann mit, dass er nun auf dem Fensterbrett einer entlegenen Toilette in seinem Institut fotografiert. Mit zwei neuen Geheimkameras von der CIA. Wegen der empfindlichen Optik der Minikameras justiert er per Stricknadel die exakte Entfernung zwischen Linse und Dokument.

Ist das Fotografieren im Institut nicht zu gefährlich, fragt sein CIA-Kontaktmann. Darauf Tolkatschow: „Alles, was wir tun, ist gefährlich."

Doch nach der Auswertung in den USA steht fest: Die Filme sind großteils unbrauchbar, unscharf oder unterbelichtet. Noch dazu hat der Spion die Kappen der beiden Kameras vertauscht. War das ein Flüchtigkeitsfehler, oder ist da etwas anderes? In seinen handschriftlichen Notizen liegen Seiten durcheinander, das ist noch nie vorgekommen.

Die CIA geht die gesamte Sicherheitslage für ihren Spion durch. Aber sie achtet nur auf die Situation in Moskau. Dass der Fehler in Washington liegen könnte, erwägt sie nicht.

Denn im Januar 1985 trifft sich der frühere CIA-Agent Edward Howard in Wien mit Abgesandten des KGB. Howard war einst für die CIA-Station in Moskau vorgesehen gewesen, ist dann aber wegen Unzuverlässigkeit entlassen worden. Jetzt will er sich rächen. Was er dem KGB genau verraten kann, ist nicht ganz klar. Ob er Tolkatschows Namen kennt?

Im März erbittet die CIA mehrmals ein Treffen mit Tolkatschow. Keine Antwort. Kurz darauf steht ein Oberlicht in seiner Wohnung offen, doch ist es seltsamerweise nicht das vereinbarte. Der US-Verbindungsmann kommt dennoch zum Treffpunkt, aber Tolkatschow erscheint nicht. Der Kontakt bricht ab.

Im April 1985 betritt Aldrich Ames, der CIA-Abteilungsleiter im Bereich „Gegenspionage UdSSR", ein Hotel in Washington, um einem Sowjetagenten seine Dienste anzubieten: Er sucht einen Finanzier für seinen aufwendigen Lebensstil.

Ames ist der denkbar ideale Informant. Er weiß alles, was der US-Geheimdienst in Moskau treibt. In den folgenden Jahren verrät Ames nahezu das gesamte CIA-Netz in der Sowjetunion. Und weil er

LITERATURTIPPS

DAVID HOFFMAN
»THE BILLION DOLLAR SPY«
Spannende, auf CIA-Akten basierende Biografie (Icon).

TIM WEINER
»CIA – DIE GANZE GESCHICHTE«
Blick hinter die Fassaden des legendären Geheimdienstes (Fischer).

IN KÜRZE

Industriespionage gewinnt im Rüstungswettstreit zwischen West und Ost eine überragende Bedeutung. So beruht wohl mehr als die Hälfte der sowjetischen Militärtechnik auf westlichen Vorlagen, darunter Atomgeschütze und Kampfflugzeuge. Agentenberichte offenbaren aber auch Schwachstellen im gegnerischen Apparat: So verrät der CIA-Spion Adolf Tolkatschow in den 1980er Jahren, dass Moskau nicht in der Lage ist, amerikanische Marschflugkörper abzufangen.

als völlig medioker gilt und kaum einer weiß, wie er auf so einen entscheidenden Posten gekommen ist, wird er sich noch neun Jahre lang im Amt halten, bis die CIA den Maulwurf endlich findet. Ob Ames den Namen Tolkatschow gleich fallen lässt oder ob er sich das Beste noch eine Weile aufhebt, um mehr Geld herauszuholen?

Am 5. Juni 1985 soll in Moskau das nächste Treffen mit Tolkatschow stattfinden. Diesmal ist auch das richtige Oberlicht geöffnet, das Signal für: „Ich komme."

Aber der CIA-Mann ist sich nicht sicher, ob er seine Verfolger abgeschüttelt hat und bricht vor dem Treffen ab.

○

**AM 8. JUNI 1985** fahren Adolf Tolkatschow und seine Frau übers Wochenende in ihr Ferienhaus. Am gleichen Tag durchsucht der KGB ihre Wohnung. Auf dem Rückweg nach Moskau stoppt ein Verkehrspolizist das Auto. Tolkatschow steigt aus. Die Giftkapsel hat er in seiner Stadtwohnung gelassen.

Nun geschieht das, was er im Büro des Direktors befürchtet hat: Als der Beamte den Spion zu einem vermeintlichen Polizeiwagen führt, überwältigt ihn von hinten ein KGB-Mitarbeiter, stopft ihm ein Tuch in den Mund. Drei weitere Männer packen ihn an allen vieren und zerren ihn in einen Transporter mit verhängten Fenstern. Tolkatschow wird umgekleidet, dann bringt ihn der Wagen in das berüchtigte Untersu-

chungsgefängnis des KGB im Moskauer Stadtteil Lefortowo.

Wenige Tage später zeigt das Oberlicht in Tolkatschows Wohnung erneut an, dass ein lange zuvor abgesprochenes Treffen erwünscht sei. Der CIA-Agent erscheint am Treffpunkt und wird mitsamt allen Unterlagen verhaftet. Darunter auch Tolkatschows handschriftliche Notizen, die er nach der Auswertung durch die CIA stets zurückhielt.

Wer oder was den Spion letztlich verraten hat, ist bis heute unbekannt. War es der verkrachte Agent Howard? War es Aldrich Ames? Oder hat Tolkatschow selbst einen Fehler gemacht?

Auch bleibt im Dunkeln, was mit ihm in der Haft geschieht. Wird er in den Verhörkellern des KGB so behandelt, wie der Geheimdienst einst seine Schwiegereltern gefoltert hat?

Sicher ist, dass er im Verhör seine Spionagetätigkeit zugibt und schließlich von einem dreiköpfigen Tribunal zum Tode verurteilt wird: Stehend, gekleidet in ein zu großes Jackett, aus dessen Tasche eine Brille ragt, nimmt Adolf Tolkatschow den Urteilsspruch scheinbar emotionslos entgegen.

Ein späteres Gnadengesuch wird abgelehnt. Gut 15 Monate nach der Verhaftung, am 25. September 1986, tritt das Politbüro der UdSSR zusammen. Zu Protokoll genommen wird der Vermerk des Genossen Wiktor Tschebrikow, Leiter des KGB: Der Spion Adolf Tolkatschow sei am Vortag hingerichtet worden.

Im Hauptquartier der CIA in Langley, Virginia, zeigen einige Gemälde besonders herausragende Operationen in der Geschichte des Geheimdienstes. Auf einem Bild ist Adolf Tolkatschow abgebildet, wie er in seiner Wohnung mit der Spiegelreflexkamera hantiert. Wie er in typischer Haltung hinter der Stuhllehne kniet, die Linse auf hochbrisante Dokumente gerichtet.

Der Vorhang ist zugezogen, ein Streifen Tageslicht fällt herein.

„Alles, was wir machen, ist gefährlich." Auf dem Tisch eine Uhr: Es ist kurz vor halb eins, Ende der Mittagspause. ◊

**DIE PUTSCHISTEN** schlagen zu, als KP-Generalsekretär Michail Gorbatschow im Urlaub weilt.
Sie stellen ihn unter Hausarrest, schicken Truppen nach Moskau. Doch dort ruft Boris Jelzin,
Präsident der Sowjetrepublik Russland, auf einem Panzer stehend zum Widerstand auf

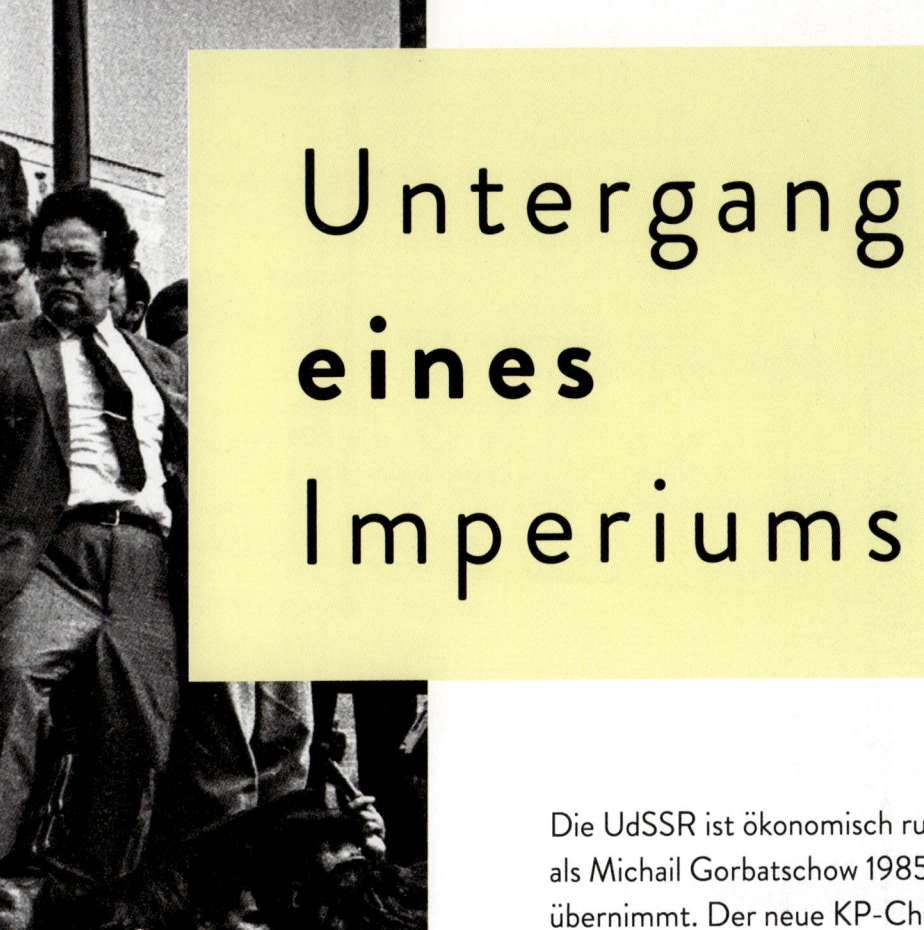

# Untergang **eines** Imperiums

Die UdSSR ist ökonomisch ruiniert, als Michail Gorbatschow 1985 die Führung übernimmt. Der neue KP-Chef setzt auf Reformen, treibt Abrüstungsverhandlungen voran, öffnet das Land für Demokratie und Marktwirtschaft. Doch dann beschließen hohe Funktionäre im August 1991, gegen den Kremlchef zu putschen

**TEXT**: *Johannes Strempel*

**DEN UMSTURZ** planen einige der mächtigsten Politiker der UdSSR – darunter mehrere Minister und Gorbatschows Vize Gennadij Janajew (2. v. r.)

Es ist Nacht in Moskau, als zwölf Männer beschließen, die UdSSR zu retten.

Sie haben sich im Kreml versammelt, und unter ihnen sind einige der mächtigsten Politiker der Sowjetunion, so der Stellvertreter des Präsidenten, die Minister für Inneres, Äußeres und Verteidigung sowie der KGB-Chef.

Nur einer fehlt. Der Regierungschef. Michail Gorbatschow.

Denn das hier ist keine ordentliche Kabinettssitzung. Die Männer planen nichts Geringeres als einen Staatsstreich. Und es muss jetzt, in dieser Nacht des 18. August 1991, vor allem schnell gehen.

Der Auslöser für den Putsch ist eine Ankündigung Gorbatschows: Seit Monaten schon verhandelt der Präsident der UdSSR mit den Führern von neun Sowjetrepubliken über einen neuen Bundesvertrag, der den Teilstaaten mehr Eigenständigkeit gewähren soll.

Gorbatschow ist davon überzeugt, dass die riesige UdSSR, die immer stärker von Unabhängigkeitsbewegungen und Nationalitätenkonflikten zerrissen wird, nur auf diesem Weg zu retten ist. Am 2. August hat er in einer TV-Ansprache überraschend angekündigt, dass eine Einigung erzielt sei und dieser „Unionsvertrag" schon am 20. August unterzeichnet werde, viel früher als erwartet.

Einige Männer im Staat sind seither aufs Höchste alarmiert. Anders als Gorbatschow sehen sie mit dem Vertragsschluss keinen Ausweg aus der Krise – sondern den sicheren Untergang der Sowjetunion. Die Ratifizierung muss verhindert werden, um jeden Preis.

Zweimal, am 5. und am 17. August, haben sich die Verschwörer in einem geheimen Gästehaus des KGB am Stadtrand von Moskau getroffen. Dort, hinter hohen Mauern, hat die Planung für den Staatsstreich begonnen. Dort hat die Gruppe den Coup entworfen, der nun in dieser Nacht im Kreml beschlossen und in Gang gesetzt werden soll.

Kopf des Komplotts ist KGB-Chef Wladimir Krjutschkow. Der 67-Jährige ist ein überzeugter Kommunist, der schon 1956 als Botschaftsmitarbeiter an der Niederschlagung des Ungarnaufstands beteiligt war, zu den Verfechtern der Invasion in Afghanistan gehörte und seit 1967 für den KGB arbeitete. Gorbatschow selbst hat ihn 1988 zum Vorsitzenden des Geheimdienstes gemacht.

Auf Krjutschkows Geheiß sind elf Männer nun in den Kreml geeilt – neun Funktionäre, die bereits in die Putschpläne eingeweiht sind, aber auch zwei, die noch nichts ahnen.

Den sowjetischen Außenminister Alexander Bessmertnych etwa hat der KGB-Chef erst am Nachmittag in dessen Urlaubsort in Weißrussland angerufen und aufgefordert, sofort zurück nach Moskau zu kommen. Eine Regierungsmaschine stehe bereit, alles Weitere werde er am Abend im Kreml erfahren.

Bessmertnych weiß nicht, worum es gehen könnte, und vermutet ein schweres Unglück ähnlich der Nuklearkatastrophe von Tschernobyl. In der Hauptstadt gelandet, hat er sich eigentlich erst daheim umziehen wollen, doch Krjutschkows Mitarbeiter mahnten, dafür sei keine Zeit. Also ist er in sportlicher Kleidung im Regierungssitz erschienen.

Vizepräsident Gennadij Janajew, 53, Gorbatschows Stellvertreter, hat an diesem Nachmittag – der 18. August ist ein Sonntag – einen befreundeten Chefre-

dakteur besucht und in dessen Wohnung einige fröhliche Stunden mit viel Cognac verbracht. Auch er ist nach dem Anruf des KGB-Chefs sofort zum Kreml aufgebrochen, wo er um 20.25 Uhr eintrifft, ahnungslos und deutlich angetrunken.

Dass sogar der formal zweitmächtigste Mann der UdSSR sich eilfertig und ohne Fragen zu stellen von seinem untergeordneten Sicherheitschef einbestellen lässt, zeigt, welche Autorität der gefürchtete Geheimdienst noch immer hat, auch in der Ära von Glasnost und Perestroika.

Krjutschkow hat mehrere Dokumente vorbereiten lassen, die am Morgen in den Nachrichten verlesen werden sollen. Darin erklären die Putschisten, dass sie den Unionsvertrag ablehnen und weitere Beratungen fordern. Dass wegen der Staatskrise ab sofort der Ausnahmezustand gelte und ein Notstandskomitee gegründet worden sei, dessen Beschlüsse von allen Bürgern zu befolgen seien.

Und dass Gorbatschows Stellvertreter Janajew nun dessen Platz einnehme.

Janajew, der erst jetzt von den Plänen erfährt, will die Erlasse anfangs nicht unterschreiben, fügt sich schließlich aber – aus Gruppenzwang und Angst.

Auch andere Anwesende sind unsicher. Bereits in dieser Nacht deutet sich an, was in den kommenden Tagen immer klarer werden wird: dass dies zwar die mächtigsten Politiker des Landes sind, aber eben auch Funktionäre, die sich davor scheuen, Verantwortung zu übernehmen oder Entscheidungen zu treffen.

Zudem stehen sie unter enormem Zeitdruck und haben wenig Gelegenheit, sich zu organisieren. Als etwa die Erlasse und Dokumente nach längerer Diskussion noch einmal überarbeitet worden sind, findet sich zunächst im Kreml keine Sekretärin, um sie erneut abzutippen.

Um den Ausnahmezustand abzusichern, beschließen die Putschisten, Truppen nach Moskau einrücken zu lassen. Am Morgen beobachten Bewohner Mannschaftswagen sowie Hunderte Panzer, die Richtung Zentrum rollen.

Ab 6.00 Uhr verlesen TV-Nachrichtensprecher die Erklärungen der Putschisten. „In Zusammenhang mit der krankheitsbedingten Amtsunfähigkeit von Michail Sergejewitsch Gorbatschow gehen gemäß der Verfassung der UdSSR die Vollmachten des Präsidenten auf den Vizepräsidenten der UdSSR, Gennadij Iwanowitsch Janajew, über."

Gorbatschow also krank? Was fehlt ihm? Wo ist er? Warum meldet er sich nicht selbst zu Wort? Das sind die Fra-

pas umgekrempelt und den Kalten Krieg entschärft. Gorbatschow hat die Welt verändert, sein eigenes Land aber droht unterzugehen. Ist er also gescheitert?

○

AUCH WENN VIELE Sowjetbürger leere Regale in den Geschäften und lange Schlangen auf der Straße später vor allem

schrift und die Korruption: All das lässt die sozialistischen Staaten immer mehr hinter den Westen zurückfallen.

Nirgendwo ist das so offensichtlich wie in der Landwirtschaft. Die Agrarnation Russland, zur Zeit der Zaren der größte Getreideexporteur der Welt, muss seit der Zwangskollektivierung unter Stalin Jahr für Jahr mehr Weizen und Roggen importieren. Es fehlt an modernen

PANZER fahren am 19. August 1991 durch Moskau. Die Putschisten, angeführt von KGB-Chef Wladimir Krjutschkow, kontrollieren die Armee – und bald auch die sowjetischen Atomwaffen

gen, die sich bald die ganze Welt stellt. Denn eine UdSSR ohne Gorbatschow scheint kaum vorstellbar. Der Bauernsohn aus dem Kaukasus ist ein Politiker, wie er im Ostblock noch nicht vorgekommen ist. Seit seinem Amtsantritt vor sechseinhalb Jahren kämpft er darum, das Sowjetimperium aus seiner Krise herauszuführen. Dabei hat er, fast wie nebenbei, die kommunistischen Regimes Osteuro-

mit der Ära Gorbatschow verbinden werden – die Misere der UdSSR reicht weiter zurück. Schon Ende der 1970er Jahre ist die Lage desaströs.

Immer deutlicher zeigt sich in dieser Zeit, dass die Planwirtschaft nicht funktioniert. Die von oben verordneten Produktionsziele und Verkaufspreise, die Hemmung von Eigeninitiative und Unternehmergeist, der Dienst nach Vor-

Maschinen und innovativer Technik. Um die Preise stabil zu halten, subventioniert die Regierung die Lebensmittel: 20 Prozent des Verkaufspreises sind es bei Brot, bei Butter 72, bei Rindfleisch 74 Prozent.

Reformen und Investitionen wären also dringend nötig, aber der Staat gibt den größten Teil seiner Einnahmen (die vor allem aus den Erdölvorkommen in Sibirien stammen) für zwei höchst un-

**WÄHREND DIE ARMEE** die Hauptstadt besetzt, erklären die Putschisten den Reformkurs für gescheitert. Sie fürchten den Zerfall der UdSSR, weil Gorbatschow den Sowjetrepubliken mehr Eigenständigkeit erlaubt

produktive Posten aus. Zum einen unterstützt die UdSSR ihre Bruderländer mit 20 Milliarden Dollar jährlich, darunter auch Nordkorea und Vietnam.

Zum anderen kostet das Militär ungeheure Summen. Obwohl die sowjetische Wirtschaftskraft nur ein Viertel der amerikanischen ausmacht, ist der Verteidigungsetat in beiden Staaten fast gleich hoch. 40 Prozent ihres Haushalts gibt die UdSSR für Rüstung aus.

Die Lage verschärft sich noch, als sich die Sowjetführung 1979 in den afghanischen Bürgerkrieg verwickeln lässt, der zwischen dem kommunistischen Regime und islamischen Stammesgruppen ausgebrochen ist. Die Armeeführung rät entschieden von einer Invasion ab – aber der damals regierende KP-Chef Leonid Breschnew entscheidet anders.

Wenn Moskau nicht eingreife, so Breschnews Sorge, könnte vor der Haustür der Sowjetunion ein islamistischer Gottesstaat entstehen.

Oder, noch schlimmer: Die Amerikaner könnten dort Einfluss erlangen und Kurzstreckenraketen stationieren. Am 25. Dezember 1979 marschiert die Sowjetarmee in Afghanistan ein.

Damit tritt der Kalte Krieg in eine neue Runde. US-Präsident Jimmy Carter setzt sofort alle Abrüstungsverhandlungen aus. Zudem erlässt Washington ein Handelsembargo, das die Wirtschaft der Sowjetunion noch weiter schwächt.

Im Geheimen werden die Amerikaner in den folgenden Jahren außerdem afghanische Widerstandskämpfer mit Geld und Waffen unterstützen. Der Afghanistan-Konflikt entwickelt sich damit zu einem weiteren Stellvertreterkrieg der Supermächte (siehe Kasten Seite 169) und wird für die UdSSR zu einer immer größeren Belastung an Geld, Ressourcen und Menschenleben.

500 000 Soldaten werden im Lauf der Jahre in das Land entsandt. Als die Sowjetarmee 1989 schließlich mehr oder minder geschlagen abzieht, sind 13 000 Soldaten gefallen und 43 000 körperlich oder seelisch versehrt.

In den USA folgt 1980 auf den liberalen Präsidenten Carter der konservative Republikaner Ronald Reagan. Er sieht im Kalten Krieg einen „Kampf zwischen Recht und Unrecht", setzt auf militärische Stärke und beginnt einen neuen Rüstungswettlauf – auch mit dem Ziel,

Moskau finanziell niederzuzwingen. Bis 1985 steigt der US-Verteidigungsetat um 51 Prozent. Zudem gibt Reagan die Entwicklung eines im All stationierten Raketenabwehrsystems bekannt, der Strategic Defense Initiative (SDI).

Damit kündigt er das Gefüge der Abschreckung auf, das auf einem Gleichgewicht der Atomwaffen basierte. Denn fortan könnte Reagan einen Erstschlag befehlen, ohne Vergeltung zu fürchten, weil SDI ihn schützt.

In Moskau nimmt die Sorge zu – zumal es dort an einer starken Führung mangelt. Leonid Breschnew ist 1982 gestorben. Sein Nachfolger Jurij Andropow ist mit 68 Jahren der älteste Generalsekretär, der je ins Amt gewählt wurde.

Als er 15 Monate später ebenfalls stirbt, wird Konstantin Tschernenko Regierungschef, ein Funktionär von 72 Jahren, der an Asthma und einem Lungenemphysem leidet – und nach weiteren 13 Monaten seinem Leiden erliegt.

So kann es nicht weitergehen. Daher ist der nächste Mann an der Spitze der UdSSR nach Maßstäben des vergreisten Politbüros fast ein Jüngling, 54 Jahre alt.

Sein Name: Michail Gorbatschow.

Moskau, 19. August 1991, 7.00 Uhr. Wo ist Gorbatschow, fragen sich die Sowjetbürger und Politiker weltweit an diesem Morgen, dem ersten des Putsches. Die letzten Bilder des Präsidenten sind gut zwei Wochen alt: Am 4. August haben hohe Funktionäre Gorbatschow am Moskauer Flughafen nach sowjetischer Tradition diensteifrig in den Urlaub verabschiedet. Auch einige der späteren Putschisten standen am Rollfeld.

Seither hält sich Gorbatschow mit Frau, Tochter und deren Familie in seiner

Ferienvilla in Foros auf der Krim auf, einer luxuriösen Anlage über dem Schwarzen Meer, mit Kinosaal, Tennisplatz und einer Rolltreppe, die an den Strand führt.

Gestern dann ist unangekündigt eine fünfköpfige Delegation der Putschisten in der Villa erschienen, hat Gorbatschow mit ihren Plänen konfrontiert und ihn aufgefordert, ein Dokument zur Verhängung des Ausnahmezustands zu unterzeichnen – oder direkt abzudanken.

Als der Präsident beides zurückwies, hat ihn die Delegation unter Hausarrest gestellt. Mitgereiste Fernmeldetechniker des KGB kappten alle fünf Telefonleitungen des Anwesens. Wachmannschaften riegelten die Zugänge zum Haus ab.

Jetzt ist Gorbatschow von der Außenwelt abgeschnitten. Ein Lkw blockiert den Hubschrauberlandeplatz, die Garagen werden von Sicherheitskräften bewacht, vor der Küste kreuzen Schiffe. Niemand darf die Residenz verlassen.

◦

**ARCHANGELSKOJE**, gegen 8.00 Uhr. Boris Jelzin, Präsident der Sowjetrepublik Russland, hat in seiner Datscha nahe Moskau die Nachrichten vom Putsch gehört. Erst am Abend zuvor ist er von einem Treffen mit dem kasachischen Präsidenten zurückgekehrt, seit 6.30 Uhr sitzt er mit Vertrauten und Kabinettsmitgliedern zusammen und berät, was zu tun ist.

Russland ist die bei Weitem wichtigste Republik der UdSSR, die Hälfte der Sowjetbevölkerung lebt dort. Erst im Juni hat das Volk in freier Wahl Jelzin zu seinem Präsidenten gewählt – nach einer 1000 Jahre langen Reihe von Fürsten, Zaren und Kommunisten ist er der erste demokratisch eingesetzte Staatschef in der Geschichte Russlands.

Das verleiht ihm mehr Legitimation als jedem anderen Politiker der UdSSR (auch Gorbatschow ist nie vom Volk gewählt worden). Als Reformer und Demokrat ist er jedoch auch ein verhasster Gegner der doktrinären Putschisten.

Deshalb rechnet er nun jeden Augenblick damit, verhaftet zu werden.

Tatsächlich hat KGB-Chef Krjutschkow noch in der Nacht eine 60-köpfige Eliteeinheit angewiesen, Stellung in der Nähe von Jelzins Haus zu beziehen. Seither wartet sie dort auf weitere Befehle.

Doch auch mit Gorbatschow verbindet Jelzin eine tiefe Feindschaft: Anfangs von ihm gefördert und aus seiner Heimat Swerdlowsk nach Moskau beordert, hat er 1987 Gorbatschows Politik öffentlich angegriffen und wurde daraufhin in einem demütigenden Akt vor dem Zentralkomitee aller Ämter enthoben.

Nach diesem Tiefpunkt kehrte er als Abgeordneter Moskaus in die Politik zurück, trat aus der Kommunistischen Partei aus und entwickelte sich zum grimmigsten Rivalen Gorbatschows.

Anders als der beherrschte und vorsichtige Gorbatschow ist Jelzin aufbrausend, impulsiv und streitlustig. Seine Ärzte diagnostizierten zudem eine „ungesunde Vorliebe für Alkohol". Während eines USA-Besuchs im Jahr 1989 schrieb eine Zeitung, Jelzin sei „wie ein Zirkusbär auf einem Skateboard schwankend und trampelnd durch Washington getobt".

Dennoch: Jelzins Berater überzeugen ihn an diesem Morgen, dass er angesichts des Staatsstreichs seine Abneigungen vergessen und sich entschieden an die Seite Gorbatschows stellen muss.

Die Gruppe verfasst einen Aufruf zum Widerstand, den Jelzins Töchter auf einer Schreibmaschine abtippen. Um 9.30 Uhr lässt sich der Präsident, geschützt von einer kugelsicheren Weste, ins Weiße Haus fahren, den Sitz der russischen Regierung in Moskaus Zentrum.

Die KGB-Einheit an seinem Haus, weiterhin ohne Befehle, lässt ihn ziehen.

◦

**MOSKAU, WEISSES HAUS**, 11.00 Uhr. Boris Jelzin gibt eine kurze Pressekonferenz, erkennt dann aber die Möglichkeiten, die ihm die Lage des Gebäudes an der Moskwa bietet. Wie vor allen wichtigen Gebäuden der Stadt sind auch hier die Panzer der Putschisten aufgefahren. Immer mehr Bürger versammeln sich auf dem Platz und verwickeln die Soldaten, die den strikten Befehl haben, nicht auf

**IN AFGHANISTAN** kämpft die Sowjetunion ab 1979 gegen die von den USA mit Waffen versorgten Mudschaheddin – ein jahrelanger Stellvertreterkrieg, den sich das Land nicht mehr leisten kann

Provokationen zu reagieren, in Gespräche. Um 12.15 Uhr klettert Jelzin, umringt von Leibwächtern, auf einen Schützenpanzer und verliest den vorbereiteten Aufruf. Bei der Machtübernahme handele es sich um einen „reaktionären, verfassungsfeindlichen Staatsstreich", sagt er. „Wir sind absolut sicher, dass unsere

ser Augusttage und machen aus ihm den Helden des Widerstands, den Kämpfer der Freiheit gegen die Diktatur.

Während diese Aufnahmen um die Welt gehen, ist von den Putschisten noch immer nicht mehr zu hören als ihre Verlautbarung vom Morgen, die immer wieder im TV gesendet wird. Um 10.00 Uhr

Hauptorganisator, der KGB-Vorsitzende Krjutschkow, nicht teil.

Vor allem Janajew wirkt nervös und fahrig. Als die Journalisten sich nach Gorbatschow erkundigen, ist deutlich zu erkennen, wie seine Hände zittern.

Sein „Freund Präsident Gorbatschow" befinde sich in „absoluter Sicher-

**DIE VERSCHWÖRER** erwarten die Unterstützung der Bürger. Doch stattdessen gehen viele Menschen auf die Straße, errichten Barrikaden – oder legen sich gar vor die Panzer, um sie aufzuhalten

Landsleute nicht zulassen werden, dass gewissenlose Putschisten eine Herrschaft der Willkür und Gewalt errichten."

Das Notstandskomitee erklärt er für gesetzwidrig und ruft zur Unterstützung Gorbatschows auf.

Der US-Fernsehkanal CNN sendet die Rede kurz darauf weltweit. Die Bilder von Jelzin, furchtlos auf einem Panzer stehend, werden sofort zum Symbol die-

hat das Notstandskomitee getagt, aber nichts öffentlich gemacht.

Erst um 17.00 Uhr gibt es eine Pressekonferenz der Gorbatschow-Gegner im Außenministerium. Mehrere Hundert Journalisten finden sich ein, auf dem Podium sitzen Vizepräsident Janajew als neuer Staatschef und vier weitere Putschisten. Um dem Machtwechsel einen zivilen Anstrich zu geben, nimmt der

heit", sagt er. Er sei nur „über die Jahre müde geworden", brauche Erholung. Und während es in den Erklärungen des Komitees bisher hieß, Gorbatschows Reformpolitik sei in einer Sackgasse, spricht Janajew jetzt davon, sie fortzusetzen.

Auch die anderen Putschisten wirken unvorbereitet, einige gar betrunken. Die Pressekonferenz gerät zur Blamage vor der Weltöffentlichkeit.

Die Männer um Janajew rücken immer mehr in die Defensive: Mit diesem Auftritt zeigen sie, dass es ihnen an Entschlossenheit und einem Plan fehlt.

Sie sind mit ihrem hilflosen Versuch gescheitert, Gorbatschows Einverständnis zu seinem eigenen Sturz zu erhalten, und haben mit den Lügen über seine angebliche Krankheit Misstrauen in der Bevölkerung geschürt. Jelzin haben sie gewähren lassen und damit zum eigentlichen Handelnden gemacht, auf den sie jetzt nur noch reagieren können.

Doch all diese Fehler werden nach wie vor von einem entscheidenden Machtfaktor aufgewogen: Die gesamten sowjetischen Streitkräfte hören auf ihren Befehl, während Jelzin und die Russische Republik weder über eine eigene Armee noch andere Kampfeinheiten verfügen.

Sollten die Putschisten bereit sein, den entscheidenden Schritt zu gehen und zu Gewalt zu greifen, wird sich ihnen niemand entgegenstellen können.

Gorbatschow, der am 11. März 1985 zum KP-Generalsekretär und damit faktisch zum Staatschef der Sowjetunion aufsteigt, stammt aus der Region Stawropol im Nordkaukasus, einer der Kornkammern der UdSSR: Sein Vater war Traktorfahrer in einer Kolchose. Der Sohn studierte in Moskau Jura, lernte dort seine Frau Raissa kennen, kehrte in die Heimat zurück, um ein Zweitstudium als Agraringenieur anzuschließen.

Mit 21 wird er Mitglied der KP und nimmt nun Stufe für Stufe in einer Funktionärskarriere, die ihn 1970 zum Parteichef der Region aufsteigen lässt.

Acht Jahre später wird er zum für Landwirtschaft zuständigen Sekretär des Zentralkomitees ernannt, dem bürokratischen Herz der KP. 1980 macht ihn sein Förderer Jurij Andropow zum Vollmitglied des Politbüros, des 14-köpfigen, höchsten Gremiums des Landes.

Gorbatschow gehört zu jenen Funktionären, die in der Zeit von Nikita Chruschtschows Feldzug gegen den Stalinismus sozialisiert wurden. Sie sind noch immer tief verwurzelt im Glauben an den Marxismus-Leninismus, hoffen aber zugleich auf einen menschlicheren Sozialismus. Der Mann aus Stawropol unterscheidet sich von den meisten seiner Politbüro-Kollegen auch darin, dass er schon oft den Westen bereist hat und mit Begeisterung westliche Literatur liest.

1985 empfiehlt ihn Außenminister Andrej Gromyko dem Politbüro als neuen Generalsekretär, und das Gremium stimmt zu. Endlich kein handlungsunfähiger, kranker Greis an der Spitze des Staates, sondern ein Mann mit Charisma!

Davon kann sich schnell das ganze Volk überzeugen. Bald nach seiner Ernennung spricht Gorbatschow vor Parteimitgliedern. Inhaltlich bietet seine Rede wenig Neues, aber wie er redet!

Die Sowjetbürger sind an altersschwache Funktionäre gewöhnt, die mit dem versteinerten Gesicht und den hölzernen Bewegungen einer Bauchrednerpuppe Worthülsen leiern. Hier aber tritt jemand auf, der frei spricht, dabei lächelt, improvisiert, seine Hände einsetzt.

Die Menschen können es kaum glauben. Ein TV-Sender schneidet Gorbatschows Auftritt mit, Videokassetten werden auf dem Schwarzmarkt gehandelt. Endlich haben wir einen Führer, der weiß, wovon er spricht, sagen Bürger. Der keine Angst hat, der die Menschen ermutigt, selbst zu denken und zu handeln.

Die erste Neuerung unter Gorbatschow also ist ein anderer Stil: Der Generalsekretär gibt sich nahbar, spricht ungezwungen mit den Menschen auf der Straße. Im Politbüro und in anderen Gremien ermutigt er zu offenen Diskussionen. Und beim Aufmarsch auf dem Roten Platz zum Jahresende lehnt er es ab, die üblichen Banner mit seinem Porträt herumtragen zu lassen.

Doch was plant Gorbatschow politisch? Ohne Frage glaubt der Generalsekretär nach wie vor an den Sozialismus. Er weiß, dass die UdSSR dringender Reformen bedarf, aber nur innerhalb der Grenzen des Systems. Sein oberstes Ziel ist es, die Sowjetunion konkurrenzfähig und den Sozialismus wieder attraktiv für

## DAS RINGEN AM RANDE

Zwar greifen USA und UdSSR einander nie direkt an. In vielen Ländern jedoch bedeutet ihr Systemkampf: Krieg

Für die meisten Menschen in Europa und den USA bleibt das Ringen der Supermächte eine vage Bedrohung ohne konkrete Gefahr. Millionen aber bringt die Rivalität Zerstörung, Leid und Tod. Denn immer wieder entfacht sie Stellvertreterkriege anderswo. Rund 170 solcher Konflikte brechen zwischen 1947 und 1985 aus. Sie fordern etwa 22 Millionen Opfer, vor allem Zivilisten.

In Lateinamerika, Asien und Afrika versuchen sich Moskau und Washington geostrategisch bedeutsame Territorien und Ressourcen zu sichern und werden zu Akteuren in zahlreichen lokalen Grenz- und Bürgerkriegen.

Etliche betroffene Staaten stürzen ins Chaos, so der Kongo. 1960 erlangt das rohstoffreiche Land die Unabhängigkeit von Belgien, der Sozialist Patrice Lumumba wird Premier. Doch andere Gruppen rebellieren gegen ihn, es kommt zu einem Bürgerkrieg, in dem Moskau Lumumba und Washington die Opposition unterstützt – mit dem Ergebnis, dass das Land 1961 vier Regierungen hat, die gegeneinander kämpfen.

In Afghanistan marschiert die UdSSR 1979 ein, um das kommunistische Regime gegen islamistische Widerstandskämpfer zu stützen. Die USA wiederum bewaffnen dort die Mudschaheddin, die sich gegen die hochgerüstete Supermacht behaupten können.

Afghanistan bedeutet für die UdSSR weit mehr als eine militärische Blamage. Die Invasion überspannt Moskaus Kräfte – und trägt so entscheidend zum Zusammenbruch des sowjetischen Imperiums bei. *Christian Hübner*

die Bürger zu machen. Dazu muss er vor allem das Wettrüsten mit den USA beenden, um Ressourcen und eine freie Hand für politische Reformen zu haben.

Auf dem 27. Parteitag der KP im Februar 1986 stellt Gorbatschow seine Pläne zum ersten Mal ausführlich vor. Zwei Begriffe werden bald in der ganzen Welt berühmt: Glasnost und Perestroika.

Glasnost bedeutet Offenheit. In einem Land ohne Presse- oder Redefreiheit will der KP-Chef Transparenz und den Mut zur Wahrheit fördern. Er ist davon überzeugt, dass vor einer Reform erst einmal die Missstände offen benannt werden müssen, damit das Volk wieder Vertrauen in den Staat und seine Institutionen fassen kann. Bisher fehlen selbst der Kremlführung oft die simpelsten Daten, weil Verwaltungen Statistiken schönen und Budgets geheim halten.

Tatsächlich beginnt sich die Atmosphäre zu ändern: Die Gesellschaft politisiert sich, Intellektuelle und kritische Geister wagen sich in die Öffentlichkeit. Zeitungen berichten jetzt über Themen, die es bisher offiziell in der Sowjetwelt nicht gab: Wohnungsnot, Kriminalität, mafiöse Strukturen, Prostitution.

Die Parteizeitung „Prawda" scheut sich nicht mehr, in einem Artikel über Breschnew dessen Regierungszeit als eine „Zeit der Stagnation" zu kritisieren – ein ungeheurer Vorgang. Der Kreml lockert auch die Zensur: Bisher verbotene Filme und Publikationen dürfen erscheinen, allein 7930 Bücher im Jahr 1988. Das Fernsehen überträgt Sitzungen und Parteikonferenzen, auf denen nun tatsächlich debattiert und gerungen werden darf.

Und Perestroika? Der Begriff bedeutet Umbau – und zwar „im Denken, in der Psychologie, in der Organisation, in Stil und Methoden der Arbeit", so Gorbatschow. In der Wirtschaft sollen Produktivität und Effizienz steigen.

Denn die Zahlen sind verheerend: Nur 67 Prozent der Erzeugnisse im Maschinenbau sind „akzeptabel", 29 von 32 Eisenbahnnetzen erfüllen den Plan nicht, die Hälfte der Metallproduktion des Landes geht durch Misswirtschaft verloren.

**DIE SCHLANGEN** vor den Moskauer Geschäften werden um 1990 immer länger: Gorbatschows Wirtschaftsreformen sind misslungen, es fehlt an allem; sogar Lebensmittel werden knapp

Die UdSSR produziert zwar mehr Mähdrescher als irgendein anderes Land der Welt, „aber sie funktionieren nicht", wie Gorbatschow beklagt.

Die Staatsunternehmen erhalten nun mehr Freiheiten bei ihrer Planung und dürfen über Produktionszahlen, Lohnhöhen und Entlassungen selbst entscheiden. Die Regierung lässt private Kleinbetriebe und Pächter bei den Bauern zu, fördert Eigeninitiative, in engen Grenzen entstehen erste Elemente einer Marktwirtschaft wie Privateigentum, Wettbewerb und Konkurrenz.

Politisch soll die Perestroika mehr Demokratie erlauben. Im März 1989 werden zum ersten Mal in weitgehend freien Wahlen Abgeordnete für einen „Kongress der Volksdeputierten" bestimmt. Anfang 1990 wird jener Verfassungsartikel gestrichen, der die alleinige Führungsrolle der KP festschreibt. Die Diktatur der KPdSU ist damit beendet, eine Opposition entsteht, schon nach kurzer Zeit gibt es 20 politische Parteien.

Gorbatschow ändert auch den Kurs in der Außenpolitik. Finanzhilfen an Länder wie Kuba, Nordkorea, Vietnam werden reduziert oder beendet.

Die Führungen der Warschauer-Pakt-Staaten erfahren, dass jede Nation in Zukunft ihren Weg selbst bestimmen könne, allerdings dabei auch nicht mehr auf militärische Hilfe der UdSSR zählen dürfe.

Ohnehin kann sich Moskau die Erhaltung der Regimes nicht mehr leisten – und das gilt auch für das Wettrüsten mit den USA. Und so bemüht sich der Generalsekretär, die Abrüstungsverhandlungen mit den USA wiederzubeleben.

Die Gelegenheit ist günstig. Präsident Reagan ist inzwischen davon überzeugt, die militärische Stärke der USA wiederhergestellt zu haben, und daher verhandlungsbereit. Im November 1985 treffen sich die beiden Staatschefs in Genf zu einem Gipfel, der zwar keine konkreten Ergebnisse erbringt, bei dem jedoch eine entspanntere Atmosphäre herrscht als bei Ost-West-Verhandlungen zuvor.

Dieser Gorbatschow sei ein Mann, sagt Reagan am Ende des Treffens, mit dem man „ins Geschäft kommen" könne.

Um die Verhandlungen voranzutreiben, setzt der KP-Chef Reagan mit immer neuen Abrüstungsvorschlägen unter Druck. Bei einem weiteren Treffen in Islands Hauptstadt Reykjavík nähern sich die beiden Staatsmänner im Oktober 1986 so weit an, dass sogar die Idee im Raum steht, binnen zehn Jahren alle Atomwaffen abzuschaffen.

Nach Jahrzehnten der Abschreckung, der Drohungen und mühsamen Begrenzungen stehen die zwei Männer nun kurz davor, eine Welt ohne Atombomben zu schaffen. Doch dann scheitert alles am Weltraumprogramm SDI, auf das Reagan nicht verzichten will.

Gorbatschow ändert nun seine Strategie und konzentriert sich zunächst auf die in Europa stationierten Mittelstreckenraketen, ohne weiter über interkontinentale Waffensysteme oder SDI zu verhandeln (wohl auch, weil ihn sowjetische Wissenschaftler davon überzeugt haben, dass der Weltraum-Abwehrschirm ohnehin nie funktionieren werde).

Und so unterzeichnen die beiden Staatschefs bei ihrem nächsten Gipfel in Washington im Dezember 1987 einen Vertrag, der die Vernichtung aller Kurz-

und Mittelstreckenraketen festschreibt. Reagan, für den die UdSSR noch vor Kurzem das „Reich des Bösen" war, wendet sich während des Treffens an Gorbatschow und erklärt: „Warum sagen Sie nicht Ronnie zu mir, und ich werde Sie mit Ihrer Erlaubnis Michail nennen."

Es ist eine Sensation: In der Abrüstungspolitik ist schon jetzt mehr erreicht, als selbst Optimisten sich je hätten vorstellen können. Doch Gorbatschow ist entschlossen, noch weiter zu gehen.

Ein Jahr später kündigt er in einer Rede vor der UNO an, die UdSSR werde ihre Streitkräfte in Osteuropa einseitig und ohne Bedingungen an die NATO um 500 000 Soldaten sowie Panzer, Geschütze und Flugzeuge reduzieren.

Darüber hinaus räumt er Fehler in der sowjetischen Politik früherer Zeit ein und wiederholt erneut, dass alle Nationen, auch die des Warschauer Pakts, das souveräne Recht hätten, selbst über ihr Schicksal zu entscheiden.

„In einer der herausragenden Reden, die jemals in der UNO gehalten wurden", schreibt die „Washington Post", „hat Michail Gorbatschow heute vorgeschlagen, die Regeln, nach denen die

Welt seit vier Jahrzehnten gelebt hat, zu ändern."

Der KP-Chef ist auf dem Höhepunkt seiner Popularität. Umfragen in der Bundesrepublik, Italien und Großbritannien zeigen, dass er mehr Vertrauen genießt als Reagan. Bei Besuchen in westlichen Städten jubeln ihm Menschen mit „Gorbi"-Rufen zu. Und im Oktober 1990 erhält er den Friedensnobelpreis.

○

**MOSKAU, 20. AUGUST 1991,** 9.00 Uhr. Die Putschisten tagen im Kreml. Während draußen auf den Straßen inzwischen Zehntausende Bürger gegen den Staatsstreich demonstrieren, beschäftigen sich die Funktionäre mit bürokratischen Fragen: Jenen Komiteemitgliedern, die bislang noch keine Büros im Kreml besitzen, werden Räume, Dienstwagen mit Chauffeur und Leibwächter zugewiesen. Dann gehen alle in die Mittagspause.

Eigentlich hatten die Verschwörer damit gerechnet, dass ihr Coup von der Bevölkerung begrüßt würde: Gorbatschow ist so unbeliebt wie nie, misslungene Wirtschaftsreformen haben die Krise verstärkt und viele Bürger an den Rand der Existenz getrieben. In den Moskauer Geschäften fehlt es an allem – von Seife, Rasierklingen und Schulbüchern bis zu TV-Geräten und Waschmaschinen. Die Stadtverwaltung musste sogar Lebensmittelkarten zur Versorgung einführen.

Aber andererseits haben Glasnost und Perestroika die Menschen auch verändert: Eine demokratischere, selbstbewusstere Gesellschaft ist entstanden, die einen Putsch nicht mehr einfach hinnimmt.

Den ganzen Tag über zeigen TV-Sender in aller Welt Bilder von Bürgern,

**SCHÜTZEND** stellen sich Bürger vor den Amtssitz des Putschgegners Jelzin: Ausgerechnet der russische Präsident, eigentlich ein Rivale Gorbatschows, wird dessen wichtigster Verteidiger – und ein Symbol des Widerstands

die sich auf die Straße legen, um Panzer zu stoppen, die Barrikaden errichten und sich Soldaten in den Weg stellen.

Allein vor dem Weißen Haus in Moskau versammeln sich 60 000 Menschen. Der deutsche ARD-Korrespondent Gerd Ruge beobachtet „Väter, die ihre Kinder auf den Schultern trugen, Schüler und Schülerinnen, die ihre

Über den Verbleib Gorbatschows verbreitet sich inzwischen das Gerücht, er sei in den Kreml gebracht worden. Tatsächlich ist er nach wie vor auf der Krim, vollständig isoliert. Nur ein TV-Gerät hält ihn auf dem Laufenden.

Gegen 14.00 Uhr trifft General Alexander Lebed im Verteidigungsministerium ein. Schon seit dem Morgen ent-

General Lebed, dessen Bataillon am Weißen Haus postiert ist, wird aufgefordert, eine Lageeinschätzung zu liefern. Wegen der Zehntausenden von Demonstranten vor dem Regierungssitz, sagt er, werde jede gewaltsame Aktion zu einem Blutbad führen. Einer der Putschisten unterbricht ihn: „General, Sie sind verpflichtet, ein Optimist zu sein. Statt-

**ELITETRUPPEN** der Putschisten stehen bereit, das »Weiße Haus« zu stürmen und Jelzin festzunehmen. Doch die Verschwörer zögern: Zehntausende Demonstranten haben sich vor dem Gebäude versammelt

Gitarren mitgebracht hatten, alte Ehepaare". Sein Fazit: „Die Moskauer haben keine Angst mehr."

Um 12.00 Uhr spricht Jelzin dort zur Menge – dicht umringt von Leibwächtern, die ihn vor Scharfschützen sichern sollen. Erneut attackiert er die Putschisten, fordert ein Treffen mit Gorbatschow. „Jelzin, Jelzin", rufen die Menschen und „Russland, Russland".

werfen Experten des Geheimdienstes und der Armee auf Befehl des KGB-Chefs Krjutschkow Szenarien, das Weiße Haus zu stürmen und Jelzin festzunehmen.

In der folgenden Nacht, so der Plan, sollen KGB-Elitekämpfer einen Korridor durch die Menge schaffen, Soldaten des Innenministeriums das Gebäude einnehmen und Luftlandetruppen die Bürger draußen im Zaum halten.

dessen verbreiten Sie hier Pessimismus und Unsicherheit."

∘

**LENINGRAD, AM ABEND.** In der Hochburg der demokratischen Bewegung gehen noch mehr Menschen auf die Straße als in Moskau – wohl auch, weil die Stadt nicht von der Armee besetzt ist. 200 000

Bürger versammeln sich zu einer Kundgebung auf dem Schlossplatz, zu der Bürgermeister Sobtschak aufgerufen hat.

In dessen Stab, als Leiter des Komitees für Auslandsbeziehungen, arbeitet auch ein 38-jähriger KGB-Mann, der aber, so hat er erklärt, aufseiten von Demokratie und Reformen stehe. Um nicht in Loyalitätskonflikte mit dem Geheimdienst zu geraten, hat er zu Beginn des Putsches die Kündigung eingereicht. Sein Name: Wladimir Putin.

Auch in Deutschland kommt es in vielen Städten zu Mahnwachen und Schweigemärschen. Vor allem das Schicksal des beliebten Gorbatschow liegt den Menschen am Herzen.

Die westlichen Regierungen – die sich anfangs abwartend äußerten, weil sie es sich mit den neuen Machthabern nicht verderben wollten – sprechen sich inzwischen klar gegen den Putsch aus.

US-Präsident George H. W. Bush erklärt, er werde das Notstandskomitee nicht anerkennen. „Der Staatsstreich ist illegal", sagt Großbritanniens Premierminister John Major. Bundeskanzler Helmut Kohl fordert die Wiedereinsetzung Gorbatschows und versichert Jelzin seine Unterstützung.

Auch das belegt, dass man den Putschisten kaum noch einen Sieg zutraut.

o

MOSKAU, KREML, 20.00 Uhr. Auf ihrer Abendsitzung sind die Männer um Janajew noch immer nicht in der Lage, wichtige Entscheidungen zu treffen – was auch daran liegt, dass sie dem Prinzip der kollektiven Führung folgen und keinen dezidierten Anführer bestimmt haben.

Eigentlich müssten die Putschisten jetzt entscheiden, ob sie Gewalt anwenden wollen oder nicht. Aber die Frage wird nicht einmal diskutiert.

Janajew, der von Gerüchten gehört hat, dass ein Sturm der Putschtruppen auf das Weiße Haus angeblich bevorstehe, setzt sich dafür ein, dies in den Fernsehnachrichten eindeutig zu dementieren, um die Menschen zu beruhigen.

Doch KGB-Chef Krjutschkow, dessen Mitarbeiter den Sturm im Geheimen ja tatsächlich längst planen, lehnt ab.

Als die Nacht heraufzieht, geht auf dem Platz vor dem Weißen Haus die Angst vor einem Angriff um. Im Inneren des Gebäudes verteilen Helfer Atemmasken, auf dem Vorplatz Watte zum Schutz vor Tränengas. Es heißt, Panzerkolonnen würden sich auf der anderen Seite des Flusses sammeln. Ein Demonstrant sagt: „Die Junta wird zuschlagen. Wenn sie jetzt nicht zuschlägt, verliert sie alles."

Auch von der „chinesischen Lösung" raunt man, wie die gewaltsame Zerschlagung friedlicher Proteste seit dem Massaker 1989 auf dem Platz des Himmlischen Friedens genannt wird.

„Die Lage ist völlig unübersichtlich", sagt ARD-Korrespondent Ruge.

Während Gorbatschows Ansehen Ende der 1980er Jahre im Westen immer weiter ansteigt, nimmt seine Beliebtheit im eigenen Land rapide ab. Denn inzwischen sehen viele in ihm den Mann, der die Sowjetunion ruiniert.

Das hat zwei Gründe: Zum einen werden Wirtschaft und Versorgungslage immer schlechter. Zum anderen brechen nun in den Ostblockstaaten und auch in der UdSSR Nationalitätenkonflikte aus, die das Imperium ins Wanken bringen.

Die Wirtschaftskrise ist ein Problem, das Gorbatschow geerbt hat, das er nur nicht zu bremsen vermag.

Die Unabhängigkeitsbestrebungen und nationalen Bewegungen hat er dagegen selbst ausgelöst, als er immer wieder vom Selbstbestimmungsrecht der Völker sprach. Er hat die Kräfte entfesselt, die ihn und die ganze Sowjetunion zu überwältigen drohen.

Auch die Konsequenz von Glasnost lernt Gorbatschow nun kennen – mit der offenen Kritik, die jetzt ihn und seine Politik trifft. Bei der traditionellen Kundgebung zum 1. Mai 1990 tauchen Demonstranten auf, die Transparente mit dem Schriftzug „Nieder mit Gorbatschow" tragen und seine Abdankung

fordern. Tief gekränkt verlässt der Regierungschef die Tribüne.

Und als ihm später im Jahr der Friedensnobelpreis verliehen wird, ergibt eine Umfrage, dass 90 Prozent der Sowjetbürger dies verurteilen. In dem Brief eines Arbeiters heißt es: „Mister Generalsekretär: Ich beglückwünsche Sie zum Preis der Imperialisten dafür, dass Sie die UdSSR aufgelöst, Osteuropa verkauft, die Rote Armee zerstört, alle Ressourcen den Vereinigten Staaten und die Massenmedien den Zionisten überreicht haben."

Dass sich die sowjetische Wirtschaft weiterhin im freien Fall befindet, liegt vor allem daran, dass der Erdölpreis sinkt. Auch haben sich trotz Erlaubnis privater Pacht bisher nur wenige Bauern selbstständig gemacht. Viele Landwirte haben kaum Kenntnisse in Betriebswirtschaft, und es fehlt weiter an Maschinen, Ersatzteilen und Futter für das Vieh.

Zudem verschärfen Gorbatschows konzeptionslose und allzu zaghafte Wirtschaftsreformen die Krise noch und lähmen die Produktivität. Mal will er die Planwirtschaft abschaffen, dann wieder nicht; mal lässt er Experten einen „500-Tage-Plan" für den schnellstmöglichen Übergang zur Marktwirtschaft erarbeiten, macht dann im letzten Moment aber wieder einen Rückzieher.

Einer der beteiligten Ökonomen wird später sagen: „Gorbatschow hatte wie alle Generalsekretäre der KPdSU keine Ahnung von Wirtschaft. Er wollte ein bisschen Marktwirtschaft. Aber so funktioniert das nicht."

Im Sommer 1989 legen 500 000 Bergarbeiter die Arbeit nieder – die größten Streiks in der Geschichte der UdSSR. Grund für den Arbeitskampf ist die Versorgungslage, die Läden sind leer.

Im Januar 1990 sind von 211 festgelegten Grundnahrungsmitteln in den staatlichen Geschäften nur 23 erhältlich. Und weil der Staat nicht mehr die Mittel hat, Lebensmittel zu subventionieren, steigen deren Preise. Brot und Wurst kosten jetzt das Dreifache.

„Wir haben kein Getreide, und wir haben keine ausländischen Devisen", sagt ein Regierungsmitglied. „Die Lage ist hoffnungslos." Die Verschuldung der UdSSR, 1985 noch bei 20 Milliarden Dollar, beläuft sich auf 100 Milliarden.

Viel schneller und entschlossener als erwartet nehmen zudem die Staaten des Ostblocks den Genossen Gorbatschow beim Wort und befreien sich von ihren kommunistischen Regimes.

Den Anfang macht Ungarn, das sich im Oktober 1989 zur Republik erklärt, mit der Grenzöffnung nach Österreich eine erste Lücke in den Eisernen Vorhang reißt und bei freien Wahlen die KP abwählt. Dem ungarischen Beispiel folgen Polen, die Tschechoslowakei, Bulgarien und Rumänien, wo der Diktator Nicolae Ceauşescu gestürzt und hingerichtet wird – einer der wenigen blutigen Machtwechsel in diesen Tagen der friedlichen Revolutionen.

Bald sind alle kommunistischen Regimes in den Staaten des Warschauer Pakts zusammengebrochen. Am 9. November 1989 fällt auch die Mauer in Berlin, im März 1990 gibt es freie Wahlen in der DDR, im Juli die Währungsunion

mit Westdeutschland. Alles geschieht jetzt in verwirrender Geschwindigkeit. Dies sei gerade eine Zeit, sagt Gorbatschow, „in der wir es nicht nur auf politischer Ebene kaum schaffen, die Erscheinungen gedanklich zu verarbeiten".

Und es geht weiter: Denn nun erreicht der Wunsch nach Unabhängigkeit und Freiheit auch die Republiken der Sowjetunion, die sich von der Zentralmacht in Moskau unterdrückt fühlen. Im März 1990 erklärt sich Litauen für unabhängig, danach folgen in raschem Tempo die Souveränitätserklärungen von Estland, Lettland, Armenien, Georgien.

Auch wenn die Proklamationen nicht den sofortigen Austritt aus der Sowjetunion bedeuten, sondern einen stufenweisen Übergang zur Unabhängigkeit, ist der Zerfall nicht mehr aufzuhalten.

Entscheidend für den drohenden Zusammenbruch des Sowjetsystems ist, dass im Juni 1990 auch Russland die Souveränität einfordert. Ein Jahr später bestimmen dessen Bürger Boris Jelzin zum ersten demokratischen und frei vom Volk gewählten Präsidenten ihrer Geschichte.

Um sich Zeit zu verschaffen, erbittet Gorbatschow bei einem Gipfeltreffen im Juli 1991 vom Westen eine Art Marshall-Plan für die schlingernde UdSSR, in der Höhe von Dutzenden Milliarden Dollar. Doch die angesprochenen Politiker, darunter der neue US-Präsident George H. W. Bush, wollen erst ein schlüssiges, marktwirtschaftliches Konzept sehen.

Die Westmächte finden ohnehin keinen Grund mehr, Gorbatschow zu helfen, denn sie haben von ihm schon fast alles erhalten, was sie wollten – vor allem den offenbar endgültigen Schlussstrich unter dem Ost-West-Konflikt.

Im Dezember 1989 haben Bush und Gorbatschow bei einem Gipfel in Malta das Ende des Kalten Krieges verkündet, im November 1990 haben in Paris die Staaten der NATO und die des Warschauer Paktes erklärt, dass „sie in dem anbrechenden neuen Zeitalter nicht mehr Gegner sind, sondern einander die Hand zur Freundschaft reichen wollen".

Und am 31. Juli 1991 unterzeichnen Bush und Gorbatschow ein weiteres Abrüstungsabkommen, den START-Vertrag, in dem ein Abbau der Interkontinentalraketen festgeschrieben ist.

Einige Hardliner in der US-Regierung, wie etwa Verteidigungsminister Dick Cheney, können es kaum erwarten, als letztes, krönendes Kapitel in der Geschichte des Kalten Krieges jetzt noch den Untergang des sowjetischen Imperiums mitzuerleben. Weshalb also Gorbatschow helfen? Zumal seine Tage nach einem CIA-Gutachten gezählt sein dürften. Mehrfach haben in den Monaten zuvor Gerüchte über einen geplanten Putsch die Amerikaner erreicht.

Am 20. Juni hat der amerikanische Botschafter in Moskau sogar Gorbatschow im Kreml aufgesucht, um ihn vor einem bevorstehenden Staatsstreich zu warnen, aber der Generalsekretär lachte nur. Er habe alles unter Kontrolle, ein Putsch sei „absolut unwahrscheinlich".

Für den Moment hat Gorbatschow sogar recht. Es wird noch gut sechs Wochen dauern, bis sich mächtige Politiker, allesamt von Gorbatschow selbst auf

»REICH DES BÖSEN« hat US-Präsident Reagan (o. l.) die UdSSR genannt. Doch dann vereinbart er mit Gorbatschow, die nuklearen Arsenale zu reduzieren – um das Wettrüsten zu beenden

ihren Posten befördert, zu einem Coup entschließen. Lange haben diese Männer mit zusammengebissenen Zähnen seine Reformen beobachtet, die Zugeständnisse an den Westen, die schwindende Bedeutung der Kommunistischen Partei.

Doch dass nun der Zerfall des Zentralstaates droht, der Untergang des Imperiums, können sie nicht hinnehmen. Als Gorbatschow mit den neun verbliebenen Republiken der UdSSR über einen neuen Unionsvertrag zu verhandeln beginnt, der diesen weitaus mehr Rechte einräumen soll, handeln sie.

Auch die Führer der Rüstungsbetriebe und der Armee haben genug und wollen die Kurskorrektur. Wegen des Truppenabbaus, der Abrüstung sowie der Reduzierung von Waffenverkäufen fürchten sie finanzielle Verluste und Millionen Arbeitslose. Der oberste Lobbyist der Rüstungsindustrie ist der für Verteidigung zuständige Sekretär des Zentralkomitees, und auch er wird sich den Putschisten anschließen.

Für den Hauptorganisator des Staatsstreichs schließlich, KGB-Chef Krjutschkow, ist es vor allem die schmachvolle Preisgabe der DDR gewesen, die ihn davon überzeugt hat, dass Gorbatschow beseitigt werden müsse.

Moskau, 21. August 1991, 0.15 Uhr. Die Panzer rollen. Kurz nach Mitternacht haben sich 76 Kettenfahrzeuge in Bewegung gesetzt und fahren hintereinander den Gartenring hinab, die Hauptverkehrsader. Das muss der erwartete Angriff aufs Weiße Haus sein.

Am Ende eines Tunnels am Kalinin-Prospekt, 800 Meter vom russischen Regierungssitz entfernt, gerät die Kolonne ins Stocken – Demonstranten haben aus

Oberleitungsbussen und Lastwagen der Straßenreinigung Barrikaden quer über die Fahrbahn errichtet.

Die Panzer können weder vor noch zurück, und nun greift die Menge mit Steinen und Brandsätzen an. Bürger klettern auf die Karosserien und werfen Decken auf die Sehschlitze, um den Fahrern die Sicht zu nehmen. Es ist 0.20 Uhr.

Die Mannschaften der Panzer jedoch haben den strikten Befehl, nicht zu

**BARRIKADE** mit Oberleitungsbussen: Weil Demonstranten einen Angriff vermuten, blockieren sie die Panzer. Es kommt zum offenen Kampf, mehrere Menschen werden getötet

schießen und auf keine Provokationen zu reagieren. Denn dies ist gar kein Angriff.

Zwar hat das Notstandskomitee bei seiner Vormittagssitzung eine Ausgangssperre für die Nacht erlassen, die aber erst in den Nachrichten um 21.21 Uhr bekannt gegeben wurde und von der die meisten Bürger nichts erfahren haben.

Die Patrouillenfahrt der Panzer, die der Verteidigungsminister und Putschist Dmitri Jasow befohlen hat, soll nur dazu dienen, die Bevölkerung einzuschüchtern und nach Hause zu treiben.

Doch das können die Demonstranten nicht wissen, die entschlossen sind,

die Panzer in ihrem vermeintlichen Sturm auf das Weiße Haus aufzuhalten.

Nun fordert der Putsch die ersten Toten. Ein 23-Jähriger, der in dem Tunnel auf einen Panzer geklettert ist, verliert das Gleichgewicht, als das Fahrzeug versucht zurückzustoßen, schlägt mit dem Kopf auf den Asphalt und stirbt. Soldaten, die angegriffen und teils mit Benzin übergossen werden, versuchen ihr Leben zu verteidigen und geben Warnschüsse in

die Luft ab. Ein Querschläger trifft dabei einen weiteren jungen Mann unter den Demonstranten tödlich. Ein dritter, der einen Stein auf die Soldaten geworfen hat, stirbt durch einen Kopfschuss. Zwölf Menschen werden verletzt.

Als der Verteidigungsminister von den drei Toten erfährt, ist er erschüttert und befiehlt, die Panzer abzuziehen.

∘

MOSKAU, KGB-ZENTRALE, 1.30 Uhr. Obwohl das Putschkomitee am Abend keinen Beschluss über einen Sturm auf das Weiße Haus gefasst und es inzwischen Tote gegeben hat, sind die Hardliner um KGB-Chef Wladimir Krjutschkow noch einmal zusammengekommen, um über einen gewaltsamen Einsatz zu beraten.

Die Befürworter einer gewaltsamen Militäraktion sind in der Sitzung zwar in der Überzahl, aber keiner wagt es, eine Entscheidung zu fällen.

„Man muss noch einmal über alles nachdenken", sagt Krjutschkow, ehe die Männer auseinandergehen.

Als sich die Putschisten am Morgen um 9.00 Uhr im Kreml zu einer weiteren Sitzung treffen, schickt Verteidigungsminister Jasow seine Stellvertreter.

Wegen der Todesfälle hat der Minister noch in der Nacht im Alleingang beschlossen, alle Truppen aus Moskau abzuziehen, und sich diese Entscheidung am frühen Morgen vom Gremium seiner Generäle bestätigen lassen. Das ist faktisch das Ende des Putsches.

Als die Männer im Kreml von Jasows Untergebenen über dessen Beschluss informiert werden, machen sie sich sofort auf den Weg ins Verteidigungsministerium, um ihn umzustimmen. Es kommt zu heftigem Streit.

Schließlich sagt Dmitri Jasow, der sich schon als 17-Jähriger freiwillig zur Armee gemeldet hatte, um Widerstand gegen die angreifende Wehrmacht zu leisten: „Ich habe nicht im Krieg an der Front gekämpft, um mit einem Haufen Trunkenbolde in einem Abenteuer zu landen und meine eigenen Mitbürger zu erschießen."

Das Spiel ist aus. Jasow sagt, er habe sich entschlossen, zu Gorbatschow zu fliegen und ihn um Verzeihung zu bitten. Dies sei der einzige Ausweg. Daraufhin schließen sich ihm KGB-Chef Krjutschkow und zwei weitere Putschisten an.

Später am Vormittag finden sich 650 Abgeordnete des russischen Parlaments im Weißen Haus ein.

Boris Jelzin fordert unter Applaus, die Mitglieder des Notstandskomitees vor Gericht zu stellen.

Außerdem beschließen die Abgeordneten, ebenfalls eine Delegation zu Michail Gorbatschow zu schicken, um ihn nach Moskau zurückzuholen.

∘

FOROS, KRIM, 15.00 Uhr. Die BBC berichtet, eine Abordnung des Notstandskomitees sei unterwegs zu Gorbatschow. Der glaubt, dass die Putschisten ihn liquidieren wollen, und lässt seine Leibwächter in Stellung gehen. Doch am späten Nachmittag fährt nur eine kleine Gruppe besiegter und resignierter Männer mit düsteren Gesichtern vor.

Wenig später trifft auch die Delegation des Weißen Hauses ein. Nach 73 Stunden Isolation ist Michail Gorbatschow wieder in Freiheit.

Als die Telefonanlage endlich funktioniert, ruft er als Erstes Jelzin in Moskau an. „Lieber Michail Sergejewitsch",

sagt der. „Sie sind also am Leben! Wir sind seit 48 Stunden bereit, für Sie zu kämpfen."

Noch in der Nacht fliegen Gorbatschow und seine Familie in der Maschine der russischen Abgeordneten zurück nach Moskau. Mit an Bord ist KGB-Chef Krjutschkow – er soll als Geisel die Männer des Geheimdienstes davon abhalten, die Maschine mit Raketen abzuschießen.

∘

MOSKAU, 22. AUGUST, Flughafen, 2.12 Uhr. Gorbatschow steigt in Pullover und einer Windjacke die Gangway seines Flugzeuges hinunter, gezeichnet von den drei Tagen des Umsturzes. Seine Gattin Raissa hat während der Isolation einen leichten Schlaganfall erlitten und muss gestützt werden.

Aus Sorge um das Wohl seiner Frau lässt sich der Präsident direkt zu seiner Datscha fahren und nicht zum Platz vor dem Weißen Haus, wo inzwischen eine jubelnde Menge den Sieg über die Putschisten feiert und darauf wartet, ihn zu begrüßen. „Prä-si-dent, Prä-si-dent", rufen die Menschen.

DER WIDERSTAND hat Erfolg: Am dritten Tag geben die Putschisten auf. Der Zerfall des Imperiums aber ist nicht mehr aufzuhalten: Vier Monate später, im Dezember 1991, wird die UdSSR aufgelöst

In dieser einen Sommernacht in Moskau wird Michail Gorbatschow für ein paar Stunden noch einmal so verehrt und geliebt wie in den ersten Monaten seiner Amtszeit.

Es wird das letzte Mal sein.

Noch am Flughafen wird KGB-Chef Krjutschkow verhaftet, die übrigen Putschisten nimmt man in den Tagen darauf fest. Zwei entziehen sich der Haft: Innenminister Boris Pugo erschießt sich am 22. August, Armeemarschall Sergej Achromejew erhängt sich zwei Tage später in seinem Arbeitszimmer im Kreml.

Viele Stimmen in der Bevölkerung und bei der Presse fordern nun die Todesstrafe für die Verschwörer, doch als im folgenden Jahr Anklage erhoben wird, ist das politische Klima schon dabei, sich zu ändern: Bald wird sich eine Mehrheit für die Freilassung der Putschisten aussprechen, und im Februar 1994 das russische Parlament sogar eine offizielle Amnestie beschließen.

Die Hochverräter wandeln sich jetzt im Bild der Öffentlichkeit zu Patrioten, die Russland vor dem Absturz bewahren wollten, in den Präsident Boris Jelzin es mit seinem radikal marktwirtschaftlichen Kurs 1994 führt.

Jelzin nämlich hat den August-Putsch genutzt, um Gorbatschow endgültig zu entmachten und den sowjetischen Apparat zu demontieren. Am 23. August 1991 unterschreibt er ein Dekret, das die KP auf dem Gebiet Russlands verbietet.

Das bedeutet de facto das Ende der Kommunistischen Partei. Am folgenden Tag fordert Michail Gorbatschow daher das Zentralkomitee auf, sich selbst aufzulösen, und tritt als Generalsekretär zurück.

Aber er ist ja noch immer Präsident der Sowjetunion. Doch Anfang Dezember trifft sich Jelzin ohne Wissen Gorbatschows mit den Regierungschefs der Ukraine und Weißrusslands.

Ort der geheimen Zusammenkunft ist ein Feriendomizil inmitten eines Nationalparks an der polnisch-weißrussischen Grenze, früher beliebt als Jagdgebiet der Herrscher des Warschauer Pakts.

Die drei Präsidenten verfassen ein Dokument, das den historischen Satz enthält: „Die Union der Sozialistischen Sowjetrepubliken als Subjekt des internationalen Rechts und als geopolitische Realität stellt ihre Existenz ein."

Nachfolger soll ein loser Verbund ohne Zentralregierung sein, die „Gemeinschaft Unabhängiger Staaten". Ihr schließen sich im Laufe des Dezembers alle ehemaligen Sowjetrepubliken außer den baltischen Ländern und Georgien an.

Gorbatschow ist jetzt der Präsident eines für tot erklärten Staates. „Ist euch überhaupt klar, was ihr getan habt?", entfährt es ihm, als ihn der Vertreter Weißrusslands über das Manöver informiert. „Wie konntet ihr so eine Entscheidung ohne mich treffen?"

Aber es ist zu spät.

Am 23. Dezember kommen Jelzin und Gorbatschow im Kreml zu einem Gespräch zusammen, das volle zehn Stunden dauert und Gorbatschows Rücktritt regelt.

Am 25. Dezember gegen 17.00 Uhr führt er ein letztes Telefonat mit Präsident Bush, der gerade in Camp David mit seiner Familie Weihnachten feiert. Kurz vor 19.00 Uhr setzt sich Michail Gorba-

tschow an seinen Schreibtisch und liest vor laufender Kamera einen vorbereiteten Text ab: „Liebe Landsleute, Mitbürger! Aufgrund der entstandenen Situation durch die Bildung der Gemeinschaft Unabhängiger Staaten beende ich meine Tätigkeit als Präsident der UdSSR."

Nach der Rede händigt er den Atomkoffer an Jelzin aus. Um 19.32 Uhr wird die rote Fahne über dem Kreml eingeholt.

Geräuschloser und friedlicher ist wohl kein Imperium jemals untergegangen. Nach gut 69 Jahren ist die Sowjetunion Geschichte.

∘

EBENSO STILL HAT damit auch der Kalte Krieg sein endgültiges Ende gefunden, der gut vier Jahrzehnte währende Kampf der beiden Supermächte und ihrer Systeme, der auf dem gesamten Erdball und sogar im All ausgefochten wurde.

Der Maxime folgend, dass nur ein Gleichgewicht des Schreckens eine direkte Konfrontation verhindern könne, hatten sich die USA und die Sowjetunion im Wettrüsten gegenseitig befeuert.

So war der Kalte Krieg zu einem Dauerkonflikt geworden, aus dem es keinen Ausweg zu geben schien.

Bis auf der östlichen Seite des Eisernen Vorhangs ein Machthaber antrat, der auf den ideologischen Feind zuging wie kein anderer Sowjetherrscher zuvor.

Gorbatschow untergrub mit seinen Abrüstungsofferten die Spielregeln des Kalten Krieges – nicht etwa, um endlich Frieden zu schaffen, sondern um seine Heimat wieder stark zu machen für das Ringen mit dem Westen. Am Ende kam ihm das eigene Land dabei allerdings abhanden. Und die Amerikaner verloren ihren jahrzehntelangen Gegner.

Wenn auch nur vorübergehend, wie sich schon bald herausstellen sollte. ◊

# *Die Geschichte* BAYERNS

Von den Wittelsbachern und ihren Märchenschlössern,
von Bergbauern und Eisenbahningenieuren, von Revolutionären und
Reaktionären: die Chronik eines deutschen Staates 1808–2018

NOCH BIS WEIT ins 20. Jahrhundert hinein ist Bayern vorwiegend ländlich geprägt, leben die meisten seiner Bewohner wie diese Holzarbeiter in ärmlichen Verhältnissen. Heute gehört das Bundesland zu den wohlhabendsten Regionen Europas